海难、叛变和谋杀的故事

赌注

The WAGER

A Tale of Shipwreck, Mutiny and Murder

David Grann

[美] 大卫·格雷恩 著

舍其 译

人民文学出版社
PEOPLE'S LITERATURE PUBLISHING HOUSE

著作权合同登记号　图字 01-2025-0211

Copyright © 2023 by David Grann
Published by arrangement with The Robbins Office, Inc.
International Rights Management: Susanna Lea Associates
Simplified Chinese translation rights arranged through Bardon-Chinese Media Agency

审图号：GS（2024）5257号
本书地图系原书插附地图

图书在版编目（CIP）数据

赌注：海难、叛变和谋杀的故事 ／（美）大卫·格
雷恩著；舍其译. -- 北京：人民文学出版社，2025.
ISBN 978-7-02-019076-8
Ⅰ．K561.0
中国国家版本馆 CIP 数据核字第 20258N842V 号

责任编辑	汪　徽
责任印制	宋佳月

出版发行	人民文学出版社
社　　址	北京市朝内大街166号
邮政编码	100705

印　刷	北京盛通印刷股份有限公司
经　销	全国新华书店等

字　数	287千字
开　本	880毫米×1230毫米　1/32
印　张	14.25　插页9
印　数	1—8000
版　次	2025年3月北京第1版
印　次	2025年3月第1次印刷

书　号	978-7-02-019076-8
定　价	69.00元

如有印装质量问题，请与本社图书销售中心调换。电话：010-65233595

献给凯拉、扎卡里和埃拉

我们是自己故事里的英雄。

——玛丽·麦卡锡（Mary McCarthy）

大概是有一只野兽的……大概野兽不过是咱们自己。

——威廉·戈尔丁（William Golding），

《蝇王》（*Lord of the Flies*）

英国皇家海军战舰韦杰号路线

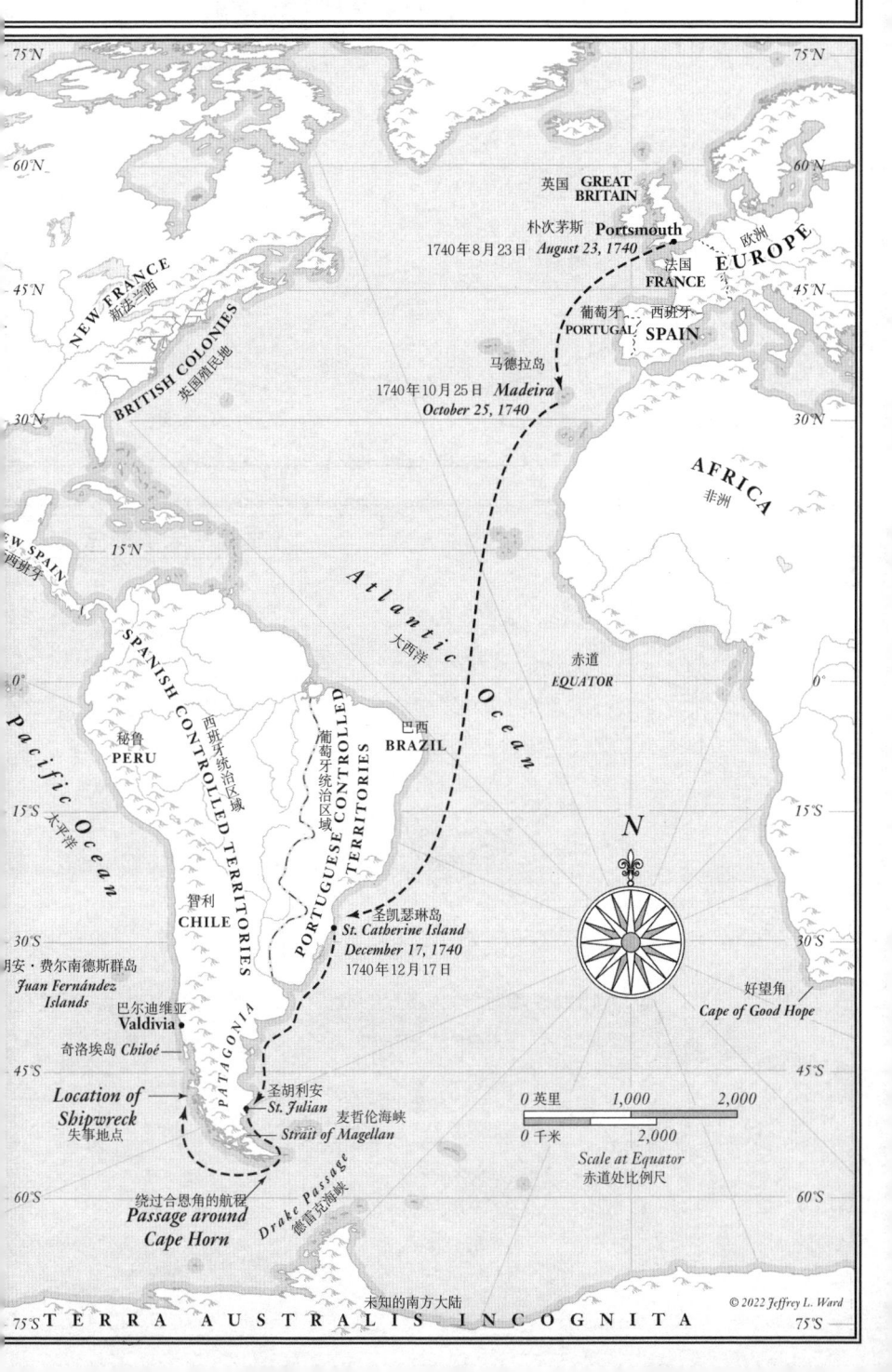

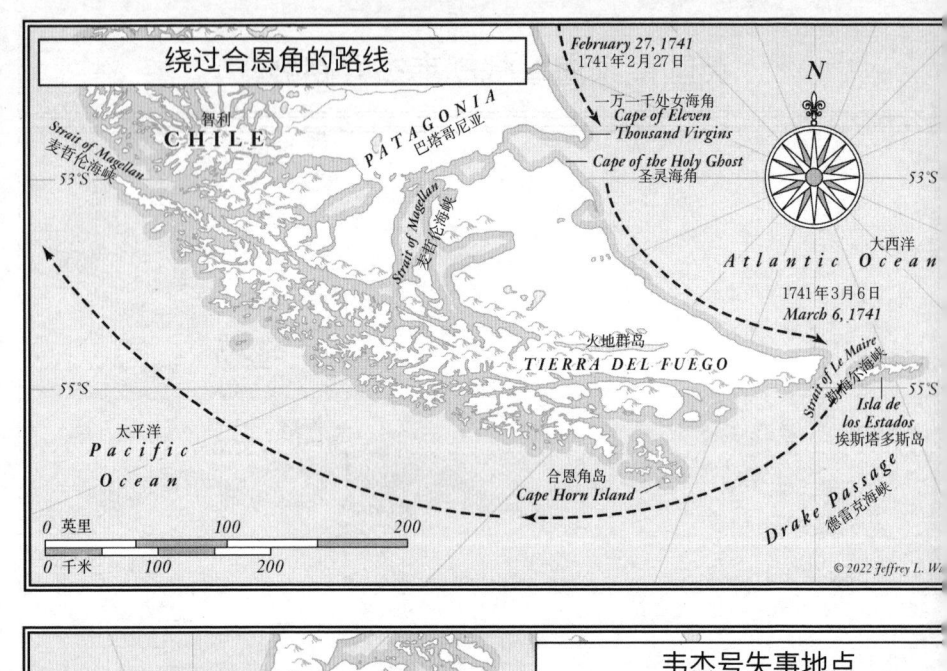

绕过合恩角的路线

- February 27, 1741 / 1741年2月27日
- Cape of Eleven Thousand Virgins / 一万一千处女海角
- Cape of the Holy Ghost / 圣灵海角
- CHILE / 智利
- PATAGONIA / 巴塔哥尼亚
- Strait of Magellan / 麦哲伦海峡
- TIERRA DEL FUEGO / 火地群岛
- Strait of Le Maire / 勒梅尔海峡
- Isla de los Estados / 埃斯塔多斯岛
- Cape Horn Island / 合恩角岛
- Atlantic Ocean / 大西洋
- Pacific Ocean / 太平洋
- Drake Passage / 德雷克海峡
- March 6, 1741 / 1741年3月6日
- 53°S, 55°S
- 0 英里 / 千米 100 200

© 2022 Jeffrey L. Ward

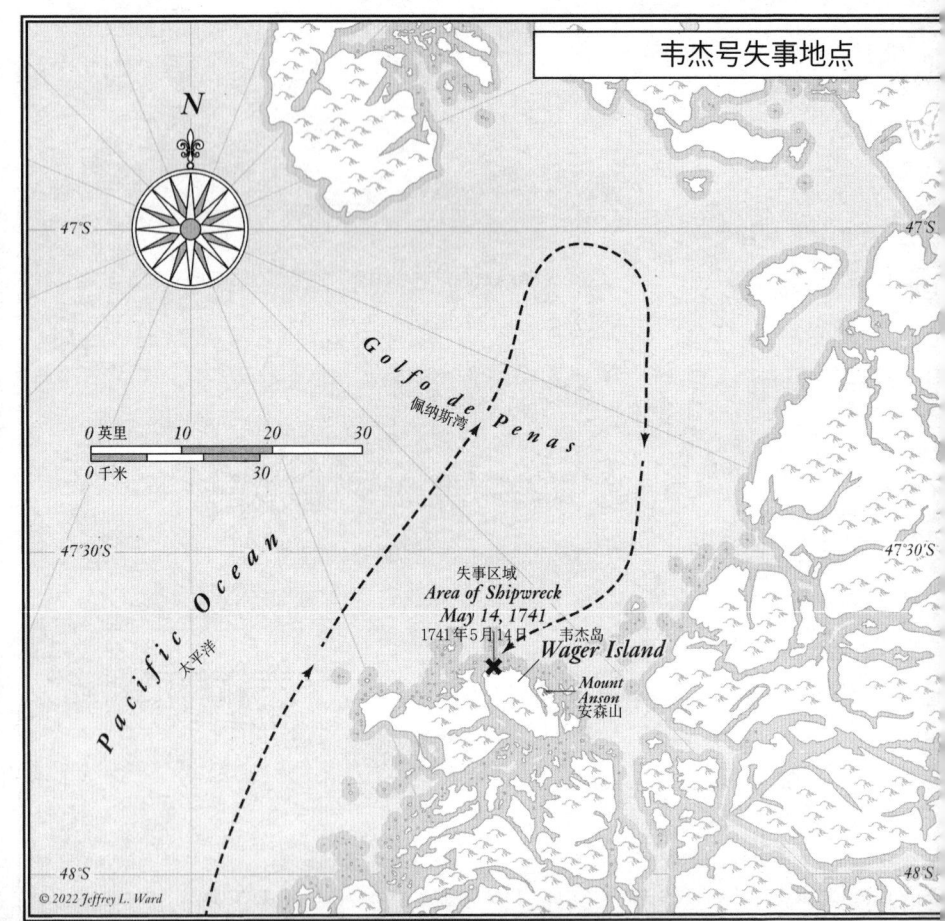

韦杰号失事地点

- Golfo de Penas / 佩纳斯湾
- Area of Shipwreck / 失事区域
- May 14, 1741 / 1741年5月14日
- Wager Island / 韦杰岛
- Mount Anson / 安森山
- Pacific Ocean / 太平洋
- 47°S, 47°30′S, 48°S
- 0 英里 / 千米 10 20 30

© 2022 Jeffrey L. Ward

巴尔克利一行脱身路线

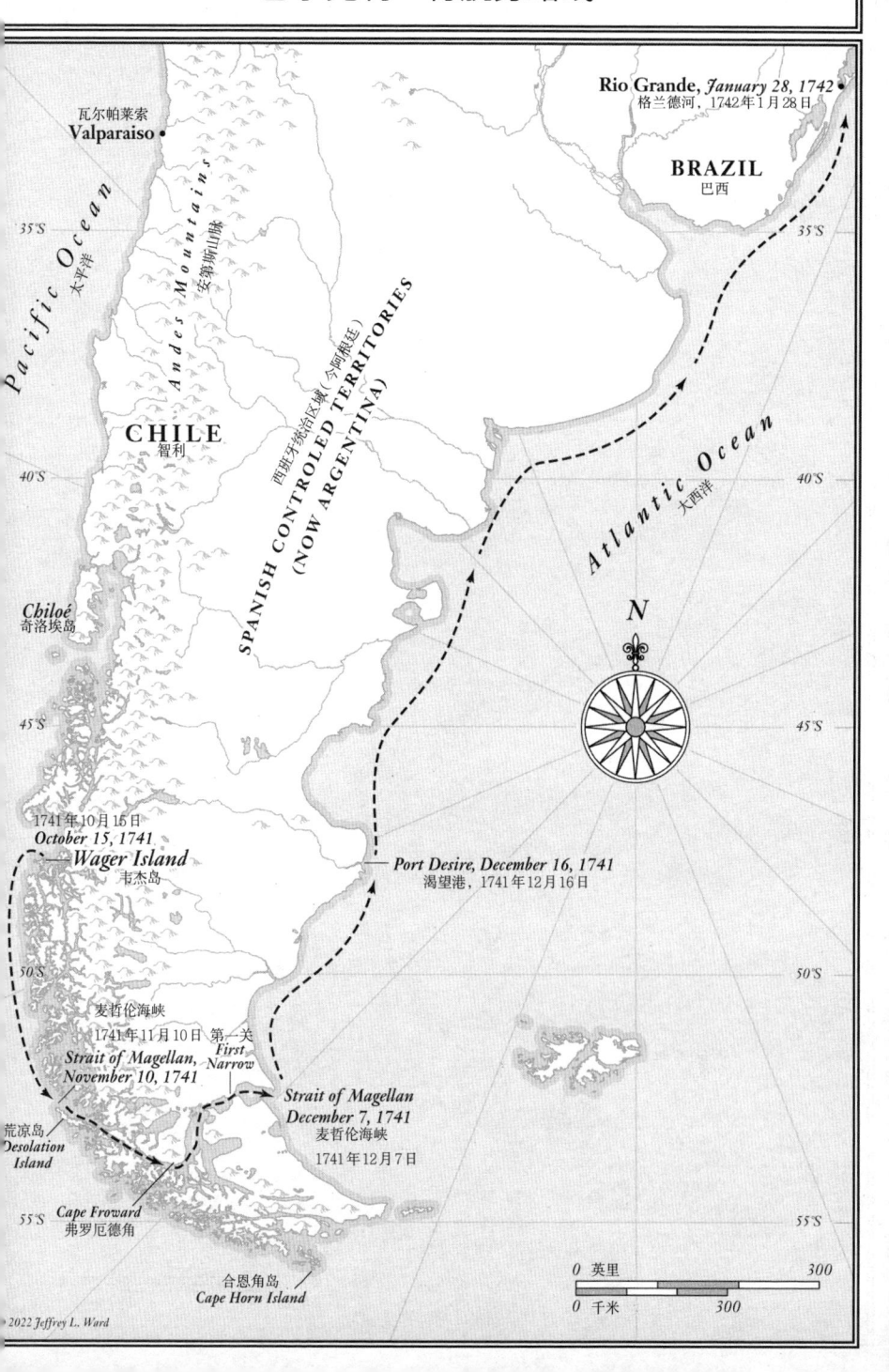

- Valparaiso 瓦尔帕莱索
- Pacific Ocean 太平洋
- Andes Mountains 安第斯山脉
- CHILE 智利
- SPANISH CONTROLLED TERRITORIES (NOW ARGENTINA) 西班牙统治区域（今阿根廷）
- Chiloé 奇洛埃岛
- BRAZIL 巴西
- Atlantic Ocean 大西洋
- Rio Grande, *January 28, 1742* 格兰德河，1742年1月28日
- *October 15, 1741* 1741年10月15日 Wager Island 韦杰岛
- *Port Desire, December 16, 1741* 渴望港，1741年12月16日
- 麦哲伦海峡 1741年11月10日 第一关 *Strait of Magellan, November 10, 1741* First Narrow
- *Strait of Magellan, December 7, 1741* 麦哲伦海峡 1741年12月7日
- *Desolation Island* 荒凉岛
- *Cape Froward* 弗罗厄德角
- *Cape Horn Island* 合恩角岛

0 英里 300
0 千米 300

© 2022 Jeffrey L. Ward

奇普一行脱身路线

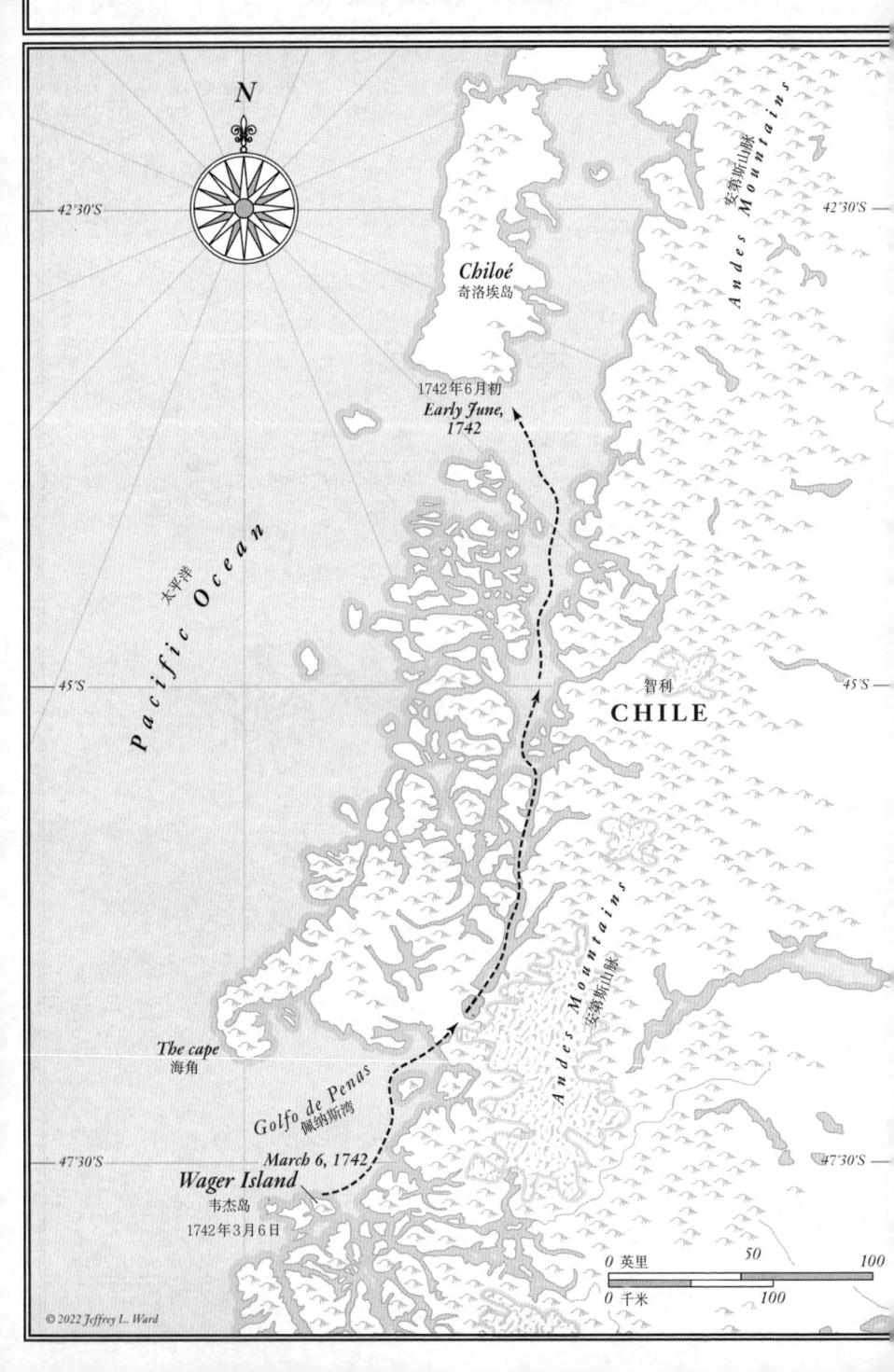

N

42°30'S

Chiloé
奇洛埃岛

1742年6月初
Early June, 1742

Pacific Ocean
太平洋

45°S

智利
CHILE

Andes Mountains
安第斯山脉

The cape
海角

Golfo de Penas
佩纳斯湾

March 6, 1742
Wager Island
韦杰岛
1742年3月6日

47°30'S

0　50　100 英里
0　　　100 千米

© 2022 Jeffrey L. Ward

目　录

作者的话　　　　　　　　　　　　　　001
引子　　　　　　　　　　　　　　　　003

第一部　木制天地

第一章　一级上尉　　　　　　　　　　011
第二章　绅士志愿兵　　　　　　　　　034
第三章　炮　　长　　　　　　　　　　055

第二部　进入风暴

第四章　航位推算法　　　　　　　　　079
第五章　风暴中的风暴　　　　　　　　095
第六章　落　　单　　　　　　　　　　106
第七章　痛苦湾　　　　　　　　　　　115

第三部　荒岛求生

第八章　残　骸　　　　　　　　　127
第九章　野　兽　　　　　　　　　136
第十章　我们的新城　　　　　　　143
第十一章　海上游牧民　　　　　　156
第十二章　苦难山的主人　　　　　167
第十三章　极　端　　　　　　　　178
第十四章　人民的爱戴　　　　　　182
第十五章　方　舟　　　　　　　　187
第十六章　我那些叛变者　　　　　201

第四部　得救

第十七章　拜伦的选择　　　　　　219
第十八章　慈悲港　　　　　　　　224
第十九章　阴魂不散　　　　　　　234
第二十章　得救的日子　　　　　　243

第五部　审判

第二十一章　纸上反叛　　　　　　255

第二十二章　奖　赏	265
第二十三章　格拉布街小文人	281
第二十四章　备　审	294
第二十五章　军事法庭	300
第二十六章　胜出的版本	310
尾声	319
致谢	326
注释	331
参考文献	412

作者的话

我必须承认,我没有亲眼见到那艘船触礁,也没有看到船员把船长绑起来。我没有目睹那些欺骗和谋杀行为。但我确实花了好多年的时间在故纸堆里上下爬梳:褪色的航海日志、发霉的信件、半真半假的日记、军事法庭幸存下来的令人头疼的记录等。最重要的是,我认真研究过相关人员发表的言论,他们不但亲眼看到这些事件发生,而且深度参与了这些事件。我尝试着把所有事实汇总起来,好确定到底发生了什么。但是,这些参与者的看法互相冲突,有时甚至针锋相对,根本不可能回避其中是非。因此,我并没有试图消除每一处分歧,或继续掩盖已经被掩盖的证据,而是想把方方面面都呈现出来,以供读者诸君做出最终裁定 —— 历史的判决。

赌　注

The
WAGER

引 子

毫无偏颇的见证者只有一个，就是太阳。多少天了，太阳看着这个奇怪的东西在海面上起起伏伏，被狂风和海浪无情地推来搡去，摇摇摆摆。有那么一两次，这个大容器差点撞上暗礁，那样的话也就没有我们这个故事了。也许像有些人后来宣称的那样是命运的安排，也许纯粹就是运气，这容器不知怎么的漂进了巴西海岸东南方向的一个小水湾，有几个住在那里的人看到了它。

这东西有五十多英尺①长，十英尺宽，也许算得上是一条船——尽管看起来像是用木片和布匹拼凑起来，然后摔摔打打，成了这么一副破破烂烂的样子。船上的帆已经撕碎，帆桁也碎裂了。海水渗进船体，里面散发出阵阵恶臭。随着船只渐渐靠岸，

---

① 本书英文版度量单位依历史及地域习惯大部分采用英制，而且常为约数，本书未一一换算为公制单位，读者可依下列数据换算：1英寸约为2.54厘米，1英尺约为30.48厘米，1码（3英尺）约为0.9144米，1英里约为1.609千米，1磅约为0.454千克。——译者注（若无特殊说明，本书脚注均为译者注）

岸上围观的人听到船里传来一阵阵让人很不舒服的声音：三十个人挤在船上，身上都消瘦得只剩皮包骨头了。他们基本上都衣不蔽体，脸上盖满了乱糟糟的头发，里面全是盐，像海藻一样。

有的人已经虚弱得站都站不起来。有一个很快咽下了最后一口气，去了另一个世界。但是有一位看起来像是领导人的，凭借着非凡的意志力站了起来，宣称他们是英国战舰韦杰号（The Wager）失事后的幸存者。

消息传到英国，英国人都表示无法相信。1740年9月，在英国与西班牙之间的帝国战争期间，韦杰号满载250名军官和船员，与另外几条船组成一支分遣舰队，从朴次茅斯（Portsmouth）出发去执行一项秘密任务：夺取一艘满载金银财宝、人称"所有海洋最伟大奖赏"的西班牙大帆船。在南美洲最南端的合恩角（Cape Horn）附近，舰队被飓风吞没，大家都认为韦杰号和船上所有人都已在那场飓风中葬身海底。然而，在最后一次有人报告看到那艘船的283天后，这些人又奇迹般出现在巴西。

他们在巴塔哥尼亚（Patagonia）海岸外一个荒凉的小岛上遇到了海难。船上的军官和船员大都死了，剩下的81名幸存者把韦杰号残骸和别的材料绑在一起，临时造了条小船，然后乘着这条船又出发了。船上非常挤，他们几乎一动也不能动，但是却一路穿过了可怕的狂风和海潮，度过了冰风暴和地震。有五十多人在这趟艰辛的旅程中丧生。三个半月后，为数不多的幸存者抵达巴西，这时他们已经跨越了将近3000英里——有史以来海难失事者漂流的最长航程之一。因为才智和勇气，他们备受赞扬。这支队伍的领导人指出，很难相信"人类本性有可能支撑我们遭受这般苦难"。

* * *

六个月后，又有一条船被冲到岸上，这次是在智利西南海岸外的一场暴风雪中。这条船比上一条甚至还要小——一艘木制的小划子，推动它的是用破破烂烂的毯子缝成的帆。船上是另外三名幸存者，他们的情形比那三十个人还要可怕。他们几乎不着寸缕，骨瘦如柴，昆虫在他们身上成群结队地飞来飞去，啃咬着他们仅剩的血肉。有个人已经神志不清，乃至"完全魂不守舍"，有个同行的人说，他"都想不起来我们这些人的名字，连自己叫什么都不记得了"。

这些人恢复健康回到英国后，对先前出现在巴西的那些同伴提出了令人震惊的指控：他们不是英雄，而是叛徒。在随后双方的互相指责和反驳中，人们渐渐发现，困在岛上时，韦杰号的军官和船员都曾在最极端的条件下努力求生。面对饥饿和严寒，他们建起了孤悬海外的前哨站，还试图让海军的规矩在岛上继续沿用下去。然而随着处境不断恶化，韦杰号的军官和船员——他们原本理应是启蒙运动的信徒——堕落至霍布斯式的邪恶状态①。他们分成不同派系时有交战,有人成了强盗,有人被遗弃,还有人遭到谋杀,死于非命。甚至还有几个人,葬身在同伴的肚子里。

回到英国后,海军部传唤了各方的主要人物及其支持者前来接受军事法庭审判。这次审判不但暴露了受审者的隐秘本性,也让自诩以传播文明为使命的帝国的秘密本质暴露无遗。

遭到指控的一些人公开发布了他们耸人听闻、几乎处处针锋相对的叙述,一时舆论大哗,而其中一人评论说,这些事件"黑暗而复杂"。卢梭、伏尔泰和孟德斯鸠等哲学家都受到了这次探险相关报道的影响,后来还有查尔斯·达尔文和两位成就卓著的海洋小说家,赫尔曼·梅尔维尔(Herman Melville)和帕特里克·奥布莱恩②(Patrick O'Brain),也同样受其影响。这些嫌疑人公开发声的主要目的,是影响海军部和公众舆论。其中一方的一名幸存者撰述了他自称的"忠实叙述",坚称"我一直都极为小心,没有塞入任何不实之词——因为在一部旨在挽救作者声誉的文字中,任何虚假之处都会变得极为荒唐"。另一方的领袖则在自己的记录中声称,他的敌人给出的是"不完美叙述",而且在"极力污蔑、抹黑我们"。他誓言:"我们是死是活,

---

① 指英国政治哲学家、《利维坦》作者托马斯·霍布斯(Thomas Hobbes)所设想的"原始状态"。这种状态下人人各自为敌,整个社会遵循弱肉强食的丛林法则。
② 梅尔维尔是文学经典《白鲸》(Moby-Dick)的作者。奥布莱恩是著名航海历史小说《怒海争锋》(Master and Commander)的作者。

取决于真相；而除了真相，没有任何东西还能支撑我们。"

*　*　*

对于我们生活中一片混乱的各种事件，我们总会想要强加某种一致性——某种意义——在里面。我们在记忆的原始图像中搜寻、选择、打磨、擦除。我们以自己故事中的英雄人物的形象出现，让自己接受我们做过，又或是没做过的事情。

但这些人相信，他们能不能活下去取决于他们讲述的故事。如果他们讲出来的故事没人相信，他们就可能会在帆桁顶端被绞死。

第一部
木制天地

第一章
一级上尉

舰队里所有人都带了个水手柜，还都带着一个属于自己的沉重故事。也许是一段被拒绝的爱情，或者是不为人知的入狱判决，又或者是有个身怀六甲的妻子在海岸上抹泪，也许是渴望着名利，或恐惧着死亡。舰队旗舰百夫长号（Centurion）的一级上尉大卫·奇普（David Cheap）也不例外。他是苏格兰人，四十出头，身形魁梧，鼻梁高耸，目光锐利。他正在逃离——逃离与哥哥争夺遗产的纠纷，逃离债主的追索，躲开债务——他没法找个合适的姑娘结婚，也是因为债务缠身。在岸上，奇普看起来在劫难逃，无法穿越生命中预料不到的浅滩。然而到了一艘英国战舰的上层后甲板①上，戴着三角帽、拿着望远镜巡视广阔的海洋时，他浑身上下都散发着自信的光芒——有人甚至可能会说，有点倨傲不逊的味道。船上的木制天地给他提

---

① 上层后甲板区（quarterdeck）主要供军官使用。

供了一个避难所，这是一个受到海军严密规定和海洋法则约束的天地，最重要的是，一个靠冷酷无情的人际关系约束的天地。突然之间，他感觉到了清晰的秩序、清楚的目标。此外，奇普的最新职位尽管会带来无数危险（从疫病、溺水到敌人的炮火），但还是给他提供了一个他梦寐以求的机会：他终于能获得丰厚的战利品，被提升为船长，拥有自己的一艘船，成为大海的主人。

问题在于他无法离开这片该死的陆地。他被困在英吉利海峡岸边朴次茅斯港口的一个造船厂里（甚至可以说是遭了诅咒），拼了命要把百夫长号装配好，做好出航的准备，却又一直徒劳无功。巨大的木制船体有144英尺长，40英尺宽，停在船台滑道上。木匠、填船缝的、操作索具的和细木工像老鼠一样在甲板上忙前忙后（老鼠本身也多得是）。这是一曲锤子和锯子的交响乐。经过造船厂的街道铺着鹅卵石，街道上挤满了吱嘎作响的独轮手推车和马车，还有搬运工、小贩、扒手、水手和妓女来来往往。时不时会有个水手长吹起让人直起鸡皮疙瘩的口哨，船员从啤酒屋里跌跌撞撞地走出来，告别旧爱新欢，匆匆赶回他们正要起航的船只，免得挨上军官的一顿鞭子。

时当1740年1月，大英帝国正在加紧动员，要跟自己的竞争对手西班牙大干一场。奇普效力的百夫长号的船长乔治·安森（George Anson）被海军部拔擢为准将，由五艘船组成的分遣舰队也将在他带领下出海抗击西班牙。安森这次升职，也让奇普的前途出现了一片光明。而这次晋升也着实出人意料。安森的父亲只是个默默无闻的乡绅，安森没有能力拿出他那个级别的资助，那份油水——或者用更礼貌的说法，那份"影响力"——来上下打点，推动自己像其他很多军官一样带着自己人一起擢升。安森这年42岁，他14岁就进了海军，已经服役将近30年，还没领导过任何重大军事行动，丰厚的战利品也全都跟他无缘。

他个子很高，脸很长，前额高高突起，身上带着几分孤傲。他那双蓝眼睛极为深邃，除了几个值得信赖的朋友，他很少在外人前开口说话。有个政治家跟他会面后说："安森跟以前一样，话很少。"安森跟人通信时甚至更惜墨如金，就仿佛他并不相信文字能传达自己的见闻和感受。有个亲戚写道："他不怎么爱读书，不爱写东西，也很少口述信件让别人来写，这种看似漫不经心的样子……让很多人都对他心生反感。"后来还有位外交官打趣道，安森对这个世界实在是不甚了解，可以说他一直是在"环游世界，但从未进入世界"。

尽管如此，奇普还是在安森身上看到了一些东西，这是他成为百夫长号船员后的两年间慢慢发觉的，海军部对此也同样有所认识：安森是个令人敬畏的海员。安森对这个木制天地极为精通，同样重要的是，他的自我控制能力也极好——就算受到胁迫，他也能保持冷静、镇定。他的亲戚指出："对于诚信和荣誉，他有着崇高的信念，而且践行起来从无偏差。"除了奇普，他也吸引了一群才华横溢的下级军官和门徒，这些人聚集在他麾下，纷纷想要得到他的青睐。其中一人后来告诉安森，他对安森的感念比对自己的父亲还要多，并且"为了得到您的好感"愿意做任何事情。如果安森成功履新，当上分遣舰队指挥官，他就能按自己的心意任命船长。而奇普，刚开始在他手下只是一名二级上尉，现在已经成了他的左膀右臂。

跟安森一样，奇普这辈子大部分时间都在海上度过，这种痛苦的生活他刚开始时很希望逃离。塞缪尔·约翰逊（Samuel Johnson）曾经指出："一个人但凡足智多谋到能把自己弄进监狱，都不会当水手，因为待在船上就等于待在监狱里，还多了个葬身鱼腹的机会。"奇普的父亲生前在苏格兰法伊夫（Fife）有一大笔家产，还拥有众多头衔，其中之一是"罗西第二勋爵"，颇能让人联想到一些贵族气质，尽管实际上名不副实。他的座右铭是"Ditat virtus"，意为"道德高尚"，就刻在他们家族的徽章上。他的第一任妻子给他生了七个孩子，第一任妻子去世后，第二任妻子又给他生了六个，其中就有大卫。

1705年，也就是大卫年满八岁那年，父亲出门去取羊奶，结果摔死了。按照惯例，家里最年长的男性继承人——大卫同父异母的哥哥詹姆斯（James）继承了大部分遗产。在大卫生活的这个世界里，长子与幼子之间、有产者与无产者之间有云泥之别，他也因此遭受他无法控制的力量的猛烈打击。詹姆斯现在成了"罗西第三勋爵"，托付给他的这些同父异母的弟弟妹妹的生活费，他经常忘记付（有些血缘明显比别的血缘更亲），这让大卫遭受的剧变更显得雪上加霜。为了找份工作,大卫给商人当起了学徒,但他欠的钱还是越来越多。因此到了1714年,也就是他年满17岁那年,他跑去海上,这个决定显然大受家里人欢迎 —— 他的监护人在给他哥哥的信里写道:"他离开得越早,越是对你我都好。"

在经历了这些挫折之后,奇普似乎被那些痛苦的想法消耗得更厉害了,他更加坚定决心,要改变他所谓的"不幸的命运"。独自一人身在海上,远离他熟悉的那个世界,也许就能在跟自然环境的斗争中证明自己 —— 勇敢面对台风,击败敌舰,救同伴于苦难。

然而,尽管奇普确实追捕过几个海盗 —— 包括只有一只手的爱尔兰人亨利·约翰逊(Henry Johnson),他开枪的时候会把枪管架在自己的残肢上 —— 但这些早期的远航最后大都风平浪静。他曾经接受派遣前去巡视西印度群岛(West Indies),这一般被视为海军里最糟糕的任务,因为那里的疾病让人恐惧万分,包括黄热病、血痢疾、登革热、霍乱。

但奇普坚持下来了。这难道不能说明什么问题吗?而且他还赢得了安森的信任,一路晋升为一级上尉。他们俩都对轻率的玩笑(奇普视之为"浮夸的举止")嗤之以鼻,这个共同点无疑也起到了作用。苏格兰有位牧师后来跟奇普成了密友,他指出安森提拔奇普是因为他是"一个有理智、有见识的人"。曾经孤苦伶仃、债台高筑的奇普,如今距离他梦寐以求的船长职位只有一步之遥。而随着英国与西班牙开战,他也即将第一次投入真枪实弹的战斗。

* * *

这场冲突是欧洲列强为了帝国扩张而不择手段地谋取利益的结果。这些国家竞相征服、控制地球上越来越大片的土地,这样就能开发、垄断别国宝贵的自然资源和贸易市场。在这个过程中,他们征服了无数土著居民,使之遭受灭顶之灾,同时又为他们冷酷无情的自身利益——包括对日益扩大的大西洋奴隶贸易的依赖——加以辩护,声称他们是在以某种方式把"文明"传播到地球上那些蒙昧无知的地域。西班牙长期以来一直在拉丁美洲称王称霸,但现在,已经在美洲东海岸拥有一些殖民地的大不列颠也正如日中天,决心打破其敌手一家独大的局面。

时当1738年,一艘英国商船的船长罗伯特·詹金斯(Robert Jenkins)被议会传唤,据说他在那里声称,曾有个西班牙军官在加勒比海袭击了他的双桅船,指控他从西班牙殖民地偷运蔗糖,还削掉了他的左耳。据说詹金斯当场展示了他腌在一个罐子里的左耳,并发誓"我的事业是为了我的祖国"。这起事件进一步点燃了议会和檄文执笔者的激情,鼓噪人们高呼一定要见血,要以耳还耳,并夺取大量战利品。这场冲突由此得名"詹金斯耳朵之战"(War of Jenkins' Ear)。

英国政府很快制订了一项计划，准备对西班牙殖民财富的核心所在地卡塔赫纳（Cartagena）发起攻击。这是位于加勒比海地区的一座南美洲城市，从秘鲁矿山开采的白银，大都通过武装船队从这里运往西班牙。英国的攻击——包括由海军上将爱德华·弗农（Edward Vernon）率领的一支由186艘舰艇组成的庞大舰队——将成为历史上规模最大的水陆两栖袭击。但也还有另外一项规模小得多的行动，就是分配给安森准将的行动。

安森麾下有五艘军舰、一艘用于侦察的单桅帆船以及大约两千人马。他们将横渡大西洋，绕过合恩角，"夺取、击沉、烧毁或以其他方式摧毁"敌舰，削弱西班牙从南美洲的太平洋海岸一直到菲律宾的控制权。在制订这项计划时，英国政府并不想给人留下自己只不过是在支持海盗行径的印象。然而这个计划的核心，所要求的正是彻头彻尾的海盗行径：夺取一艘满载纯银和数十万银币的西班牙大帆船。西班牙每年两次派这样一艘大帆船（并非总是同一艘船）从墨西哥前往菲律宾购买丝绸、香料和其他亚洲商品，然后再把这些商品销往欧洲和美洲。这些交易为西班牙的全球贸易帝国提供了至关重要的连接。

奇普和其他受命执行这项任务的人很少与闻当权者的议程，但他们都被一个诱人的前景所吸引：从猎获的财宝中分一杯羹。百夫长号上22岁的牧师理查德·沃尔特（Richard Walter）后来为这次航行编写了一份记录，在他笔下，这艘大帆船是"在全球所有地方能遇到的最令人垂涎三尺的战利品"。

如果安森及其麾下获胜——用海军部的话来说是"如果上帝愿意保佑我们的武力"——他们会继续环球航行，再一路回到英国。海军部给了安森一套密码用于书信往来，还有一名官员警告他说，这项任务必须以"最秘密、最迅疾的方式"执行。要不然，安森的分遣舰队就可能会被唐何塞·皮萨罗（Don José Pizarro）率领的一支西班牙大型舰队截住并摧毁。

* * *

奇普即将迎来的是他时间最长的一次远征——他可能会离开三年之久——也是最危险的一次。但他把自己看成是在海上寻找"所有海洋最伟大奖赏"的游侠。而且在这趟征途中，他还有可能当上船长。

但奇普也在担心，如果舰队不尽快出发，整个队伍就可能会被一股比西班牙无敌舰队更危险的力量消灭，那就是合恩角附近波涛汹涌的大海。那里常年狂风呼啸，海浪能涌起近百英尺高，还有冰山悄悄躲在低洼的地方，曾成功穿过这条通道的英国水手屈指可数。海员们认为，最有机会挺过那个地方的时候是南半球的夏天，也就是12月到来年2月。沃尔特牧师援引了这条"基本原理"，解释说冬天那里不但海浪更加汹涌，天气滴水成冰，而且能用来辨认海岸线的白天时间也更短，此外，还没有人为那里的海岸线绘制过地图。沃尔特认为，所有这些原因加起来，让在这个未知海域航行成了"最叫人灰心丧气、最可怕"的事情。

但自从1739年10月宣战以来，百夫长号和这支分遣舰队的其他战舰——包括格洛斯特号（Gloucester）、珍珠号（Pearl）和塞弗恩号（Severn）——都一直困在英国，等着修理完毕、装备起来进行下一次航程。奇普只能眼睁睁看着日子一天天过去，什么也做不了。1740年1月到了又过去了。接着是2月、3月。跟西班牙宣战都快半年了，然而舰队还没准备好扬帆出航。

这本来应该是一支气势雄伟的队伍。战舰是人类到现在造出来的最复杂的结构之一：漂浮的木制城堡，在风帆的驱动下远涉重洋。战舰既是杀人的工具，也是数百名水手像一家人一样共同生活的家园，这反映了战舰制造者的双重本性。在一场漂在海上、生死攸关的浮动棋局中，这些棋子被部署到全球各地，只为了实现沃尔特·罗利爵士（Sir Walter Raleigh）的设想："谁控制了海洋，谁就控制了全球贸易；谁控制了全球贸易，谁就控制了世界财富。"

奇普知道百夫长号有多出色。这条船既灵便又牢固，重约1000吨，跟安森舰队的其他战舰一样，有三根高耸入云的桅杆，上面交错着多根帆桁——船帆就是挂在这些木杆上的。百夫长号能同时张开18张帆。船体涂了清漆，闪闪发亮，而船尾周围用金色浮雕绘出了希腊神话中的多个人物，其中就有海神波塞冬。船头端坐着一尊16英尺的木狮子，漆成了亮红色。为了增加在火炮轰击中幸存下来的机会，船体用了双层木板，有些地方的厚度甚至超过一英尺。船上有好几层甲板，一层层叠在一起，其中两层在两侧都装有火炮，阴森森的黑色炮管从方形炮门伸出去，对着外面虎视眈眈。奥古斯塔斯·凯佩尔（Augustus Keppel），一个15岁的见习官，也是安森的门徒之一，夸口说其他战舰在强大的百夫长号面前"毫无胜算"。

然而就算是在和平年代，建造、维修和装备这样的船只也是一项艰巨的任务，而在战争时期，这种工作只能是一片混乱。皇家造船厂是世界上最大的制造基地之一，里面挤满了各色船只——漏水的船、造到一半的船、需要装载和卸货的船。安森舰队的这些船都停在所谓的"朽烂道"①上。以风帆为推动力，装载了致命火炮的战舰尽管十分先进，但仍然主要由简单、容易腐烂的材料建成：麻绳、帆布，用料最多的则是木材。建造一艘大型战船可能会用到多达4000根木材，令上百英亩②的森林夷为平地。

大部分木材都是坚硬的橡木，但在风暴和大海等自然因素的摧残下仍然很容易朽坏。有一种略呈红色的船蛆（teredo navalis），也叫凿船虫，能长到一英尺以上，会吃透船体。（在

---

① 原文为Rotten Row，更常用于伦敦海德公园以前经常有上流社会人士用来练习骑马的一条林荫道，故通常译为"骑马道"。但rotten本为"朽烂"之意，此处当指木头朽坏的船只等待维修所排的队，故译为"朽烂道"。

② 1英亩约为4047平方米，100英亩约为0.4平方千米，或600亩。

第四次前往西印度群岛的航行中,哥伦布就因为这玩意损失了两条船。)白蚁也会钻透甲板、桅杆和舱门,而红毛窃蠹也不遑多让。还有一种真菌会进一步吞噬船体的木制核心。1684年,海军部大臣助理塞缪尔·佩皮斯(Samuel Pepys)无比惊讶地发现,很多还在建造中的新船就已经朽坏得相当厉害了,"停在船坞上都有沉没的危险"。

有位顶尖的造船师估计,普通战舰的平均寿命只有14年。并且想要维持那么长的时间,一艘船必须在每次远洋航行后都大修一遍,几乎等于重造,要换上新的桅杆、包板和索具,不然就可能酿成大祸。1782年,长达180英尺的皇家乔治号(Royal George)——当时世界上最大的战舰——在朴次茅斯附近下锚,所有船员都在船上,海水灌进船身,最后沉没了。沉没原因尚有争议,但有项调查将这起事故归咎于"木材大面积腐烂"。估计有900人溺水身亡。

* * *

奇普了解到,在检查百夫长号时发现了诸多在海上很常见的损坏。有个造船师报告说,船身的木制包板"被虫蛀得太厉害了",必须拆下来换上新的。船头那边的前桅上烂了个1英尺深的洞,而安森也在日志中写道,船帆"好多都被老鼠吃掉了"。分遣舰队的另外四条战舰也都有类似问题。另外,每条船还都必须装上好几吨重的给养,包括长40英里左右的绳索,1.5万平方英尺以上的帆布，还有相当于一个农场的牲畜——鸡、猪、羊和牛。（把这些动物赶上船不啻赶鸭上架——有个英国船长就抱怨道，肉牛"不喜欢水"。）

奇普一再恳求海军部尽快完成百夫长号的准备工作。然而在战争期间，大家对这样的事情都已经司空见惯：尽管整个国家上下都在嗷嗷叫着要打仗，却没有多少人愿意付出足够大的代价。海军系统也已经被逼到了极限。奇普这人容易激动，情绪就像风一样变化无常，然而现在他这样被困在陆地上，只能靠一支笔去推动事情进展！他恳求造船厂官员更换百夫长号已经损坏的桅杆，但他们坚持认为把烂的那个洞填上就好了。奇普呈文海军部，强烈谴责他们"如此怪异的理论"，官员们最后还是让步了，但是又浪费了好多时间。

* * *

而舰队里的那个倒霉蛋韦杰号在哪儿？跟其他战舰不一样，韦杰号并不是为打仗而建造的，它本来是商船——就是一艘所谓的"东印度人"（East Indiaman），有这样的名字，是因为这类商船都在东印度地区做生意。韦杰号是为了运载大量货物而设计，船身大腹便便，有些笨重，长123英尺，造型丑陋。战争开始后，海军需要更多船只，便从东印度公司手上花将近4000英镑买下了这艘船。从那时起，韦杰号就被隔离在朴次茅斯东北方向80英里的德特福德（Deptford），这是泰晤士河上的一家皇家造船厂。韦杰号在那里经历着一场蜕变：船舱被四分五裂，外墙上凿了好些洞，还拆除了一个楼梯间。

韦杰号的船长丹迪·基德（Dandy Kidd）检查了正在进行的工作。丹迪船长56岁，据说是臭名昭著的海盗威廉·基德（William Kidd）的后人，是个经验丰富的海员，也是个迷信的人——在风和海浪中，他看到了潜藏的不祥之兆。直到最近他才得到奇普一直梦寐以求的东西：成为船长，掌管一条自己的船。至少在奇普看来，基德的晋升是实至名归，不像格洛斯特号船长理查德·诺里斯（Richard Norris）。诺里斯能当上船长，是因为他父亲约翰·诺里斯爵士（Sir John Norris）是著名海军上将。约翰爵士帮他儿子在这支分遣舰队谋了个职位，还指出"对于那些幸存下来的人，既会有行动，也会有好运"。格洛斯特号也是舰队中唯一一艘很快就修好的船，这让另一位船长不得不抱怨："我跟码头上蹲了三个星期，连一根钉子都没见到，因为必须先给约翰·诺里斯爵士的儿子服务。"

基德船长也有自己的故事。他在一所寄宿学校留下了一个五岁的儿子，名字也叫丹迪，是个没妈的孩子。如果他父亲没能在远航中活着回来，他会怎么样？基德船长已经对那些恶兆感到害怕了。他在航海日志中写道，他这艘新船简直要"翻倒"，还警告海军部说，这艘船可能是个"怪东西"——倾斜得异乎寻常的船。为了给船体弄些压舱物，好让船不至于倾覆，黑暗、潮湿、洞穴一般的货舱里被塞进了四百多吨生铁和砾石。

工人们在埋头苦干中度过了英国有记录以来最寒冷的一个冬天。就在韦杰号准备起航时,又发生了一件非同寻常的事情,令奇普万分沮丧:泰晤士河结冰了,整个河面都结成了坚硬、厚实、闪闪发光的冰层。德特福德的一名官员告知海军部,韦杰号只能留在造船厂,直到泰晤士河解冻。又是两个月过去,韦杰号才终于得到自由。

5月,这艘往日的"东印度人"终于以战舰的面貌从德特福德造船厂现身了。海军以舰炮数量来给战舰定级,这艘船有28门炮,属于六等——最低的等级。其命名是为了纪念查尔斯·韦杰爵士(Sir Charles Wager),74岁的第一海军大臣。这艘船的名字看起来恰如其分:"韦杰"(Wager)本身是"赌注"的意思,而这些远涉重洋的人不正是在拿生命做赌注吗?

韦杰号沿着泰晤士河航行,在这条贸易纵贯线上随波逐流,一路上遇到了满载着来自加勒比海的蔗糖和朗姆酒的"西印度人",遇到了载有来自亚洲丝绸和香料的"东印度人",还遇到了从北极回来的"鲸脂猎人",他们带回来的鲸脂可以做成提灯和肥皂。在这条交通要道上航行的韦杰号,龙骨在一处浅滩上搁浅了。想象一下,一艘大船在泰晤士河里失事!不过韦杰号很快就脱身了,到了7月,这艘船终于来到朴次茅斯港外,奇普也在这里看到了它。海员们会盯着来来往往的船只没完没了地看,丝毫不留情面地指出这条船曲线优美,那条船难看至极之类。韦杰号尽管已经拥有了战舰的傲人外观,也还是无法把以前的样子完全掩盖起来，因此基德船长恳请海军部，尽管已经拖了这么久，希望还是能给这艘船新涂一层清漆和油漆，让它能像别的船一样闪闪发光。

到七月中旬，从战争开始以来已经过去了九个月，而这九个月都没有见血。如果舰队立即出发，奇普有信心在南半球的夏天结束以前赶到合恩角。但这艘战舰仍然缺少一个最重要的元素，那就是人。

* * *

因为航程漫长，而且计划进行水陆两栖打击，所以安森分遣舰队中的每艘战舰都需要搭载比设计数量更多的海员和海军陆战队员。百夫长号通常搭载400人，这次准备带上500人左右出航，而韦杰号会带上250人左右，是其通常搭载人数的两倍。

奇普一直在等待船员到来。但海军已经用光了志愿兵，英国又没有征兵制度。英国首相罗伯特·沃波尔（Robert Walpole）警告说，由于船员短缺，海军有三分之一的舰艇都没法用起来。在一次会议上，他大喊道："啊！海员，海员，海员！"

就在奇普和其他军官一起使尽浑身解数到处为舰队招兵买马时，传来了一个更让人坐立不安的消息：已经招募上来的人正在病倒。他们的头一跳一跳地疼，四肢极为酸痛，就好像被人狠狠揍过一顿。有些人的情况极为严重，还伴有腹泻、呕吐、血管爆裂、高烧41℃等症状。（还出现了谵妄——用一本医学专著里的话说就是，"在空气中抓想象出来的物体"。）

有些人甚至还没出海就已经长眠不起。奇普估计，仅百夫长号就有至少200人生病，病死的超过25人。他带了自己的小侄子亨利上船，算是自己这次远征的徒弟——要是他在路上死了怎么办？就连意志那么坚强的奇普，也在遭受他所谓的"健康状况极为不良"的局面。

这是一种叫作"船舶热"的破坏力极强的传染病，现在我们称之为斑疹伤寒（typhus）。那时候没有人知道这种疾病是因为细菌感染，由虱子等害虫传播。新招募来的水手在遍地污秽的船上脏兮兮地挤成一团，这些人也就成了致命的传播媒介，甚至比枪林弹雨更要人命。

安森吩咐奇普把病号迅速送往朴次茅斯附近的戈斯波特（Gosport）一家临时医院，寄希望于他们能及时康复，赶得上出发。舰队仍然急需人手。但随着医院人满为患，大部分病人不得不安置到周围的小酒馆里，那些地方的酒比药多，有时候一张小床就不得不挤下三个病人。有位海军上将说："在这么悲惨的条件下，他们死得很快。"

* * *

为舰队配备人员的和平招募方法失败了，当局采用了海军部一位大臣助理所说的"更暴力"的政策，派出武装团伙强迫以航海为业的人到舰上服役——实际上就是绑架他们。这些团伙在城里镇上到处游荡，任何暴露出水手特征的人都会被他们抓起来。这些特征包括常见的格子衬衫、宽膝裤和圆帽，还有手指上沾着柏油，因为船上几乎所有东西都会涂上柏油，好更防水，也更耐用。（海员还有个诨名就叫"柏油"。）地方政府也得到命令，要求他们"逮捕所有掉队的海员、船工、渔民、驳船船工和船户"。

有个海员后来讲起，自己正在伦敦街头散步，有个陌生人过来拍了拍他的肩膀，问道："哪条船上的？"他否认自己是水手，但沾了柏油的手指出卖了他。陌生人吹响口哨，马上出现了一小伙人。这个海员写道："我落到六到八个恶棍手里，我很快发现他们是个'抓丁团'。他们拖着我，匆匆穿过好几条街，路人狠狠地咒骂着他们，也对我表露出同情。"

抓丁团也会坐船出海，在海平线上搜寻即将到来的商船，那是最肥美的狩猎场。被他们抓住的人往往都是经历了漫长的航程，好些年没有见到家人了。考虑到被抓后的长途航海作战中会面临的风险，他们可能会再也见不到家人。

奇普跟百夫长号上一个名叫约翰·坎贝尔（John Campbell）的年轻见习官成了好朋友，他就是被抓丁团从一艘商船上抓来的。抓丁团强行登上他们那艘船，要把一个涕泗横流的老汉拖走，坎贝尔看到后挺身而起，跟他们说用自己把老人换下来。抓丁团的头儿说："比起一个哭哭啼啼的老东西，我当然更愿意要一个精神小伙了。"

据说坎贝尔的英勇行为给安森留下了深刻印象,于是任命他为见习官。然而大多数水手都会用尽所有招数来躲开"抢身体的贼",以免被抓——他们躲在狭小的货舱里,在花名册上把自己列为已亡故,在抵达重要港口前离开商船。报纸上曾报道,1755年,抓丁团包围了伦敦的一座教堂,要抓走躲在里面的一个海员,结果这人用"一位老贵妇的长斗篷、头巾和帽子"把自己乔装打扮了一番,成功脱逃。

被抓的水手会被转移到小船上,关在货舱里。这些船被称作转运船,就是浮在水上的监狱,活板门装了铁栅栏,还有海军陆战队员拿着火枪和刺刀守着。有个海员回忆道:"在这个地方我们度过了一个白天,又度过了接下来的夜晚,我们挤作一团,因为没有空间让我们分开坐下,站也站不起来。我们的处境真是好可怜,不少人晕船,有些人干呕,还有些人抽着烟,很多人都受不了那股恶臭,因为没有新鲜空气而晕了过去。"

家人在得知自己的亲人——儿子、兄弟、丈夫,或是父亲——被抓后,往往会匆匆赶往转运船即将出发的地方,希望能跟亲人再见上一面。塞缪尔·佩皮斯在日记中描述了伦敦塔附近一个码头上的情景,被抓丁团抓走的水手的妻子们聚在那儿:"我这辈子还从来没见过有人这么自然地表达自己的激情:在这里,我看到有些女人在哀叹自己的命运,冲向每一群被带来的人挨个儿检查，看看里面有没有她们的丈夫，向每一艘离港的船只挥泪，想着自己的丈夫也许就在上面，还会一直看着那船渐渐远去，直到在月光下再也看不见为止。听着这些人的声音，我心里非常难过。"

* * *

安森的分遣舰队接收了好几十个被抓丁团抓来的人。奇普为百夫长号至少接收了65人。无论对于抓壮丁的事情有多反感，他还是非常需要他能找来的每一名水手。然而，那些并非自愿的新兵一有机会就会逃跑，心存疑虑的志愿兵也同样如此。仅仅一天之内，塞弗恩号上就少了30个人。那些被送往戈斯波特的病号中，也有无数人利用防守松懈的空子伺机逃跑了——用一位海军上将的话来说就是，"但凡爬得动的都跑了"。一共有二百四十多人逃离舰队，包括格洛斯特号的牧师。基德船长派了个抓丁团出去给韦杰号抓壮丁的时候，抓丁的人里面都有6个自己逃跑了。

安森下令分遣舰队在朴次茅斯港外足够远的地方下锚停船，从这里靠游泳上岸逃出生天是不可能的——很多人都会那么做。安森此举让一名困在船上的海员给妻子写信道："我就算有100个金币，为了能逃到岸上我也愿意全都献出去。每天晚上，我都只能躺在甲板上……我完全没有机会回到你身边……你尽心尽力照顾好孩子们，在我回来以前，上帝会好好保佑你和他们的。"

＊　＊　＊

奇普认为，优秀的水手必须具备"正义感、勇气……坚定"，然而新招来并留下来的这些人的素质让他大感憎恶。当地政府知道抓壮丁很不受欢迎，而借机把他们避之不及的人推销出去也是很常见的做法。但这些招募来的人相当糟糕，志愿前来的人也好不到哪儿去。有位海军上将就曾这么形容一群新人："染了梅毒，浑身发痒，跛着腿，甲状腺肿大，还有各种各样的其他病症，来自伦敦的各家医院，在船上能起到的作用只能是滋生更多感染；剩下那些人，大都是小偷、入室抢劫的人、新门（监狱）的鸟人，全是伦敦的污秽。"最后他总结道，"在以前所有战争中，有他们一半糟糕的人我都没见过，总之，这群人糟糕到我都不知道该怎么描述了。"

为了至少部分地解决人员短缺的问题，政府往安森的舰队派了143名海军陆战队员，那时候这是陆军的一个兵种，配备有自己的军官。按照约定，海军陆战队要帮助舰队在陆地上发起攻击，在海上也要加以协助。然而这些新兵蛋子也全都毫无经验，从来没坐过船，甚至都不知道怎么开枪。海军部承认，这些人"毫无用处"。无奈之下，海军只能采取极端措施，从位于切尔西（Chelsea）的皇家医院要了500名"老弱病残"的士兵给安森的舰队。这家医院建于17世纪，里面住的都是领取养老金的退伍军人,很多都已经七老八十了,患有风湿病、耳背、部分失明,时不时会遭受抽搐的折磨,或是失去了某部分肢体。想想他们的年纪和体格,这些士兵肯定不适合服现役。沃尔特牧师说,他们是"能找到的最老朽、最可怜的东西"。

在前往朴次茅斯的路上,这些老弱病残将近一半都溜走了,其中一个还是靠着木腿蹒跚走的。沃尔特牧师写道:"只要是有手有脚,还有力气走出朴次茅斯的人,全都开了小差。"安森恳求海军部把他的牧师所说的"这支年老多病的小分队"换掉。然而,新兵怎么也招不上来,安森开革了一些伤残得最厉害的人,但他的上司还是命令这些人回到船上。

奇普看着这些老弱病残到来,当中很多人都实在是太虚弱了,只能用担架抬上船。他们脸上惊恐的神情暴露了所有人私下里都非常清楚的实情:他们这趟出海是有去无回了。沃尔特牧师也承认:"他们全都可能会因为长久缠身的病痛而毫无意义地死去;而且是在他们把青春的活力和力量都奉献给国家以后。"

* * *

耽搁了将近一年之后,1740年8月23日,战斗前的战斗终于结束了,百夫长号的一名军官在自己的日记里写道:"一切准备就绪,可以出海航行了。"安森命令奇普鸣炮。这是宣布分遣舰队起锚的信号,在火炮声中,整支队伍都被唤醒了——共有五艘战舰,一条84英尺长的侦察用单桅帆船寻踪号(Trail),还有两条会陪着舰队走一段路的小型货船安娜号（Anna）和工业号（Industry）。军官们从各自的舱室里走出来，水手长吹起口哨，高喊着："所有人！ 所有人！"船员们火速吹灭蜡烛，绑紧吊床，松开风帆。奇普周围的一切——安森的耳目——似乎全都在移动，随后船也一艘艘移动起来。再见了追债的人，再见了可恶的官僚，再见了无尽的挫折。再见了，所有这一切。

舰队沿着英吉利海峡驶向大西洋，周围都是别的离港船只，大家挤在一起，争夺着风力和空间。有几艘船撞在一起，把船上未曾经验海面生活的旱鸭子吓得够呛。这时，像众神一样反复无常的风，突然在他们面前改变了风向。安森的舰队无法承受这么近距离的风力突变，不得不回到出发的地方。他们又试着出发了两回，但都同样只能退回来。9月5日，伦敦《每日邮报》（*Daily Post*）报道称，舰队仍在"等待有利风向"。经历了那么多考验和磨难——奇普的考验和磨难——他们似乎注定了只能留在这个地方。

不过，9月18日，当太阳正落下时，海员们感觉到了一丝带来好消息的微风。就连一些持抗拒态度的新兵也松了口气，因为终于可以上路了。至少现在在他们手里有了任务，可以分分心，也可以把眼光放到那艘西班牙大帆船上，致力于那恶毒的诱惑了。韦杰号上的一名海员在日记里写道："人们满心都是一夜暴富的希望，还希望过不了几年就能带着敌人的财富回到老英格兰。"

奇普在上层后甲板区找了个居高临下的位置——船尾一个架高的平台，用作军官的驾驶台，舵和罗盘就装在上面。他深吸一口带着咸味的空气，聆听着周围美妙的交响乐：船体轻轻摇晃，升降索噼啪作响，海浪拍打着船头。舰队排成优雅的队形滑过水面，打头阵的百夫长号，张开的风帆就像翅膀一样。

过了一会儿，安森下令把一面红色的三角旗挂到百夫长号的主桅上，标识出他舰队指挥官的身份。其他每条船都鸣炮13响致敬——有如雷鸣一般，一缕青烟在空中消散。船队开进英吉利海峡，新生一般出现在这个世界面前。奇普始终保持着警觉，看着海岸线不断后退，直到自己终于被深蓝色的大海完全包围。

第二章
绅士志愿兵

"起来,瞌睡虫!起来!"韦杰号的水手长跟他的几个助手喊人起来值早班,疯狂的呼叫声吵醒了约翰·拜伦(John Byron)。还不到四点,外面仍然一片漆黑,不过拜伦从他位于船舱里的铺位上并不能分清是白天还是黑夜。身为韦杰号见习官(他才十六岁),拜伦分到的位置很低,在上层后甲板之下、在上甲板之下,甚至在下甲板之下,普通水手就是在这里跟吊床上睡觉,身体悬吊在梁柱上晃来晃去。拜伦睡在最下层甲板的尾部,这个空间很潮湿,空气不流通,也没有自然光。比这儿还低的只有货舱,舱底污水都汇集在那里,阵阵恶臭让睡在上面的拜伦不堪其忧。

韦杰号和舰队其他船只在海上已经差不多两周了,而拜伦仍在适应周围的环境。最下层甲板的层高不到五英尺,他站着的时候要是没有弯腰低头,就会撞到脑袋。其他的年轻见习官也都住在这个橡木地下室里。他们每个人允许占据的空间,宽度都不超过21英寸,这么睡在吊床上,他们的胳膊肘和膝盖总会时不时地撞到旁边的人。不过分配给他们的空间,仍然比普通海员多了七英寸。当然,这空间比军官们的私人铺位要小,尤其是船长。船长在上层后甲板那里有个很大的舱室,里面有卧室、有餐厅,还有个能一览海上胜景的阳台。跟在陆地上一样,地盘显示地位,你在什么地方睡觉,就表明了你在等级制度里处于什么位置。

海员们带上船的水手柜是一个个木箱子,里面塞的几样东西就是他们整个航程中仅有的财物,而拜伦和同伴们的水手柜就放在他们睡觉的橡木地下室里。在船上,水手柜同时也是椅子、牌桌和书桌。有个小说家描写过一个十八世纪的见习官的铺位是什么样子,说那里堆满了脏衣服,还有"盘子、玻璃杯、书本、三角帽、臭袜子、发梳、一窝白鼠和一只关在笼子里的鹦鹉"。然而,任何见习官的寝室里都会有的一样标志物:一张长桌,长到能让一个人躺在上面,是为截肢手术准备的。这个舱室还有个作用是医生的手术室,这张桌子时刻提醒着他们在面临什么样的危险:只要韦杰号交战,拜伦这个房间就会满是骨锯,遍地是血。

水手长和助手们,大喊大叫的那几个人,继续一边吼叫着,一边吹着口哨。他们在上下几层甲板上走来走去,拎着提灯,在还睡着的海员身上俯身大喊:"要么起来,要么掉地上!"谁要是不起身,他们就会把他系着吊床的绳子砍断,让他重重摔在甲板上。韦杰号的水手长名叫约翰·金（John King），身形魁梧，一般不会动见习官，但拜伦知道最好还是离他远点。水手长负责照管船员、实施惩罚，会用竹棍打不守规矩的人，是臭名远扬的暴徒。而约翰·金尤其让人神经紧张。有个船员就曾说到，约翰·金这个人"不通情理，脾气暴躁"，而且"老是喜欢爆粗口，我们很受不了他"。

拜伦得赶快起身。没有时间洗澡了，不过由于船上水的供应有限，本来也很少有人洗澡。他开始穿衣服。生活在这么邋里邋遢的地方，在陌生人面前赤身裸体，都让他感到很不自在，但他也必须克服。他来自英格兰最古老的家族之一，祖先可以一直追溯到诺曼征服时期，而且他的父系母系两边都是贵族世系。他父亲生前是第四代拜伦勋爵，母亲是一位男爵的女儿。他的哥哥，第五代拜伦勋爵，是上议院议员。约翰作为贵族的幼子，用当时的话来说，也是一位"尊贵的"绅士。

韦杰号跟纽斯特德修道院（Newstead Abbey）看起来是多么遥远啊。那是拜伦家族的庄园，有一座美轮美奂的城堡，其中一部分是十二世纪作为修道院建起来的。这片庄园一共占地三千英亩，周围环绕着舍伍德森林，也就是传说中罗宾汉经常出没的地方。拜伦的母亲把他的名字和出生日期（1723年11月8日）刻在了修道院的一扇窗户上。韦杰号上这位年轻见习官，日后会成为著名诗人拜伦勋爵的祖父，而这位诗人后来也经常在他的浪漫主义诗篇里提到纽斯特德修道院："宅邸本身高大而庄严……至少在那些用心去看的人眼里／留下的印象定然很深。"

在安森开启这场远征的两年前,时年14岁的约翰·拜伦离开西敏公学,志愿加入了海军。他这么做,有部分原因是他哥哥威廉。威廉继承了家族庄园,也继承了影响过拜伦家族多少代人的狂热,最后把家里的财产挥霍一空,纽斯特德修道院也成了废墟。(诗人拜伦写道:"我祖祖辈辈的殿堂,艺术已经腐烂。")威廉在一个湖上多次上演假海战,还在一次决斗中一剑刺死了一个表弟,人称"邪恶勋爵"。

约翰·拜伦没剩下多少路子能让他过上受人尊敬的生活。他可以加入教会,他有个弟弟后来就进了教会,但就他的脾性来说,教会太沉闷了。他可以去陆军服役,很多绅士都喜欢这么做,因为可以经常无所事事地骑在马上,摆出一副温文尔雅的样子。还有一条路是去海军,但进了海军你得真撸起袖子干活儿才行,没法保持干干净净。

塞缪尔·佩皮斯试过激励那些青年贵族和绅士,让他们把出海看作"光荣服役"。1676年,他制定了一项新政策,让这条道路对天生高人一等的年轻人更具吸引力:如果他们在战舰上见习至少六年,并通过一项口头测试,就能被任命为英国皇家海军军官。这些志愿者往往从船长的事务员(因持王室的服役信上船,人们称之为"国王写信引荐的孩子")开始干,最后会成为见习官,这让他们在战船上的地位并不明确。他们不得不像普通海员一样辛辛苦苦地干活,因为这样才能"掌握诀窍",但他们也被视为正在受训的军官,是未来的上尉和船长,甚至有可能成为海军上将,而且他们被允许在上层后甲板行走。尽管有这些诱惑,对拜伦家族这样的世系来说,海军生涯仍然会被认为不大体面——用认识拜伦一家的塞缪尔·约翰逊的话来说,是一种"反常行为"。然而拜伦却被神秘的大海迷住了。他对于讲水手的书非常着迷,比如讲弗朗西斯·德雷克爵士(Sir Francis Drake)的,甚至把这些书带上了韦杰号——那些航海探险故事,就压在他水手柜的箱底。

然而就算是那些向往海上生活的青年贵族,这么剧烈的环境变化还是会让他们震惊不已。有个见习官回忆道:"上帝啊,这差别也太大了!我本来以为会有个漂亮的房间,窗户上架着炮;有一群整整齐齐的人;总之,我以为是像格罗夫纳广场(Grosvenor Place)那样的地方,如同挪亚方舟一样漂在海上。"然而并非如此。他写道,甲板"脏兮兮的,又湿又滑;气味非常糟糕;整个景象都很让人恶心;我注意到见习官们衣冠不整,穿着破破烂烂的圆领夹克,戴着没精打采的帽子,没戴手套,有些人甚至鞋也没穿,看到这些,我可一点儿都骄傲不起来……这差不多是我这辈子头一回我从口袋里掏出手帕,盖住脸,像个孩子一样大哭起来;也希望我能说这是最后一回如此狼狈。"

被抓丁团抓来的穷水手会得到一身还算过得去的衣物,叫作"工作服",好遮住"有损健康的恶臭"和"下流的兽性"。尽管如此,海军到这时还没有制定过正式的军装。尽管拜伦这个级别的人,大都有能力置办一身华丽的蕾丝或丝绸服装,但他们的衣服通常必须符合在船上生活的要求:一顶遮挡阳光的帽子,一件用来保暖的夹克(通常是蓝色),一条用来擦额头的领巾,一条裤子——这种奇特的时尚组合就是由水手开启的。裤子跟他们的夹克一样需要剪短,这样他们才不会被绳索缠住。而天气恶劣的时候,他们会涂上一层黏黏的柏油来保护自己。就算穿着这么凑合的衣服,拜伦仍然显得鹤立鸡群,苍白的皮肤简直光彩夺目,棕色的大眼睛里满是好奇,头发又长又卷。有个观察者后来说,他帅得让人毫无抵抗力,是"他这个风格里的佼佼者"。

他取下吊床,连同寝具一起卷起来放在一边。随后他赶紧爬上几层甲板之间的那几道梯子,边走还得边确认自己没在迷宫一样的船体内部迷失方向。最后,他像一个浑身煤灰的矿工一样出现了,穿过舱门来到上层后甲板上,呼吸起新鲜空气。

船上大部分人,包括拜伦在内,分成了两组轮流值班,每组大概一百人。拜伦和他们那组人在上面忙活的时候,值完班、累坏了的那组人就会在下面休息。在黑暗中,拜伦能听到蹦蹦跳跳的脚步声,以及天南海北各种口音在说话。他们这些人,从注重打扮的时髦人士到城市贫民,来自哪个社会阶层的都有,但他们的工资全都必须扣掉一部分交给事务长托马斯·哈维(Thomas Harvey),作为工作服和餐具的费用。就职业来说,船上既有专门的海军工匠——木匠、箍桶匠和修帆工,也有各行各业的人，五行八作多得让人眼花缭乱。

船员中至少有一个人是自由黑人，名叫约翰·达克（John Duck），来自伦敦。英国海军支持奴隶贸易，但船长需要技术熟练的水手，也经常会招募自由黑人。尽管船上的生活并非总是像陆地上那样壁垒森严，也还是存在广泛的歧视。达克在他身后没有留下任何书面记录，而他在海上还面临一项白人海员不会面临的危险：如果在海上被俘，他可能会被卖身为奴。

船上还有几十个小男孩，其中有些可能才六岁。他们在船上接受训练，以后会成为普通海员或军官。还有一些干瘦的老人：厨师名叫托马斯·麦克莱恩（Thomas Maclean），八十多岁了。有些船员已经成家，而且有了孩子；托马斯·克拉克（Thomas Clark）是船上的航海官兼领航员，甚至还把他年幼的儿子带了上来，跟着他一起航海。有个海员注意到："一艘战舰完全可以看成是这个世界的缩影，因为在战舰上你能见到各式各样的人物，有好人，也有坏人。"他还指出，坏人有"车匪路霸、窃贼、扒手、放荡的人、跟人通奸的人、赌徒、喜欢冷嘲热讽的人、有私生子的人、江湖骗子、皮条客、寄生虫、恶徒、伪君子，还有衣衫褴褛的花花公子"。

英国海军能把脾气暴躁的一个个人整合起来，变成海军中将霍拉肖·纳尔逊（Horatio Nelson）所谓的"兄弟连"，海军也因此闻名。但韦杰号上不情不愿、叫人头疼的船员实在是太多了，木匠的助手詹姆斯·米切尔（James Mitchell）就是其中之一。

他比水手长约翰·金还令拜伦害怕，因为他看起来总是一副怒火中烧的样子。拜伦还没有机会确切地知道这些同船海员身上潜藏的本性，甚至也不知道自己内心真正的样子：这趟漫长、危险的航行，会把每个人隐藏的心性都无情地暴露出来。

* * *

拜伦来到他在上层后甲板上的位置。值班人员要做的不只是密切监视，而是还要参与管理这艘复杂的船，这头海中巨兽不眠不休，一直在前进。作为见习官，拜伦需要帮忙处理各种事务，比如修剪船帆、替军官传递信息等。他很快发现，每个人都有自己独特的职守。工作岗位不但决定了一个人在船上的工作地点，也决定了他在船上的等级制度中居于何处。基德船长在上层后甲板上统领全局，处在等级结构的顶峰。在海上，任何政府都鞭长莫及，船长的职权可大得很。有位历史学家写道："对于麾下部众来说，船长必须既是父亲又是告解神父，既是法官又是陪审团。他对他们的权力比国王还大——因为国王不能命令别人去鞭打谁。船长可以命令他们投入战斗，也确实在这么做，因此对于船上的每一个人来说，他都操控着生杀大权。"

上尉罗伯特·贝恩斯（Robert Baynes）是韦杰号上的执行副官。他年纪四十上下，在海军服役将近十年了，以前跟过的两个船长都给他写了材料，证明他的能力。然而很多船员都觉得他这人非常优柔寡断，简直叫人抓狂。他出身于名门望族，祖父亚当·贝恩斯（Adam Baynes）当过议会议员；尽管如此，船员们还是老叫他"比恩斯"（Beans）①，不管有意还是无意，这个称呼似乎都算得上恰如其分。他和另外几位高级军官负责监督值班，并确保船长的命令得到了执行。作为领航员，航海官克拉克跟助手们要绘制船的航线，还要告诉掌舵官正确的前进方向，再由掌舵官指挥两名紧握双轮舵的舵手怎么掌舵。

有各自专门手艺的非海员也形成了自己的群集单位——修帆工修补帆布，军械匠磨剑霍霍，木匠修理桅杆、填塞船体上危险的漏洞，医生照管病人。（医生的助手叫作"稠麦片粥男孩"，因为他们会把麦片粥拿给病人吃。）

海员也根据各自的能力分成了不同的群组。桅楼瞭望水手，年纪轻轻，身手敏捷，因艺高胆大受人钦佩，他们会飞速爬上桅杆，展开或卷起船帆，一直在桅杆上面瞭望，就像盘旋在天空中的猛禽。然后是被分配到艏楼的那些人，艏楼就是前桅之间的那部分甲板，他们在那里操控艏斜帆，还负责收放锚，最大的锚能有两吨重。艏楼人员往往是最有经验的，在他们的身体上能看到多年海上生活的痕迹：手指弯曲，皮肤坚韧，鞭痕累累。最底下那层，跟粗声叫着、到处拉屎的牲畜一起待在甲板上的，是"船腰水手"，都是些没有航海经验的旱鸭子，只能从

---

① Beans 是"谐音梗"，有"豆子"的意思，在俚语中也有"一钱不值"的意思。

事没有技术含量的苦役，可怜得很。

最后要说的是自成一个特殊类别的海军陆战队员，他们是从陆军里面分出来的，同样是可怜兮兮的旱鸭子。在海上的时候他们归海军管，必须听令于韦杰号船长，但指挥他们的是两名陆军军官：一名长得像狮身人面像的上尉，名叫罗伯特·彭伯顿（Robert Pemberton），还有个暴脾气的中尉，名叫托马斯·汉密尔顿（Thomas Hamilton）。汉密尔顿本来是分配到百夫长号上的，但他跟另一名海军陆战队员动了刀子，还威胁说要跟人家决斗，之后就被调到了韦杰号上。韦杰号上的海军陆战队员主要帮忙做起锚、转动绞盘之类的活。如果船上发生叛乱，上尉会命令他们镇压下去。

要让船好好跑下去，这些构成要素全都必须整合到一个井然有序的组织中。低效、失误、愚蠢、酗酒——任何这些错误都可能酿成大祸。有个水手把战舰描述成"一套人类机器，里面每个人都是一个轮子、一根带子、一颗螺丝钉，全都按照其机械师——全能的船长——的意志运转，其中的规律性和精确性都让人叹为观止"。

* * *

上午那几个钟头，拜伦会观察这些群组忙忙碌碌地工作。他仍在学习航海技术，在初步了解一种神秘的文明。这种文明实在是太奇特了，以至于对一个男孩子来说，自己好像"总是在睡梦中"。而且,作为绅士以及未来的军官,拜伦还需要学习绘画、击剑和舞蹈——还得至少假装懂点拉丁语。

有位英国船长建议,受训的青年军官在船上应该多带点书,里面得有维吉尔(Virgil)和奥维德(Ovid)的经典著作,以及斯威夫特(Swift)和弥尔顿(John Milton)的诗篇。这位船长解释道:"认为无论多笨的人都能成为海员,这是个错误概念。我这辈子还从来没见过什么职业,比海军军官要求的教育更高……这样的人必须精通文学、各种语言和数学,还得是个颇有造诣的绅士。"

拜伦还需要学习怎么掌舵,怎么捻接绳索,怎么收紧绳索,怎么抢风航行,怎么辨认星星和潮汐,怎么用四分仪来确定自己的位置,以及怎么测量船的速度:把一根绳子丢到水里,绳子上间隔均匀地打着结,数一下一定时间内从他手里放出去了多少节。(航速1节相当于陆地上的每小时一英里还多一点①。)

他必须破译一种新的、神秘的语言,解开一种密码,要不然大家就会嘲笑他是个旱鸭子。命令他去拉索具②的时候,他最好去抓住绳子而不是自己的寝具。他不能说上厕所,得说去船头——船头的甲板上挖了个洞,他们的排泄物从这里直通大海。

---

① 航速1节即1海里/小时,而1海里的传统定义为子午线1角分的长度,约为1.852千米。

② 此处"索具"原文为sheets,具体含义为"帆脚索",在英文中与"床单"为同一词,为照顾双关,前面用了"索具",后面用了"寝具"。

此外,上帝禁止他说自己在一艘船上,只能说在一艘船里。拜伦自己也被取了个新名字。船员开始叫他杰克。约翰·拜伦摇身一变,成了杰克·塔尔(Jack Tar)①。

在航海时代,借助风力的帆船是远涉重洋的唯一桥梁,航海语言也变得非常流行,就连陆地上的人都频频采用。"听从命令"(toe the line)源自男孩子们被迫一动不动地站在那里接受检查,脚趾(toe)对齐甲板缝。"安静下来"(pipe down)来自水手长的口哨,晚上水手长会通过吹口哨告诉大家保持安静,而"趁热吃"(piping hot)是水手长招呼大家吃饭。"Scuttlebutt"是个水桶,海员们等着发酒时会围在那里八卦满天飞,从而让这个词有了"流言蜚语"的意思。如果系住船帆的帆索全断了,船就会失去控制,像个醉醺醺的人一样东倒西歪,因而"three sheets to the wind"尽管字面意思是"三根帆索风中凌乱",却引申出"醉醺醺"的意思。有一次纳尔逊中将故意把望远镜放在自己瞎了的那只眼睛上,无视上司命令撤退的信号旗,从那以后"视而不见"(turn a blind eye)也成了流行语。

拜伦不只得学着像水手那样说话,像水手一样爆粗口,还得忍受苦役般的生活规则。他一天当中的时间由钟声控制,钟声会在为期四小时的值班轮次中每半小时敲响一次。(半小时以

---

① Tar 即柏油,海船上的索具会用柏油防潮防腐,海员的衣物也常用柏油防水。Jack Tar 从大英帝国时期开始用来指皇家海军或海军商船上的海员,一战时也用来称美国海军,现在也经常用这个词指出过海的人,其并无贬义。

沙漏倒空一次为准。）日复一日，夜复一夜，他一听到钟声，就会爬到上层后甲板上自己的位置——他身体颤抖着，手上起了茧子，睡眼惺忪。如果触犯了什么规则，他可能会被绑在索具上，更糟糕的时候还会遭到九尾鞭的鞭打，这种鞭子带有九根长长的鞭梢，一鞭子下去就是九道血印。

* * *

拜伦也在学着体验海上生活的乐趣。用餐的时候，食物——主要是咸牛肉、咸猪肉、干豌豆、燕麦片和饼干——出人意料地丰盛。他喜欢在自己的铺位上跟同为见习官的两个小伙伴，艾萨克·莫里斯（Isaac Morris）和亨利·科曾斯（Henry Cozens），一起用餐。也是这时候，海员们会聚在炮列甲板上，解开用绳子挂在天花板上的木板当桌子用，大概八人坐成一组。水手可以自己选择自己的用餐伙伴，也可以叫饭搭子，由此形成的群组就像是一家人一样，群里的成员一边品尝每天定量配给的啤酒或烈酒，一边潜入回忆，互诉衷肠。拜伦也开始在这么狭小的空间里跟别人建立起深厚的友谊，尤其是跟他的饭搭子科曾斯的关系越来越亲密。"我从来没见过脾气比他还好的人，"拜伦写道，"当然，在他清醒的时候。"

还有一些时刻也很欢乐，尤其是周日。这一天，可能会有一名军官大喊道："所有人，躁起来！"战舰就会立马变成游乐园。男人们玩起双陆棋，男孩子们在船索上爬上爬下，嬉闹不止。

安森喜欢赌博,人称"老奸巨猾的牌手",因为从他空白的眼神里看不出他的任何意图。这位指挥官也钟情音乐,每次集体狂欢的时候都至少会有一两个小提琴手,水手们则会在甲板上跳起吉格舞和里尔舞。有这样一首流行歌曲,唱的是詹金斯耳朵之战:

> 他们割掉他的耳朵,划开他的鼻子……
> 然后带着嘲笑,把他的耳朵交给他,
> 不屑地说着"带回去给你的主人"。
> 但我能看出,吾王非常爱他的臣民,
> 他会遏制西班牙,让他们不再高傲自大。

拜伦最喜欢的消遣也许是坐在韦杰号的甲板上,听饱经风霜的老水手讲海上的故事——那些失去的爱情,差点失事的故事,还有那些光荣的战斗。这些故事里充满了生命的脉动,是讲述者的生命,是曾经死里逃生,也可能会再次逃出生天的一条命。

沉浸在这么多浪漫故事中的拜伦开始兴奋地在日记里写下自己的观察,后来这也成了一种习惯。一切看起来都"最出乎意料"或"令人目瞪口呆"。他记下了一些不常见的生灵,比如有一种很奇特的鸟——"我见过的最让人惊讶的鸟"——脑袋像鹰,羽毛"像黑色大理石一样黑,像最精致的丝绸一样闪闪发光"。

*　*　*

有一天,拜伦他们这些见习官终于接到了那个能把人吓得当场石化的命令:"上高处!"他们之前都是在小一些的后桅上训练,现在得爬上主桅,这是三根桅杆里最高的一根,伸向空中有上百英尺。从那么高的地方掉下来毫无疑问会送命,韦杰号上就有个海员是这么死掉的。有位英国船长回忆说,有一次,他的两个最能干的男孩子在往主桅上爬的时候,其中一个没抓稳,撞到了另一个,结果双双从主桅上掉了下来:"他们的脑袋撞在炮口上……我正在上层后甲板上走,面前就出现了这么一幅最可怕的景象。我完全没办法告诉你那一刻我是怎么想的,甚至也无法描述船上的人都有多悲痛。"

拜伦像艺术家一样敏感(有个朋友说鉴赏家对他很有吸引力),而且非常不愿意自己看起来像个衣着光鲜的纨绔子弟。有一次他跟一个海员说:"我跟你们当中最厉害的人一样能吃苦,我也一定会亲身历练。"现在他开始往上爬了。对他来说,爬到桅杆的迎风面非常重要,这样就算船倾斜了,至少他的身体会压在绳索上。他滑过一根横杆,把脚放在桅梯横绳上。这些短绳呈水平方向,固定在左右支索上,而左右支索支撑着桅杆,大致是竖直方向。拜伦把这张摇摇晃晃的绳网当成绳梯向上爬去。他往上爬了10英尺,然后是15英尺,然后25英尺。海面每一次波荡都会让桅杆前后摇摆，绳索在他手里颤抖不止。爬了大概三分之一的高度后，他来到主帆桁上，这根木制帆桁从主桅上伸出来，就像十字架的两只胳膊一样，主帆就是从这上面垂下去展开的。就在前桅上的这个位置，有个已定罪的叛乱者给吊死了。俗话说得好，黄泉路就是"走上桅梯巷，走下麻绳街"。

主帆桁上面没多远就是主桅上平台。这个小平台是用来瞭望的，拜伦可以在那儿休息一下。到达那里最简单、最安全的方式是从平台中间的一个洞里钻过去。然而水手们管这个洞叫"笨鸭洞"，觉得这是专为胆小如鼠的人设置的。除非拜伦想在剩下的航程中一直被嘲笑（跳到水里死掉难道不是更好吗？），他就必须抓住叫作"肘材支索"的绳子，越过平台边缘爬上去。这些绳索以一定角度倾斜，沿着这些绳索往上爬的时候，他的身体也会越来越倾斜，直到背部几乎跟甲板平行。他必须不慌不忙，用脚探到一根桅梯横绳，把自己拉到平台上去。

站上主桅上平台以后，他并没有时间欢呼雀跃。主桅不是一根长长的木杆，而是由三根大"棍子"首尾相连拼接起来的。现在拜伦只爬完了第一段。随着他继续往上爬，左右支索互相靠拢，中间的空隙越来越窄。没有经验的攀爬者会摸索着想找个能让脚歇一歇的地方，但在这个高度，水平的桅梯横绳之间已经没有空间让人在胳膊上绕一圈吊着休息了。在海风吹拂下，拜伦越过主中桅帆桁，整个船上第二大的船帆就系在这根帆桁上；接着又越过桅顶横桁，这是两根当成支撑杆的木棍，瞭望员可以坐在这上面，得到更清晰的视野。他继续往上爬，爬得越高，就越能感觉到桅杆和他的身体在左右摇摆，就好像他是附在一个巨大的钟摆底部一样。他紧紧抓着的支索剧烈晃动着。为了不在恶劣环境中受潮腐烂，这些绳子涂了柏油，水手长要负责保证这些绳子都状态良好。现在，拜伦遇到了这个木制天地里一个躲不过去的事实：每个人的生死，都取决于其他人的表现。他们就像是人体里的一个个细胞，只要有一个恶性的，就能把其他细胞全都摧毁。

最后，在离水面差不多100英尺高的地方，拜伦来到主上桅帆桁，主桅上最高的船帆就挂在这上面。帆桁底部系了根绳子，他必须沿着这根绳子拖着脚走，同时把胸脯靠在帆桁上保持平衡。这时他只能等待命令，看是要收帆还是缩帆，也就是把顶帆整个卷起来，或是缩起来一部分，后面这个操作可以让强风中展开的帆面小一些。赫尔曼·梅尔维尔十九世纪四十年代曾在美国海军的一艘战舰上服役，他在《雷德本》(*Redburn*)中写道："我们头一回在黑夜里缩起中桅帆的时候，我发现自己跟另外11个人一块儿吊在帆桁上，我们的船忽而猛地蹿起忽而又落下，像一匹烈马……但用不着几次，很快我就习惯了。"他又接着写道，"一个男孩那么快就克服了自己对于爬高的恐惧，真是好让人惊讶啊。就我自己来说，我的神经变得像地球的直径一样稳定……我带着满腔喜悦，一口气卷起主上桅帆和顶桅帆，这个活儿需要两只手才能在帆桁上完成。这个过程中有一种狂野的兴奋，血液在心脏里汩汩流动；当你发现每一次晃动都会把自己抛进暴风骤雨的天空中，让自己像审判天使一样盘旋在天地之间，你会觉得这整件事都好让人高兴、兴奋和悸动。"

现在拜伦站在最高处，比下面甲板上所有的纷乱都高。他可以看到舰队的其他几条艨艟巨舰，以及远处的大海——在这片广阔的空白上，他已经准备好写下自己的篇章。

* * *

1740年10月25日凌晨5点，分遣舰队离开英国37天后，塞弗恩号上的瞭望员在晨曦的微光中看到了什么。船员闪烁提灯，开了几炮，用来提醒舰队其他船只，随后拜伦也看到了——海平线上有一条锯齿状的轮廓。"喂，陆地！"那是马德拉（Madeira），非洲西北方向的一座海岛，以四季如春的气候和优质葡萄酒而闻名。沃尔特牧师说，那酒就好像"是由上天为了给炎热地带的居民提神而设计的"。

舰队在海岛东边的一个海湾里下了锚，这是远征队在跨越五千英里、横穿大西洋并抵达巴西南部海岸之前的最后一站了。安森命令船员迅速补充水和木材，装上大量珍贵的葡萄美酒。他急着继续前进。他本来指望两个星期完成到马德拉岛的这段航程，但由于逆风，结果花了三倍的时间。任何残存的在南半球的夏季绕过南美洲的希望，似乎都破灭了。沃尔特牧师承认：

"我们满脑子想的都是在冬天穿过合恩角会面对的困难和危险。"

在11月3日起锚前，发生了两件事情，让整个舰队都感到更加不安。首先是格洛斯特号船长、海军上将约翰·诺里斯之子理查德·诺里斯突然提出辞职。在给安森的一封信中，他写道："自从离开英国以来，我就一直病得很严重。我担心我的体质会让我无法完成这么漫长的航行。"安森准将批准了这份辞职请求，但他对任何缺乏勇气的行为都嗤之以鼻，他鄙视至极，以至于后来甚至说服海军部增加了一条军法，明确规定凡是在战争中犯了"胆小如鼠、玩忽职守和不忠不实"罪行的人，都"应当处以死刑"。就连沃尔特牧师，有同伴把他描述成"一个瘦小、虚弱、病恹恹的人"，也会带着害怕说道："强烈赞成！那是一种不光彩的激情，有损生而为人的尊严！"沃尔特丝毫不留情面地指出，诺里斯"放弃"了他的指挥权。后来在战争中，理查德·诺里斯担任另一条船的船长，结果却在战斗中打了退堂鼓，暴露出"害怕的最大迹象"，因而遭到指控，并不得不接受军事法庭审判。在给海军部的一封信中，他坚持说自己非常高兴能有机会"消除恶意和谎言给我带来的恶名"，但在审讯开始之前他就逃跑了，从此杳无音信。

诺里斯走了，指挥官们也就迎来了一系列晋升。珍珠号的船长被重新任命为格洛斯特号船长，他这艘新船要比珍珠号强大。韦杰号船长丹迪·基德——另外一位军官说他是位"值得尊敬、有同情心的指挥官，在他的船上万众敬仰"——换到了珍珠号上。取代他的位置当上韦杰号新船长的是乔治·默里（George Murray），一位贵族的儿子，之前掌管寻踪号侦察船。

现在只剩下寻踪号的指挥权还没有着落了。船长都已经派完了，安森只能选别的军官，下级军官之间也因此爆发了激烈竞争。有位海军医生把船上这些敌手之间的钩心斗角比喻成"宫斗"，说所有人都在"全力博取暴君青睐，还拼命给对手挖坑"。最后，安森选中了自己坚韧不拔的一级上尉，大卫·奇普。

奇普终于时来运转。寻踪号只有八门炮，不算是战舰，但这仍然是他自己的船。寻踪号的花名册上，他的名字现在被郑重其事地记载为大卫·奇普船长。

新船长意味着也会有新规则，拜伦必须调整自己，好适应韦杰号的新指挥官。此外，因为这轮职务变动，现在拜伦拥挤的舱室里又闯进来一个陌生人。他自己介绍说叫亚历山大·坎贝尔（Alexander Campbell），年纪才15岁上下，说话带着浓浓的苏格兰口音，是默里从寻踪号带过来的见习官。拜伦跟其他见习官都已经成了好朋友，但这个坎贝尔跟他们不一样，好像既有些倨傲不逊，又有些反复无常。他自认为以后是要当军官、是比普通海员要高一等的，但他给人留下的印象却是个心胸狭窄的小暴君，只会坚决执行船长的命令，有时候还是拿拳头去执行。

尽管指挥官的变动让拜伦等人有些不安，但第二件事情的事态发展更让人忧心忡忡。马德拉总督告诉安森，该岛西海岸外面躲着一支西班牙舰队,至少有五艘巨大的战舰,一艘有66门火炮、约700名战斗人员,一艘有54门火炮、约500人,还有一艘有74门大炮,也是700名士兵。安森此行带着什么任务的消息已经泄露——后来有位英国船长在加勒比海扣押了一艘载有西班牙文件的船,文件里详细说明了他们搜集到的跟安森远征队有关的所有"情报",这也让泄密得到了证实。敌人什么都知道,还派出了由皮萨罗率领的这支舰队。沃尔特牧师记载道,这支武装力量"意在阻止我们的远征",并补充道:"从武力上讲,他们比我们强大得多。"

分遣舰队等到入夜才悄悄离开马德拉。拜伦和同伴们接到命令,熄灭船上的提灯,不要被别人发现。他们在海上的搜寻不再是不为人知的了。他们自己,现在也成了被猎捕的对象。

第三章
炮　长

韦杰号上的一名海军陆战队员敲起鼓来,这叫"敲击营房"(beat the quarters),是召唤水兵进入战斗岗位的鼓声,透着一股不祥之兆。船上的老老少少,无论是半睡半醒还是刚穿了一半衣服,都在黑暗中匆匆冲向各自的战斗岗位。他们清理了甲板上的松散物品——在炮火袭击中可能四分五裂成为致命武器的任何东西都要清理掉。有个在英国战舰上服役的14岁男孩回忆说,他"以前从来没见过有人被杀死",直到在一次小规模战斗中,一块碎片击中了他一个伙伴的"头顶,他倒下来,血和脑浆流了出来,在甲板上流得到处都是"。木制天地变成一片火海的场景是更严重的威胁。韦杰号上的人给桶里装满水,准备好船上的大炮,这些两吨重的铁家伙,炮口伸出去八英尺甚至更长。一座火炮就需要至少一组六人协同操作,才能完全展现其破坏力。

组里每个人都在按照并未明言的分工设计忙碌着。负责运送弹药的"火药猴"(powder monkey)是从男孩子们中间挑选出来的,他们匆匆跑过炮列甲板,取回从地下军械库传上来的火药筒,所有会爆炸的材料都锁在那个军械库里。海军陆战队员站在那里警戒,任何火烛都不许进去。

一个男孩收集好装有几磅火药的火药筒,迈着碎步急急忙忙来到他负责的炮台,小心翼翼地避免被乱成一团的人和机器绊倒,更不能引发爆炸和火灾。跟他同组的另一个人拿起火药筒,推进炮口。随后,装填手会往炮筒里塞进一颗18磅重的铸铁球,跟着还有一团绳子,让铁球固定到位。每门炮都架在装着四个木头轮子的炮架上,男人们用滑车、木块和密集的绳索,把这台武器向前推出,直到炮口从炮门里伸出去。在船的两侧,火炮一门接一门地现身了。

这时候,修帆工和桅楼瞭望水手则负责照管船帆。跟陆地上的战场不一样,海上并没有固定的位置:战船始终在随着风浪和水流不停地移动。船长必须不断调整,适应这些无法预测的力量,以及狡猾的对手采取的行动,所有这些都需要极为高明的谋略手段,也即炮兵和海员必备的手段。在激烈的战斗中,炮弹、霰弹、滑膛枪子弹以及一两英尺长的碎片四下乱飞,船长可能需要升高或降低额外的船帆,需要抢风行驶或让船帆换向,去追赶敌人或逃之夭夭。他也有可能不得不用船头去冲撞敌舰,这样他的人就可以拿着斧头、短弯刀和长剑如暴风骤雨一样登船强攻,让枪炮之战变成近身肉搏。

韦杰号上的人一言不发地忙碌着,这样他们就能听到大声喊出的命令:"扎穿火药筒 …… 瞄准 …… 拿起火绳 …… 开火!"

这组人的负责人同时也是负责拿火绳点火的,他把一根阴燃的油绳伸进大炮封闭那端的点火孔里,在看到火光点燃火药筒以后跟其他人一起跳到一旁。弹药爆发出来的威力石破天惊,让这尊大炮猛地向后仰起,直到被驻退索拉住。如果有谁没有及时挪开,可能就会被撞倒。整条船上从头到尾都有大炮在轰鸣,18磅重的炮弹以大约每秒1200英尺的速度,带着呼呼的风声在空中飞过,烟雾让人什么也看不见,轰鸣声震耳欲聋,甲板也在颤动着,就像大海沸腾了一样。

韦杰号炮长① 约翰·巴尔克利(John Bulkeley)站在热浪和火光中。看起来,在这条船上的乌合之众里面,为可能发生的袭击做好准备的人为数不多,巴尔克利是其中一个。但结果表明,这次击鼓备战只是一次演习 —— 安森准将最近得知有西班牙舰队埋伏在附近的情报后,变得越来越狂热,要求所有人都做好战斗准备。

巴尔克利坚决、高效地执行着任务,他负责的火炮冰冷、黝黑。他是个真正的海员,已经在海军服役十多年。刚开始的时

---

① 原文为 gunner,在海军中指负责指挥炮火、管理军械库的军士长,军衔为准尉,而不是操作火炮、负责开火射击的普通炮手。

候他就是做各种脏活累活，把手伸进柏油桶里，排出舱底的污水，跟受欺压的人一起学着"笑对别人怀恨在心的满满恶意"，用一名海员的话来说就是："憎恶压迫，承受不幸。"他从下层甲板开始一步步往上爬，直到安森这次远航前几年，他经过一个专家委员会评估，通过了口头测试，当上了炮长。

船长和上尉是由国王任命的，而且在一次航行后经常会换到别的船上去，而炮长、木匠这样的专业技术人员则是从海军委员会得到授权，而且一经分配就应当永远待在同一艘船上，于是，这艘船差不多就算是他们的家了。他们的地位比有军衔的海军将官低，但在很多方面都可以说是一条船的核心：一支保持船舶稳定运行的专业队伍。巴尔克利负责韦杰号上所有能置人于死地的工具。这个角色至关重要，尤其是在跟别国爆发冲突的时候，海军的法规对此也有所体现：炮长的职责条款，比航海官乃至上尉的职责条款还多。有一位指挥官就说："海上的炮长必须熟练、小心、有勇气；因为这条船的力量就掌握在他手里。"整支分遣舰队的弹药都在韦杰号上，巴尔克利掌管着一个巨大的军火库，火药的量足以炸毁一座小镇。

巴尔克利是个虔诚的基督徒，他希望有一天能发现他所说的"天主的园子"。尽管韦杰号应当在周日举行礼拜仪式，但巴尔克利抱怨道，"船上的礼拜完全被他们忽视了"，而且在整个海军里面，"以那么庄严的方式做礼拜的时候极为少见，我在海军部队里这么多年就只见过一次"。他随身带了一本书，叫作《基督徒的典范，又名，论模仿耶稣基督》(The Christian's Pattern: or, A Treatise of the Imitation of Jesus Christ)，而他似乎至少在一定程度上把这段险象环生的旅程当成了让自己更接近上帝的方式。书中指出，遭受磨难能"让一个人进入自我"，但在这个充满诱惑的世界里，"人的一生就是地球上的一场战争"。

尽管巴尔克利有信仰，也可能正因为信仰，他掌握了邪恶的火炮射击术，并决心使韦杰号"让所有敌人都感到恐惧"，这是他最喜欢挂在嘴边的一句话。他知道随着海浪起伏上升到最高点时，究竟应该在哪个时间点开火。他会熟练地混装火药筒，用玉米面装填手榴弹，有必要的话还会用牙齿拉开引信。最重要的是，他严密保管着由他负责照管的弹药，因为他知道，要是有人不小心，或是落到叛乱的人手里，这些人可能会把整条船从里到外都毁掉。一本1747年的海军手册强调，炮长必须是个"清醒、小心、忠诚的人"，并指出有些最优秀的炮长就来自"船上地位最低的人，完全靠勤奋踏实，让自己得到拔擢"，这话简直就是比着巴尔克利说的。巴尔克利技术那么娴熟，而且又那么忠诚可靠，因此还得到了另一个任命，要他负责韦杰号的一组值班队伍，大部分战舰上的炮长都到不了这一步。他在日记中带着一丝骄傲写道："尽管我是这艘船的炮长，但整个航行中我还需要负责一组值班。"

有一名海军军官指出，巴尔克利似乎是个天生的领导者。然而他困在了自己的岗位上。跟他的新任船长乔治·默里不一样，跟见习官约翰·拜伦也不一样，他可不是个出身高贵、养尊处优的人。他没有当男爵的父亲，也没有哪个有权有势的赞助人为他铺路，让他能走上上层后甲板。他的级别可能比拜伦高，在这艘战舰上甚至可能成为拜伦的指导者，但就社会地位来说，人们还是认为他比不上拜伦。尽管也有炮长成为上尉乃至当上船长的例子，但那样的例子难得一见，而且巴尔克利这人过于直率、自信，不屑于讨好上级，在他看来，那么做是一种"堕落"。历史学家尼古拉斯·罗杰（N. A. M. Rodger）发现："按照历史悠久的英国风格，技术人员只能留在自己的技术岗位上；手握指挥权的，是那些只学过怎么当海员，然而有军衔傍身的军官。"

巴尔克利的体格毫无疑问很强壮。有一次，他跟韦杰号上欺凌成性的水手长约翰·金的一个同伙打了一架。巴尔克利在日记里写道："他迫使我自卫，我很快就打败了他。"然而关于巴尔克利长什么样子，没有留下任何记录，他是高是矮，是秃头还是头发浓密，是蓝眼睛还是黑眼睛，我们不得而知。他花不起那份钱让自己穿上气派的海军服装，戴上扑粉的假发摆个姿势，请著名艺术家约书亚·雷诺兹（Joshua Peynolds）给自己画一幅肖像——安森、拜伦和百夫长号见习官奥古斯塔斯·凯佩尔都这么干过。（凯佩尔的肖像以太阳神阿波罗的经典形象为蓝本，画面上他在海滩上昂首阔步，背后是泛着泡沫的大海。）巴尔克利的过去同样很模糊，仿佛跟他长满老茧的双手一样沾染了柏油。1729年,他跟一个名叫玛丽·洛(Mary Lowe)的女人结了婚。他们生了五个孩子,其中最大的萨拉(Sarah)已经十岁,最小的乔治·托马斯(George Thomas)还不到一岁。他们住在朴次茅斯。关于巴尔克利的早年背景,我们就只知道这些。他在我们这个故事里出现的样子,就跟那些最早抵达美洲的定居者一样,没有什么能说得一清二楚的历史——单凭他现在的所作所为,就足以认为是个值得依赖的人。

不过我们还是可以瞥见他私下里的一些想法,因为他能写,而且写得很好。跟其他高级军官不一样,没人要求他必须写日志,但他还是为自己写了一本。这些卷册是用羽毛笔和墨水在厚厚的纸上写成的,有时候船晃来晃去,或是有海水泼溅在上面,墨迹就会变模糊;他把一页分成几栏来写,下面记录了每天的风向、船的位置或方位,以及任何"值得记下的观察和事故"。这些条目按理说应当客观记载,就好像自然界的天气元素可以编纂成册一样。丹尼尔·笛福(Daniel Defoe)就抱怨说,水手的日志往往只有"乏味的记录……他们每天航行了多少里格①;他们在哪里遇到了风,什么时候刮得特别厉害,什么时候又轻柔了起来"。尽管如此,这些反映航海的日记有内在的叙事动力,有开头、中间和结尾,还有无法预见的曲折和反转。有些写日

---

① 里格是欧洲和拉丁美洲一个古老的里程单位,在英语世界,通常陆地上定义为3英里,海上定义为3海里。

志的人还会插进去一些个人记录。巴尔克利就在一篇日记里抄录了一首诗里的一节:

> 最早浮于海的人是多么勇敢,
> 扬起新的风帆,最坏的结果就是海难;
> 如今我们发现单单是人
> 就比礁石、巨浪和狂风还要危险。

航行结束后,船长需要把所要求的航海日志上交给海军部,为建设帝国提供大量信息——那是关于海洋和陌生土地的一部百科全书。安森和麾下军官就经常查阅曾在合恩角那片海域历险的几个海员的日记。

此外,用一位历史学家造的词来说,这些"航海记忆日志",为航海期间发生的任何有争议的行为或不幸事件创造了一份记录。在需要的时候,这些日志可以作为证据提交给军事法庭,相关人等的职业生涯乃至生死,都可能由这些日志决定。十九世纪有本关于实用航海技术的专著就建议,所有航海日志都应该"细心记录,所有行间书写和擦除都应当避免,因为这样的举动总是会引起怀疑"。书中继续写道:"在每起事件发生后都应该尽快在日志中留下记录,执行副官不愿意在法庭上支持的任何内容都不应该被记入。"

这些航海日志也成了在公众中极为流行的冒险故事的基础。

民众的识字率越来越高,而欧洲人对先前未知的地域也极为迷恋,再加上印刷术的推动,人们对海员一直以来在艏楼上编织出来的那种故事产生了永不满足的需求。1710年,沙夫茨伯里伯爵(Earl of Shaftesbury)指出,海洋故事"在我们这个时代就好像我们祖先那个年代的骑士书籍一样"。这类图书在拜伦这样的年轻人身上激发了炽烈的想象力,它们通常采用跟日志类似的时间顺序来写,但写进去的个人的思考更多。个人主义正在这些作品里蔓延。

巴尔克利并不打算出版自己的日记——这种文献越来越多,但作者仍然主要局限于指挥官,或处于一定地位和社会阶层的人。寻踪号事务长劳伦斯·米勒钱普(Lawrence Millechamp)在日记里坦陈,分配给他"书写下面这些页面"的任务实在是太"不公平"了。巴尔克利跟他完全不一样,很喜欢把自己看到的都记录下来。这份记录让他有了发声的机会,尽管并没有别人,而只有他自己能听到。

* * *

11月的一个早上,巴尔克利和同伴们离开马德拉后不久,待在桅顶的一个瞭望员发现有一条船正从海平线下面冒出来。他高声发出警报:"有船!"

安森确认了一下,自己的五艘战舰全都紧靠在一起,这样他们很快就能建立起战线——舰船以均匀间隔一字排开,就像一条拉长的链条,这样既能加强战斗力,也方便对薄弱环节施以援手。这样的编队在两支舰队对垒时很常见,但后来逐渐发生了变化,最后到1805年,海军中将霍拉肖·纳尔逊在特拉法尔加(Trafalgar)打破这种严格的模式,采用了新的阵法,用他的话来说,可以"出其不意,使敌人惊疑不已",这样一来,"他们就没法知道我要干什么"。就算在安森那个年代,高明的船长也经常用诡计或欺骗来隐藏自己的意图。船长可能会带着自己的船在大雾中悄悄潜入敌阵,挡住敌人的船帆,抢走他们的风力。也可能会在发起攻击前假装遇险,或者通过用外语打招呼来假装是友船,这样就能近距离接触到敌船。

在安森的瞭望员看到有船之后,最紧要的就是要先确定对方是敌是友。有个海员描述过发现一条不认识的船之后需要采取的程序。船长会冲上前,冲瞭望员喊道:"桅顶!"

"在!"

"那条船什么样子?"

"横帆帆船,长官。"

船长命令船头船尾保持安静,过了一会儿又喊道:"桅顶!"

"在!"

"那条船什么样子?"

"一条大船,长官。正朝我们驶来。"

韦杰号上的军官和船员努力辨认着这艘船,想分辨出是哪个国家的,以及在这里干什么。但那艘船实在是太远了,只是一团带来威胁的暗影。安森向刚刚当上船长的奇普发出信号，要他带着速度更快的寻踪号前去追击，并收集更多情报。奇普和手下展开船帆出发了。巴尔克利等人一边紧张地等待着，一边再次准备好火炮——在这么广阔的海洋上，侦察和通信手段有限，战斗随时都有可能打响。

两小时后，奇普逼近那艘船，警告性地开了一炮。那艘船表示允许奇普靠近。结果只不过是一艘开往东印度群岛的荷兰船只。分遣舰队的人都回到了他们值班的位置，恐惧仍在，因为敌人，就像潜藏在大海里的力量一样，随时都可能出现在海平线上。

* * *

没过多久，一场无形的围攻开始了。尽管没有开一枪一炮，巴尔克利的很多同伴却都开始倒下，就好像被某种邪恶的力量击中了一样。男孩子们再也没有力气爬上桅杆了。那些无法动弹的人最是痛苦，他们在吊床上翻来覆去，发着烧，出着汗，吐在桶里乃至自己身上。有些人开始神志不清，必须要有人一直看着，他们才不会掉海里去。起航前就已经埋伏在船上的斑疹伤寒细菌，现在正在整个舰队暴发。有一名军官观察到，"我们的人变得脾气暴躁，病恹恹的"，又补充说，高烧"开始在我们中间肆虐"。

分遣舰队还在英国的时候，感染了的人至少还可以送上岸接受治疗，但现在他们只能困在人满为患的船上——就算他们能理解"社交距离"的概念，也无从执行——他们布满虱子的身体挤压着毫无戒备的新的受害者。虱子会在海员之间爬来爬去，尽管虱子的叮咬本身并不危险，但它们在咬出来的伤口那里留下的微量粪便里满是病菌。虱子的唾液会让被咬的地方发痒，如果海员无意识地抓挠，就会在不知不觉中帮助虱子完成对自己身体的入侵。病原体像悄悄登船的机动队一样进入他的血液，把传染病从一个虱子传到另一个虱子，传遍分遣舰队的命脉。

除了更加虔诚地全身心敬奉上帝，巴尔克利也不知道还有什么办法能保护自己。韦杰号的医生亨利·埃特里克（Henry Ettrick）在下层甲板设了个医务室，那里比见习官住的房间里的手术区域有更多空间用来挂吊床。（生了病的海员待在甲板下面，免得受到外面自然条件的不利影响，此时别人会说他们"under the weather"，从字面来讲是"在天气下面"，但进入俗语后就成了"不舒服"的意思。）埃特里克全副身心都在抢救病人，同时也很仰仗一名很有能力的持刀者，几分钟就能完成截肢。他设计了一款号称能"降低大腿骨折风险"的机器，是个十五磅重、带有轮子和小齿轮的装置，承诺能确保病人康复，而且不会瘸腿。

尽管有这些创新，埃特里克和他那个时代的其他医生对疾病还是了解得不多，也完全不知道怎么才能阻止斑疹伤寒暴发。

百夫长号上的教师，负责给船上的男孩们和见习官上课的帕斯科·托马斯（Pascoe Thomas）抱怨埃特里克的感染理论都是毫无用处的"文字流，几乎没有任何意义"。细菌的概念那时候还没有出现，手术器械也还不知道要消毒，流行病到底怎么来的，水手们都在疑神疑鬼，那些念头像疾病本身一样吞噬着人们。斑疹伤寒的传播，是通过水还是通过泥土？是通过接触还是通过眼神？有个很流行的医学理论认为，某些空气不流通的污浊环境，比如船上的空间，会产生有毒的气味，让人生病。人们相信，确实有什么东西"在空气里"（in the air）传播。

安森舰队的人纷纷病倒的同时，军官和医生们也在甲板上走来走去，想要用鼻子闻出可能的罪魁祸首：肮脏的船底污水，发霉的船帆，腐臭的肉，人的汗气，腐烂的木材，死老鼠，尿液和粪便，没洗刷过的牲畜，肮脏的空气。恶臭导致小虫子泛滥——特别像圣经里的场景，米勒钱普注意到，"谁要是张开嘴都害怕会有虫子飞进喉咙里去"，因而很不安全。有些船员把木板临时削成风扇来用。有一名军官回忆道："有那么一些人被叫来前后挥舞这些板子，好搅动一下被污染的空气。"

默里船长和其他高级军官跟安森一起召开了一次紧急会议。巴尔克利未能与会——有些房间不允许他进入。但他很快了解到，军官们是在讨论怎么让更多空气进入甲板下面。安森命令木匠在每艘战舰的船体上又开了六个大洞，就开在吃水线的上面。然而疫情仍在加速蔓延，感染人数不断增加。

埃特里克和驻扎在医务室的其他医生都感觉被压垮了。托拜厄斯·斯莫利特(Tobias Smollett)是个小说家,他的流浪汉冒险小说《罗德里克·兰登历险记》(The Adventures of Roderick Random)就借鉴了他在西班牙战争期间给英国一名海军医生当助手的经历。写到一场流行病时,他写道:"人们会死在海上,远不如病了的人康复让我惊讶。我在这里看到大概五十个患了瘟热的可怜虫,挂成一排挤在一起……他们既看不到白天的阳光,也呼吸不到新鲜的空气;能呼吸到的只有……他们自己的粪便和病体。"病人孤零零地在远离家园的海上垂死挣扎时,他的同伴也许会看看他,举起提灯照着他空洞无神的眼睛,试图让他振作起来——要不就像一艘战舰上的一名牧师描述的那样:"在他身边默默垂泪,用最让人心碎的声音呼唤着他。"

有一天,韦杰号上有几个人从医务室里走出来,抬着一个用裹尸布裹起来的长长的包裹。那是他们一个同伴的死尸。按照传统,即将海葬的尸体会用吊床裹起来,并加上至少一颗炮弹。(把吊床缝起来的时候,最后一针往往会穿过死者的鼻子,好确定他真的死了。)正在变僵硬的尸体放在一块木板上,再盖上一张英国国旗,让这具尸体看起来没那么像木乃伊。死者的所有个人物品,他的衣物、小饰品、他的水手柜,都会收集起来拍卖,给他的遗孀或其他家庭成员募集一点钱。就连最铁石心肠的人,这时候往往也会慷慨解囊,出个很高的价码。有个水手回忆道:"死亡在任何时候都是庄严的,但从来没有哪里像在海上那么庄严。那个人就在你附近——在你旁边——你能听到他的声音,然而转眼间他就消失了,只留下一个空位表明他不在了……艏楼上会有个舱位总是空着,上半夜值班集合点名也总是会少一个人。少了一个人来掌舵,少了一个人跟你一起坐在帆桁上。你想念他的样子,他的声音。因为习惯,他的样子和声音对你来说几乎成了必需品,你所有的感官,都能感受到那种少了一个人的感觉。"

韦杰号上钟声响起,巴尔克利、拜伦和其他人都聚在甲板、过道和张帆杆上。其他船上的军官和船员也靠近了些,形成了送葬的队形。水手长高喊:"脱帽!"哀悼者摘下帽子,露出头顶。他们为死者祈祷,也许也是在为自己祈祷。

默里船长吟诵道:"因此,我们将他的身体投入深海。"国旗收走后,木板被抬高,尸体越过栏杆滑了下去。一片水花打破了寂静。巴尔克利和同伴们看着他们的伙伴被炮弹坠着往下沉,做最后一次前往未知地域的远航,消失在大海深处。

* * *

11月16日,陪同分遣舰队的两条货船安娜号和工业号的船长告诉安森,他们已经履行完了跟海军签订的合同,想回国了——疫情愈演愈烈,合恩角越来越近,无疑都让他们这个愿望越发强烈。但是,因为舰队没有足够的空间装下两条船上剩下的补给品（里面还有好几吨白兰地），安森决定只让工业号回去，因为这条船没那么适合航海。

每艘战舰都带了至少四条小型运输艇，用来往海岸上或在大船之间运送人员和货物。其中最大的叫大艇，约有36英尺长，而所有运输艇都既可以用桨划，也可以用风帆推动。这些小船平时都绑在大船的甲板上，为了开启转移工业号剩余供应品的危险过程，安森的人开始把这些小船解下来，放进波涛汹涌的大海。与此同时，很多军官和船员也在忙着写信，准备让工业号捎回英国。下次能跟亲人通信的机会，即便不是几年以后，至少也得是几个月以后了。

巴尔克利可以让他的妻子和孩子们知道，尽管死亡已经跨过大洋追上他们这支舰队，但他到现在仍然好得很，简直是个奇迹。如果医生是对的，发烧是由有毒的气味引起的，那为什么船上有些人被感染了，另一些人就没事？很多虔诚的人都相信，摧毁生命的疾病，根源是在人类堕落的本性——他们懒惰、腐化、纵情声色。供海上医生使用的第一本医学教科书出版于1617年，书上警告说，瘟疫是上帝"从地球上消灭罪人"的方式。也许安森的海员是像埃及人一样在接受惩罚①，而巴尔克利因为一些公正的原因而幸免于难。

---

① 指《圣经·出埃及记》所记载的十灾，是耶和华为迫使埃及法老同意释放为奴的以色列人，在埃及先后降下的十种灾祸。前文说"圣经里的场景"，说的就是其中的蝇灾。

11月19日晚上，工业号货船完成了交接。巴尔克利在日记中只简简单单地记了一笔："工业号储存船离开了我们。"他和舰队其他人并不知道，之后不久这艘船就会被西班牙人俘获，他们的信永远也不会送到英国。

* * *

到12月，这支舰队已经有超过65人被海葬。沃尔特牧师记载道，这种疾病"不仅对那些刚患上的人来说很可怕，就是那些大难不死、认为自己已经康复的人也可以证明，病去抽丝的阶段往往也很致命"，因为这种疾病"总会让他们处于极度虚弱、无助的状态"。百夫长号的首席医生是分遣舰队医疗经验最丰富的人，尽管他的治疗手段有限，但也仍在果敢坚定地拯救着生命。然而在12月10日，他也倒下了。

舰队继续航行。巴尔克利在海平线上搜寻着南美洲，搜寻着陆地。然而除了一望无际的大海，什么也看不到。他成了海水的鉴赏家，对海水的不同色调和形状了如指掌。有玻璃一样的水，有不规则的、上面盖着一层白色的水，有又咸又脏的水，有蓝色透明的水，有翻滚的水，还有在阳光照射下像星星一样闪闪发光的水。巴尔克利写道，有一次大海呈现出深红色，"看上去像血"。每次舰队穿过一片巨大的水域，都会有另一片水域出现在他们面前，就仿佛整个地球只剩下水一样。

12月17日，也就是他们离开马德拉六个星期、离开英国三个月后,巴尔克利在海平线上看到了一块绝不会弄错的"污迹":一片陆地。他在航海日志中兴奋地写道:"中午,我们看到了圣凯瑟琳岛(the island of St. Catherine)。"圣凯瑟琳岛就坐落在巴西南部海岸线外,在葡萄牙治下。(哥伦布发现新大陆后,教皇亚历山大六世于1494年大手一挥,把欧洲以外的世界一分为二,靠西边的分给了西班牙,靠东边的,包括巴西在内,都分给了葡萄牙。)合恩角还在圣凯瑟琳岛南边两千英里,想到南半球的冬天即将来临,安森急着赶路。不过他也知道他手底下的人需要休整,木船也需要修补一番,才能进入西班牙控制下的敌对地区。

随着岛屿越来越近,他们开始看到岛上有茂密的森林,还有群山逐渐矮身,余脉最后消失在海里。瓜拉尼印第安人(Guaraní Indians)的一个分支曾经在这里繁衍生息,渔猎为生,然而随着欧洲探险者于十六世纪与他们接触,葡萄牙殖民者于十七世纪来此定居,他们因染上疾病和遭受迫害而大量死亡——帝国主义带来的无休无止的死亡与毁灭,在航海日志里极少留下记录,即使有,也只是一星半点。岛上现在盗贼横行,照教师托马斯的说法,他们"从巴西其他地方逃到这里,以此躲避法律制裁"。

舰队在一个港口下了锚,安森立即把数百名病人送到岸上。那些身体健康的人在一块空地上建起营地,用旧船帆做成庇护所,白色的帆布在微风中鼓动。医生和稠麦片粥男孩们照料着病人,巴尔克利、拜伦等人则开始猎杀猴子和野猪,还有菲利普·索马里兹(Philip Saumarez)上尉说的一种"非常奇特的鸟,叫作巨嘴鸟,羽毛有红色和黄色的,还有像龟甲一样的长喙"。海员们也发现了大量药用植物。上尉惊讶万分地记录道:"你都可能觉得自己进了一家药铺。"

尽管如此,病魔并没有放过他们,至少有80名男人和男孩死在了岛上。人们在沙滩上挖了浅坑,把他们安葬在这里。在写给海军部的一份报告中,安森指出,从舰队离开英国以来,约两千人的队伍已经死了160人。而到现在为止,他们航程中最艰险的部分还没有开始。

巴尔克利在岛上过了圣诞节。那天有三名水手去世,给这个节日蒙上了一层阴影。他们就算举办了什么活动来过节,也肯定相当匆促,没有任何人在日记里记上一笔。第二天早上,他们继续各自的工作——补充供应品,修理桅杆和船帆,用可以消毒的醋清洗甲板。船体里还烧起了木炭,好把越来越猖獗的蟑螂和老鼠熏出去。教师托马斯描述说,这个过程"绝对有必要,因为这些生物实在是太麻烦了"。1741年1月18日,曙光初露,舰队再次起航,前往合恩角。

没过多久,他们就遇到了一场让人睁不开眼睛的暴风雨,这是鬼天气即将来临的最初迹象。在寻踪号单桅帆船上,八个年轻的桅楼瞭望水手正在高处缩帆,桅杆突然在狂风中折断,把他们也带到了海里。米勒钱普说,七个人得救了,但所有人都"割伤、擦伤得很厉害"。第八个人被乱成一团的绳索缠住，淹死了。

暴风雨过后，巴尔克利注意到，丹迪·基德指挥的珍珠号不见了。他在日记里写道："我们失去了她的踪迹。"他和同伴们花了好多天时间寻找这艘船，但这条船连同船上所有人都消失了。差不多一个月过后，人们几乎可以肯定，最糟糕的事情发生了。然而在2月17日，一名瞭望员看到这条船的桅杆出现在天际。安森指示格洛斯特号跟在珍珠号后面，但珍珠号却迅速逃开了，好像很害怕他们一样。最后格洛斯特号终于追上珍珠号，珍珠号上的军官这才说出他们为何如此警惕。几天前，在寻找分遣舰队时，他们发现了五艘战舰，其中一艘上升起了一面很宽的红色三角旗，看起来是安森的旗舰。珍珠号非常兴奋，向那支舰队一头冲过去，但是就在船员开始放下大艇，准备派出一队人马去那艘船上向指挥官致意时，有人大喊起来，说那面三角旗看起来不对劲。那艘船不是安森的——是皮萨罗率领下的西班牙舰队，他也做了一面跟安森一样的三角旗。珍珠号的一名军官报告称："我们发现他们在骗我们时，他们已经在我们的射程内了。"

珍珠号上的海员立即收紧船帆，试图逃走。那五艘船在他们身后穷追不舍，他们只能把船上成吨的补给品都扔掉——一桶桶的水、桨，甚至大艇也扔了——既为了清理甲板迎接战斗，也为了跑得更快些。敌舰越来越近，上面的火炮蓄势待发。珍珠号前面,不断变化的大海颜色变深了,而且泛起了细浪——他们担心这是下面藏着暗礁的迹象。如果回头,珍珠号会被西班牙人粉碎;如果继续前进,他们可能会撞上暗礁,沉入海底。

皮萨罗示意他的船停下来。珍珠号继续前进。穿过细浪时,船上的人做好了迎接撞击和毁灭的准备,但什么都没有发生。连一丝颤动都没有。搅动这片水域的只是正在产卵的鱼,珍珠号从这些鱼上面滑了过去。皮萨罗的舰队继续追击,但珍珠号已经遥遥领先,当天晚上,他们随风潜入夜,摆脱了追捕。

巴尔克利和同伴们评估起这次遭遇的影响(他们怎么应对供应品的损失?皮萨罗的舰队离他们有多远?),这时珍珠号的一名军官告诉安森,在他们分开的这段时间,还发生了另一件事。他说:"我很遗憾地向阁下报告,我们的指挥官,丹迪·基德船长,在此期间死于发烧。"巴尔克利从基德还在韦杰号上的时候起就认识他了,他是一位优秀的船长,也是个善良的人。有一名军官在日记中记录道,就在基德去世前不久,他称赞自己的部下都是"勇敢的家伙",并恳求他们对下一位指挥官也要尽职尽责。他含混不清地小声说道:"我活不了多久了。我希望我已经与上帝和解了。"他对自己才五岁的儿子的命运感到担忧,从此以后,恐怕再也没有谁能照顾他了。他写下最终遗嘱,留了一笔钱用于孩子上学,以及"在这个世界上活下去"。

基德船长的去世引发了又一轮船长职务变动。巴尔克利得知,韦杰号新近任命的指挥官默里又晋升了,这次是去更大的珍珠号上当船长。而韦杰号迎来了又一位新的领导人，一个还从来没有掌管过战舰的人：大卫·奇普。大家猜测着，奇普是否像基德船长和安森准将一样，明白建立指挥权的秘诀不是对属下暴虐，而是靠说服、共情和激励；又或者，他会成为一个靠鞭子维持统治的暴君？

巴尔克利很少流露情感，他在日记里冷静地记下了这个转变，仿佛在人生这场永恒的"地球上的战争"中，这不过又是一次试炼。（他那本写基督教的书里就这么问道："如果你没有遭遇过困境，怎么磨炼出你的忍耐力？"）但他的日记着实详细记下了一个让人不安的细节。他写道，基德船长在临终前，对这次远征做出了一个预言："这次远征将以贫穷、害虫、饥荒、死亡和毁灭告终。"

第二部
进入风暴

第四章
航位推算法

　　大卫·奇普登上韦杰号的时候,船上的军官和船员都聚集在甲板上,以战舰船长理应享有的排场向他表示热烈欢迎。大家摘下帽子,吹起口哨。然而难免也有一丝不安。奇普认真审视自己的新部众,包括紧张的炮长巴尔克利和热切渴盼的见习官拜伦,这些人也在看着他们的新船长。他不再是他们中的一员,而是成了他们的指挥官,要对船上的每一个人负责。另一名军官写道,他的职位要求他"控制脾气,目标诚实正直,精力充沛,还要能自我克制 …… 人们期望着、敦促着,他——也只有他 —— 能带领一群不守规矩、相互龃龉的人进入遵守纪律、服从命令的完美状态,从而 …… 让这条船的安全从此有了保障"。很久以来,奇普一直梦想着这一刻,他知道木制天地有很多方面都是稳定的,这让他感到安慰:帆就是帆,舵就是舵。但也有一些方面无法预知 —— 他该怎么应对意外情形呢?约瑟夫·康拉德(Joseph Conrad)的中篇小说《秘密分享者》(*The*

Secret Shearer）里那个新任命的船长就在思考："每个人都会在内心深处为自己树立起自己的理想人格，我又能在多大程度上实现我的理想人格呢？"

不过奇普并没有时间思考这些形而上学的东西：他有一艘船要管。在他忠诚的乘务员彼得·普拉斯托（Peter Plastow）帮助下，他很快在属于他的宽敞的大客舱里安顿下来，这也是他新地位的标志。他收好自己的水手柜，里面有一封很珍贵的信件，就是安森任命他为韦杰号船长的信。随后他召集船员集合，自己站在上层后甲板上面对着他们。向大家诵读军法是他的职责——包含三十六条规定，用来规范船上所有人的行为。他一条条读下去，都是些冗长乏味的老生常谈——不得骂人，不得酗酒，不得发生有损上帝荣誉的丑闻——直到他读到第十九条。当他斩钉截铁地说出这条规定时，这些内容对他来说也有了新的意义："舰队中或属于舰队的任何人都不得有任何煽动骚乱或叛变的言论……违者处以死刑。"

奇普开始为韦杰号绕过合恩角的航程做准备。那个布满岩石的荒岛是美洲的最南端。地球最南边的海洋是全球仅有的不受阻隔、全球流动的水域，因此这里的水流积攒了巨大的能量，海浪绵延一万三千英里，在穿过一个又一个海洋时，力道也越来越强。洋流终于来到合恩角时受到了挤压，只能收紧身形挤进美洲最南端海岬和南极洲半岛最北端之间的狭窄走廊。这个漏斗一样的地方叫德雷克海峡（Drake Passage），让洋流变得更加湍急。这里的洋流不但是地球上奔袭最远的，而且也是力道最大的，每秒流过这里的水超过40亿立方英尺（约1亿立方米），是亚马孙河流量的六百多倍。而且还刮风。这里的风常年从西边的太平洋吹来，没有陆地阻隔，风力往往能达到飓风的强度，时速高达200英里。海员在说起纬度的时候，都会说上一个反映风力不断增强的别称：咆哮四十度（Raoring Forties），狂暴五十度（Furious Fifties），尖叫六十度（Screaming Sixties）。

除此之外，这个地方的海床也突然变浅，水深从一千三百英尺突然变成不到三百英尺。再加上另外一些残酷的作用力作祟，产生的巨浪让人不寒而栗。这些"合恩角卷浪"能让九十英尺高的船桅都相形见绌。有些海浪中还漂浮着从浮冰上分裂出来的冰山，一旦碰到也会要人命。而来自南极的冷锋和来自赤道附近的暖锋相遇，也让这里永远都是一片雨雾、冻雨夹雪、电闪雷鸣的循环。

十六世纪有一支英国探险队发现了这片水域，跟这里搏斗了一番，最后还是只能返航。随船牧师说，这里是"最疯狂的海域"。即使是那些绕过合恩角，完成了航程的船只，也都付出了丧失无数条生命的代价，而很多探险队最后都惨遭灭顶之灾——遭遇海难、沉船，乃至就此消失，因而大多数欧洲人都完全放弃了这条路线。西班牙人宁愿把货物航运到巴拿马的一处海岸，然后费劲巴拉地陆运五十多英里，穿过又闷又热、瘴疠遍地的丛林，运到在另一边海岸线上等待的船上。只要不走合恩角，怎么都行。

赫尔曼·梅尔维尔在小说《白夹克》(*White Jacket*)里写了一段话，把这段航道比作但丁《神曲·地狱篇》里下地狱的过程。梅尔维尔写道，"在地球的那些尽头，没有任何记录"，只有"从各自港口起航来到这里，之后再也没有人听说过任何消息的船"留下的桅杆和船体的残迹，诉说着这些船只黑暗的结局。他接着写道："无法逾越的海角！你可以从这个方向、那个方向接近这里——以任何你喜欢的方式——从东边或是从西边、顺着风向或是横着风向，又或是跟风向呈45度夹角；而合恩角仍然是合恩角……愿上帝保佑水手们，保佑水手的妻子和孩子们。"

多年以来，海员们一直在努力为地球尽头的这个海上坟场找一个恰如其分的名字。有人称之为"可怕"，也有人称之为"鬼门关"。英国作家鲁德亚德·吉卜林（Rudyard Kipling）称之为"盲目合恩之恨意"（blind Horn's hate）。

* * *

奇普专心研究着手上那些粗略的地图。这片区域其他地方的名字同样让人不安：荒凉岛、饥荒港、欺诈岩、割袍断义湾。

跟分遣舰队另外几位船长一样，奇普在接近这个漩涡时也是如同盲人摸象。为了确定自己的位置，他需要计算自己的经度和纬度，依靠地图绘制员在地球上绘制出来的假想的线搞清楚自己在哪儿。纬线彼此平行，可以表明你在赤道以南或以北多远。奇普确认纬度相对比较容易,只要确定自己的船跟恒星的相对位置就可以了。但是,就像达娃·索贝尔(Dava Sobel)在《经度》(*Longitude*)一书中记载的那样,计算东西方向上的位置是个难题,困扰了科学家和海员很多年。在麦哲伦环球航行的年代,也就是1522年的时候,船上有个书记员写道,领航员"不讨论经度"。

经线与互相平行的纬线垂直,不像纬线有赤道,经线并没有固定的参考点。因此,航海的人必须定义自己的分界线——他们的始发港或是随便一条别的什么线——为基准,来估算他们往东或是往西走了多远。(现在我们规定经过英国格林威治天文台的经线为本初子午线,标记为零度经线。)因为经度也代表地球每天自转方向上的距离,所以测量起经度来也因为时间的因素而变得更加复杂了。一天当中,每个小时都对应经度15度。如果海员把船上准确的本地时间跟他选作参考线之地的时间比较一下,就能算出自己所在位置的经度。但十八世纪的计时器并不可靠,尤其是在海上。艾萨克·牛顿就曾经写道:"由于船只的运动,冷热、干湿的变化,以及不同纬度的重力加速度也有所不同,能精确计时的钟表还没有发明出来。"奇普尽管债台高筑,还是随身带了一块金怀表,一路上都小心保管着。但这块表太不准确了,帮不上什么忙。

有多少条载着宝贵生命和货物的船,因为船员们不知道自己的确切位置而失事?背风岸(对着船的背风面的海岸)可能会在黑暗或浓雾中突然出现在他们面前。1707年，有四艘英国战舰撞上一座满是岩石的小岛，就在英国西南角附近，在他们自己的祖国。有一千三百多人丧生。年复一年，因导航无法预测而死去的人越来越多，有些最伟大的科学家开始想办法，想要破解神秘的经度。伽利略和牛顿认为，像时钟一样精确的恒星肯定是解开谜题的关键，另外有一些人则提出了一些荒唐可笑的方案，既有"伤狗的吠叫"，也有"信号船的炮声"①，不一而足。1714年，英国议会通过《经度法案》，悬赏两万英镑征集"切实可行、行之有效"的解决方案，这笔钱大致相当于今天的350万美元。

奇普以前所在的船百夫长号，在测试一种可能带来巨大变革的新方法中发挥了重要作用。这次航行的四年前，百夫长号带着一位名叫约翰·哈里森（John Harrison）的43岁发明家一起出航。第一海军大臣查尔斯·韦杰很是推崇这个人，说他是个"非常聪明、非常清醒的人"。哈里森在船上有自由支配权，可以用他的最新装置做试验——那是个大概两英尺高的计时器，有球形配重和振动臂。这台时钟还处于开发阶段，但哈里森用来计算百夫长号的经度时，他宣布这艘船偏离了航线……整整60英里！而且他是对的。后来哈里森也一直在继续改进

---

① 是指先把信号船以某种方式停泊到外海一些特定位置，再通过船上的伤狗吠叫或火炮轰鸣来定位。

他的计时器，直到1773年，他以八旬高龄拿到了英国议会的奖金。

但是奇普和同事们并没有这么神奇的装置。实际上他们只能依靠"航位推算法"，也就是用沙漏来估算时间，把一根均匀打结的绳子丢到海里来估算船前进的速度。这个办法还直观地结合了风和洋流的影响，相当于有一定根据的猜测，毕竟也只能对这种方法抱持信念了。用索贝尔的话来讲就是，对指挥官来说，"这种航位推算法往往会让他送掉老命"①。

不过，奇普至少还可以因为日历表上的进度感到振奋。现在是2月，这就意味着分遣舰队可以在3月，也就是南半球冬季来临之前，就抵达合恩角附近海域。尽管困难重重，他们还是做到了。但奇普并不知道——所有人那时候都不知道——夏天实际上并不是自东向西经过合恩角最安全的时候。尽管在5月，以及冬季的6月、7月，气温更冷，白天的光照时间也更短，但这段时间的风力比较缓和，有时候还是东风，可以让他们更轻松地航向太平洋。一年当中的其他时候，条件都要残酷得多。实际上，在昼夜平分的3月，也就是太阳直射赤道的时候，西风

---

① "航位推算法"（dead reckoning）一词中的dead指这种推演方法选定的固定起点，加上时间、航速、方向等因子就可以推算（reckon）出船舶位置，但误差会逐步累积，很不精确。因最早用于航海，故一般译为"航位（航迹）推算（推测）法"。此处达娃·索贝尔书中将dead一语双关，既指这种推算法，也指让人送命，但该词中的dead原本并无"死亡"之意。

和海浪往往最为猛烈。因此,让奇普一头扎进"盲目合恩之恨意"的,不只是航位推算法,也因为他是在最危险的时候来到了这里。

* * *

奇普指挥韦杰号沿着今天的阿根廷海岸一路南下。他紧挨着分遣舰队另外六条船,让甲板上一直没有杂物,这样就算西班牙舰队出现,也随时都能投入战斗。他还缩起部分船帆,用木条封住舱口。教师托马斯写道:"在这里,狂暴的天气并不稳定……那么大的风和海浪,让我们的航行变得非常困难。"

寻踪号仍然有一根桅杆是断掉了的。为了修好这根桅杆,舰队在圣胡利安(St. Julian)逗留了几天,这是海岸线上的一个港口。以前的探险家曾报告称在这片地方看到过居民,但现在看起来已经废弃了。寻踪号事务长米勒钱普写道:"我们在这里遇到的值得记下的东西只有一样,就是犰狳,海员们也叫它穿盔甲的野猪。它们跟大猫差不多大,鼻子有些像野猪,有很厚的壳……非常硬,拿锤子再怎么使劲砸都砸不动。"

圣胡利安不只是个荒凉孤寂的地方,在奇普他们看来,也是一座令人毛骨悚然的纪念碑,纪念的是经过幽闭恐惧的漫长航行后,可能会发生在船员身上的伤亡。1520年复活节那天,麦哲伦在这里停靠时,他手底下有几个对他越来越不满的部众想要推翻他,他不得不平息了一场叛乱。在港口里的一座小岛上,他下令将一名反叛者斩首——他的尸体被切成四块,挂在一个绞刑架上示众。

五十八年后,弗朗西斯·德雷克在环球航行途中也在圣胡利安停了下来。他怀疑有人正在悄悄酝酿什么阴谋,还指控他的手下托马斯·道蒂(Thomas Doughty)有叛国行为。(这个指控很可能是子虚乌有。)道蒂恳求把自己带回英国接受像样的审判,但德里克回答道,他不需要"狡猾的律师",还补充说:"我也不在乎法律。"就在麦哲伦处决他的手下的地方,道蒂被刽子手用斧头砍掉了脑袋。德雷克下令把道蒂仍在喷血的脑袋举起来给他的手下人看,并高喊:"看!这就是叛徒的下场!"

奇普和安森的另外几位船长在等着寻踪号修好船桅时,有个军官找到了当年执行处决的地方。索马里兹上尉担忧,这个地方看起来像是"地狱中的幽灵待的地方"。2月27日,奇普和其他人都松了口气,因为他们离开了这个德雷克命名为"真正的正义和审判之岛"的地方——而他的船员称之为"血腥岛"。

* * *

洋流把这些朝圣者一路拽向世界尽头。空气越来越冷,也越来越阴湿。有时候还会有雪,像粉末一样撒在甲板上。奇普光秃秃地站在上层后甲板上面,穿着他自成一格的船长制服。

他保持着警惕,不时用望远镜观察着。能看到企鹅,米勒钱普将其描述为"半鱼半禽",还有南露脊鲸和驼背鲸,喷着水。敏感的拜伦后来在谈到这些南部海域时写道:"这里的鲸鱼多得叫人没法相信,而且让船在这里都变得很危险了,我们差点儿就撞上一头,还有一头喷出来的水就落在我们上层后甲板上,这些是我们见过的个头最大的鲸鱼。"还有海狮,他认为是"一种相当危险的动物",并指出:"在我最意想不到的时候,我被一只海狮攻击了,我费了好大功夫才摆脱它。它们体形巨大,愤怒时会发出可怕的咆哮声。"

人们继续航行。舰队沿着南美洲海岸线南下,这时奇普看到了安第斯山脉。这道山脉纵贯整个南美大陆,戴雪的山峰在有些地方高达两万多英尺。海上很快飘起一层薄雾,朦朦胧胧的,怪异得叫人害怕。米勒钱普写道,这层雾气让一切都有了"一种令人怡悦的可怕效果"。目之所及似乎都发生了变异。米勒钱普写道,"陆地有时候会显得非常高,上面高大的山脉断断续续",然后又魔法一般伸展、弯曲、变成平地。"这些船也经历了同样的变化,有时候看起来像巨大城堡的废墟,有时候呈现出正确的形状,还有的时候又像是漂浮在水上的巨大的木材。"他总结道:"我们好像真的是身处魔法世界一样。"

奇普和手下继续南下,经过了通往太平洋的另一条航线的入口——麦哲伦海峡。安森决定不走这条路,因为这条通道很窄,而且有些地方非常曲折。他们经过了"一万一千处女"海角

(Cape of Eleven Thousand Virgins),也经过了圣灵海角(Cape of the Holy Ghost)。他们轻舟而过南美大陆的地界①,没有停留。他们唯一的路标就是西边的一座岛屿,面积将近两万平方英里,上面耸立着安第斯山脉余脉的更多山峰。教师托马斯抱怨道,"在这一片惨淡的景色中",冰封的山坡上没有"一丝能带来喜悦的绿色"。

这座岛屿就是火地群岛中最大的火地岛,麦哲伦和同伴们曾报告称,在那里看到了当地土著营地燃起的火焰。征服者声称,这些滩地上的居民是巨人族。照麦哲伦的书记员的说法,其中有一个人"太高了,我们当中最高的也只到他的腰那么高"。麦哲伦管这个地方叫巴塔哥尼亚。这个名字可能源自当地土著的脚——"巴塔(pata)"在西班牙语里是"爪子"的意思——根据传说,他们是猛犸象一样的庞然大物;也有可能是借用中世纪的一段传奇故事,里面有个怪物,叫作"伟大的巴塔哥"。编造这样一些说法,是有些阴险的考量在里面。欧洲人把土著居民描绘成既巨大无匹又不像人类的样子,是为了把他们惨无人道的征服行径在一定程度上伪装成正义和英雄的行为。

* * *

3月6日晚上,分遣舰队已经来到火地岛最东端。对奇普和

---

① "一万一千处女"海角和圣灵海角是麦哲伦海峡东口南北两侧的两个海角,麦哲伦海峡以北为南美大陆,以南为火地群岛,合恩角则在火地群岛的最南端。

船员们来说，对航海技术最严峻的考验到来了。安森下令让船员们等到黎明，让他们看着有没有别的事情会发生。韦杰号和其他船只一起漂在水上，船头迎着风，前后摇晃着，仿佛在跟着一个节拍器打着节拍。他们头上的天空看起来跟脚下的大海一样广袤而黑暗。船桅的支索在风中颤动。

奇普命令手下做好最后的准备。他们用新帆换下磨损了的旧帆，固定好火炮，还有其他有可能在波涛汹涌的大海中成为致命抛射物的所有物品。钟声每半小时敲响一次，告诉他们长夜将尽。几乎没有人睡觉。安森尽管讨厌文书工作，也还是认认真真地给奇普和其他船长写了一份指示，告诉他们如果他们的船只即将落入敌手，就销毁这些计划以及其他所有机密文件。安森强调，在航行过程中，船长要尽一切可能避免船只跟舰队分开，否则"你们就会面对最大的危险"。如果他们不得不分开行动，就继续前进绕过合恩角，到巴塔哥尼亚的智利一侧会合，在那里等待安森，等上56天。安森写道："如果没有在56天内等到我，你们就可以认定我遭遇不测了。"有一点他说得非常清楚：万一他不幸遇难，他们务必继续执行任务，服从指挥系统，听从新任高级军官的命令。

天边露出第一道曙光时，安森就点燃了百夫长号上的火炮。七艘船就此出发，驶入黎明。寻踪号和珍珠号一马当先，两条船的瞭望员守在桅顶横桁上，用一名军官的话来说，以便搜寻"冰岛"并"及时发出危险信号"。安娜号和韦杰号是最慢也最不结实的，因此跟在舰队后面。上午10点，舰队已经接近勒梅尔海峡（Strait of Le Maire），这是火地岛与其东边的埃斯塔多斯岛（Isla de Los Estados，也叫斯塔滕岛）之间一道约十五英里宽的开口，是通往合恩角的门户。随着船只依次进入海峡，他们也离斯塔滕岛越来越近。岛上的景象让他们感到不安。沃尔特牧师注意到，"尽管火地岛的地表极其贫瘠、荒凉"，但斯塔滕岛"就其外观的荒莽和恐怖程度来说，还是远远超过了前者"。岛上什么都没有，只有被闪电劈开、因地震而裂开的岩石，摇摇欲坠地堆叠在一起，冰封、孤立的尖峰有三千英尺那么高。梅尔维尔写道，这里的山"阴然耸立，就像另一个世界的边界。墙壁闪闪发光，城垛跟水晶一样，就像天堂最遥远边界上的钻石瞭望塔"。米勒钱普在日记里把这座岛描述成他见过的最叫人害怕的东西——"一个真正孕育绝望的地方"。

偶尔会有一只白肚皮的信天翁在天空中翱翔，展示着宽大的翼展——信天翁的翼展在所有鸟类里最宽，可以达到11英尺。以前在英国的一支探险队里，有一名军官在斯塔滕岛看到了一只信天翁，担心这是个不祥之兆，就把这只信天翁打了下来，后来那艘船就在一座岛上失事了。这件事给塞缪尔·泰勒·柯勒律治（Samuel Taylor Coleridge）带来了灵感，让他写下了《古舟子咏》。在这首长诗中，杀死信天翁给水手带来了诅咒，结果导致他的同伴渴死：

他们解去银十字架，

拿鸟在我颈悬垂。

然而安森的手下还是猎杀了这些鸟。米勒钱普写道："我记得有一只是用绳子加钩子抓到的……用一块咸猪肉做诱饵。"他还补充道，尽管这只信天翁有大概30磅重，"船长、上尉、医生和我还是一顿晚饭就全消灭了"。

奇普和同伴们似乎逃脱了所有诅咒。尽管有那么几次险象环生，他们还是避开了皮萨罗的船，现在天空一片蔚蓝，海水一平如镜。沃尔特牧师写道，"这一天的上午明媚而温和，比我们离开英国以来见过的所有上午"都更令人愉快。舰队轻松、平静地驶向太平洋。有个船长按捺不住兴奋，在航海日志中写道，这是"一段异常完美的航程"。人们都开始相信基德船长的临终预言错了，也开始吹嘘自己有多英勇，并开始谋划拿到财宝之后该干些什么。沃尔特牧师写道："我们忍不住令自己相信，我们的航行中最困难的一段现在已经结束了，而我们最乐观的梦想也到了要实现的时候。"

这时天上的云变成了乌云，遮住了太阳。狂风呼啸，不知道从哪里来的巨浪愤怒地击打着船身。各条战舰的船头，包括百夫长号上漆成红色的狮子，都一头扎进深渊，随后又高高向上扬起，仿佛在向天国祈求什么。船帆猛烈抖动着，绳索噼啪作响，船体吱吱嘎嘎，仿佛要裂开一样。尽管其他船只仍然在缓慢前行，韦杰号却因为装载了好多货物而困在汹涌的洋流中，它仿佛受到某种磁力的推动，往东边的斯塔滕岛靠去。一旦撞上什么，整条船都会变成碎片。

舰队里其他人只能眼睁睁地看着。奇普把韦杰号上每一个还能动弹的人都召集起来，大声喊出命令。为了减小受风面积，桅楼瞭望水手吃力地爬上摇摇欲坠的桅杆。有个经历过狂风洗礼的瞭望水手回忆道："风力之大，让人真的没法呼吸了。我们站在帆桁顶端，脚踩在踏脚索上，紧紧抓住能抓到的一切东西。我们只有转过头去才能呼吸，要不然狂风会直接把空气灌进我们喉咙。雨滴像坚硬的丸子一样，打得我们的脸和光着的腿生疼。我几乎没办法睁开眼睛。"

奇普指示他的桅楼瞭望水手收起最上面的帆，并缩起一部分主帆。他需要完美的平衡：风帆既要足够大，好把船从岩石旁边推开，但又不能太大，否则会让船倾覆。更棘手的是，他需要船上所有人都表现完美：贝恩斯上尉展现出了罕见的胆气；自信满满的炮长巴尔克利证明了自己的航海技术；孩子气的见习官拜伦鼓起勇气，向朋友亨利·科曾斯伸出了援手；经常不守规矩的水手长约翰·金，也在尽职尽责地敦促船员坚守岗位；舵手在险恶的海流中操控着船头；艏楼上的人控制着船帆；还有木匠约翰·卡明斯（John Cummins）和他的助手詹姆斯·米切尔，在拼命保护船体不被损坏。就连毫无经验的船腰水手都必须加入战斗。

奇普在上层后甲板上站稳脚跟,他的脸被冰冷的水雾浸湿了。他统率着这些力量,用尽全力去拯救这艘船。他的船。每当韦杰号有缓缓离开岛屿的趋势时,洋流都会把船又硬生生推回去。海浪在高耸的岩石上拍得粉碎,喷溅起高高的浪花。海浪的咆哮声震耳欲聋。有一名海员说,那座岛似乎只为了一个目的而存在——"让凡俗之人脆弱的生命化为齑粉"。但奇普仍然镇定自若,驾驭着船上的每一分力量,直到在万众瞩目下,慢慢把韦杰号哄骗到了安全的地方。

跟在战场上的胜利不一样,这种对抗自然环境的壮举往往更加危险,却不会得到任何殊荣,也就是说,除了船长所说的因为全体船员履行了重要职责而感到自豪以外,再没有别的荣耀。拜伦惊叹道,他们"差一点点就撞在岩石上",然而"我们拼尽全力弥补我们迷失的道路,回到我们原来的位置"。久经磨炼、性格坚韧的巴尔克利评价奇普为"杰出海员",并补充道:"至于说个人的勇气,没有人比他具备得更多。"这一刻,因为最后的胜利,大部分人都沉浸在这辈子经历过的最大的喜悦里,而奇普也终于成为自己一直想成为的人——大海的主人。

第五章
风暴中的风暴

风暴继续日夜不停地袭击着这些船只。约翰·拜伦敬畏地注视着在韦杰号上拍碎的巨浪,这条123英尺长的战舰被巨浪随意推搡着,仿佛只不过是一艘可怜的手划艇。水从船体的每一道接缝渗进来,下面几层甲板都淹了,军官和船员都不得不放弃了吊床和铺位;不再有任何地方是"在天气下面"了。人们的手指像在灼烧一样,因为要紧握湿漉漉的绳子、湿漉漉的帆桁、湿漉漉的左右支索、湿漉漉的舵、湿漉漉的梯子,还有湿漉漉的船帆。拜伦在瓢泼大雨和海浪的双重洗礼下,身上早就全湿透了,没有一丝地方能保持干爽。仿佛一切都在滴水,在皱缩,在腐烂。

1741年3月,分遣舰队向着神龙见首不见尾的合恩角,在怒号的黑暗中艰难前行,(他们现在究竟在地图上的什么位置?)拜伦也在努力坚守岗位,继续监视。他像罗圈腿的加乌乔牧人(gaucho)那样叉开双腿,紧紧抓住任何牢固的东西——否则他就会被抛进泛着泡沫的大海。闪电猛然划过天空,在他面前闪亮,随后又让天地间似乎变得更黑暗了。

气温继续下降,直到把雨都变成了冻雨和雪。缆绳上的冰结成了一层硬壳,有些人因为冻伤而倒下了。水手有一句谣谚是这么说的:"纬度四十度以南不再有法律,五十度以南不再有上帝。"拜伦和其他船员,现在就在"狂暴五十度"的范围内。他记录道,这些地方的风刮得"极为猛烈,没有任何东西抵挡得住,海浪也卷得特别高,能把一条船撕成碎片"。他总结说,这是"世界上最令人不快的航行"。

他知道,舰队需要每一个人都坚持下去。但几乎就在韦杰号于3月7日穿过勒梅尔海峡之后,他马上注意到很多同伴再也没法从吊床上起身了。他们的皮肤开始变成蓝色,接着又变得像木炭一样黑——用沃尔特牧师的话来说就是,"一块肥美的真菌体"。他们的脚踝肿胀得可怕,无论正在吞噬他们的到底是什么,这玩意都正在一路上行,蔓延到大腿、臀部和肩膀,就像是某种腐蚀性的毒药。教师托马斯也遭受了这种痛苦,他回忆说,刚开始只是感觉左脚的大脚趾稍微有点疼,但很快就发现硬结节和溃疡性的疮遍布全身。他写道,相伴而来的还有"膝盖、脚踝和脚趾的关节全都疼得要命,在我亲身经历以前,我以为这样的疼痛任何人都不可能承受"。拜伦后来也患上了这种可怕的疾病,并发现会给人带来"想象得到的最剧烈的疼痛"。

灾难侵入到水手们的面部以后,有些人开始变成他们想象中的怪物。他们眼睛里满是血丝,牙齿脱落,头发也一把一把地掉。他们的呼吸散发着拜伦的同伴们所说的腐烂的恶臭,就仿佛死亡已经降临在他们身上。把他们的身体各部分连接在一起的软骨似乎也变得松松垮垮。有些人甚至旧伤复发。有个人在五十多年前的爱尔兰博因河(Boyne)战役中受过伤,那时候的旧伤又突然之间暴发了,成了新伤。沃尔特牧师观察到,"更令人惊讶的是",这个人的一根骨头,在博因河战役中骨折后本来已经痊愈,现在却又一次断裂了,"就好像从没长好过一样"。

这种疾病对感官也有影响。病人可能会一时之间被溪流、牧场这样的田园幻象征服,但在接下来意识到他们真正的处境后,又陷入彻底的绝望。沃尔特牧师指出,这种"情绪异常低落"的情形,以"哆嗦、战栗,以及……最可怕的恐惧感"为特征。有一位医学专家把这种疾病比作"整个灵魂的堕落"。拜伦看到,有些人发疯了——他的一名同伴写道,这种疾病"侵入他们的大脑,让他们变得无比疯狂"。

让他们遭受这么大痛苦的,就是一位英国船长所称的"海上瘟疫":坏血病。跟所有人一样,拜伦并不知道病因。在海上至少一个月后,这种病就可能会侵袭人体,这也是大航海时代的一大谜团,死于坏血病的海员比死于所有其他威胁(包括炮战、风暴、海难等)的全部加起来还要多。在安森的舰队里,坏血病是在船员已经患上其他疾病后才出现的,并造成海上最严重的疫情暴发。一向镇定的安森报告称:"我没法假装自己能描述那么可怕的瘟热,但没有任何瘟疫能比得上我们遭受的这个程度。"

*　*　*

有一天晚上,在无止境的暴风雨中,拜伦在浸透了水、吱嘎作响的铺位上难以入眠。他听到了八次钟声,便勉强爬上甲板,准备再次值班。他跌跌撞撞地穿过迷宫一样的船体,太难看清楚了——灯都灭掉了,因为怕翻倒了会着火。就连厨师都不许给炉子生火,大家只能吃生肉。

拜伦出现在上层后甲板上,感觉到寒风凛冽如刀。他看到没多少人在值班,觉得很惊讶。他在自己的记录里写道:"人员中大部分都因为疲劳和疾病而没法动弹了。"

这几条船现在都面临着没有人手来操作的危险。亨利·埃特里克医生想要阻止疫情暴发(百夫长号的首席医生去世后,他就从韦杰号上调到了百夫长号上)。在百夫长号的最下层甲板上,他套着一件罩衣,拿出锯子切开几具尸体,想要确定病因。说不定死了的人还能救下活人。根据他的调查报告,受害者的"骨头,在肉被刮掉后,显得很黑",他们的血液看起来颜色也很特别,像是"黑色和黄色的液体"。经过几次解剖,埃特里克宣布这种疾病是因为气候严寒而产生的。然而在有人告诉他坏血病在热带也同样普遍以后,他承认病因可能仍然"完全未知"。

*　*　*

疫情愈演愈烈,这是风暴中的风暴。埃特里克搬去百夫长号以后,寻踪号上的医生沃尔特·埃利奥特(Walter Elliot)就调到了韦杰号上。拜伦把他描述成一个慷慨、活跃、非常坚强的年轻人,要是谁能活到最后,那看起来就是他了。埃利奥特对奇普船长忠心耿耿,而现在奇普船长也在受坏血病折磨。埃利奥特说,"这件事非常不幸",他们船长"在这时候病倒了"。

医生做了力所能及的一切来帮助奇普、拜伦和其他病人。但现有的治疗方法和背后的理论一样没有价值。很多人认为在土地的自然属性中,肯定有什么东西对人类来说不可或缺,声称唯一的治疗方法就是把病人埋在土里,一直埋到下巴。另一次航行的一个军官说,自己见过"二十个人的脑袋从地里长出来"的奇异景象。

安森的探险队困在海上的时候,能开出来的药物主要是约书亚·沃德(Joshua Ward)医生的"片剂和滴剂",那是一种泻药,声称能让病人"神奇地突然痊愈"。安森总是身先士卒,自己没有承受过的事情不会让部下先承受,这次也不例外,于是率先服下药片。托马斯写道,大部分吃了药的人反应都大得很,"上吐下泻"。有个水手才吃了一片,鼻子就流血不止,命悬一线。

事实证明,沃德是个江湖骗子。他的药里含有一定剂量的类金属锑,对人体有毒,还有人怀疑可能还有砷。药片让病人没法得到急需的营养,很多人的死亡很可能都是因为吃了这种药导致的。埃特里克医生绝望地承认,他能施展出来的所有治疗方法都毫无用处。后来他也在这次航行中病逝了。

然而解决办法非常简单。坏血病是因为缺乏维生素 C 引起的,而之所以会缺维 C,是因为饮食中缺少新鲜蔬菜和水果。缺乏维 C 的人,体内会停止产生叫作胶原蛋白的一种纤维蛋白,这种蛋白可以把骨骼和肌肉紧紧固定在一起,还可以用于合成多巴胺和其他会影响情绪的激素。(安森的部下似乎还缺乏其他一些维生素,比如有人维生素 B 水平不足,会导致精神错乱,还有人维生素 A 不够,会导致夜盲症。)索马里兹上尉后来意识到了某些营养元素的威力。他写道:"我可以清楚地观察到,在人类的身体里有一种莫可名状的东西,如果没有泥土中特定元素的帮助就无法更新、无法保存。或者用大白话来说,就是土地是人体的固有元素,人仅有的身体由蔬菜和水果组成。"拜伦和同伴们要对抗坏血病,需要的只是一些柑橘,之前他们在圣凯瑟琳岛停留补充物资时,那里就有好多酸橙。解药 —— 数十年后所有英国海员都会得到的,不限量的水果供应,他们也因此有了"酸橙仔"①的诨名 —— 原

---

① Limey,意为"英国佬"。

本就在手边。

* * *

分遣舰队继续前进，拜伦只能痛苦地看着许多病人喘不过来气。他们仿佛要活活在空气里窒息。他们一个接一个地死去了——在远离家人，远离祖先墓园的地方。沃尔特牧师说，他们有些人想试着站起来，"还没走到甲板上就死了；就是那些能够走到甲板上去继续执行点什么职责的人，突然之间就倒地身亡，也不是多么罕见的事情"。那些被用吊床抬着从船上的一个地方转移到另一个地方的人也会突然身亡，米勒钱普在日记里写道："每条船每天早上都要安葬8到10人，没有比这更频繁的事情了。"

百夫长号上的约500人，一共有将近300人最后被列为"DD"（亡故）。格洛斯特号从英国出发时船上有400人左右，据报告到现在四分之三都已经海葬，船上所有伤残的新兵都没能幸免于难。格洛斯特号船长本人也病得非常严重，他在航海日志里写道："那场景非常凄惨，有些人死掉了，这样的苦楚，语言不能表达于万一。"塞弗恩号海葬了290人，寻踪号则是海葬了将近一半船员。在韦杰号上，拜伦看到原本一起出航的250名军官和船员减少到不足220人，随后又减员到200人以下。那些还活着的人也已经几乎和死尸没什么分别——有个军官写道："太虚弱、太消瘦了，我们都几乎没有力气在甲板上走动了。"

这种疾病不只是毁掉了让海员身体不至于散架的肌腱,也毁掉了他们的船队。这支原本很强大的分遣舰队现在简直成了鬼船,按照一份记录的说法,船上只有那些害虫还活得好好的:"在甲板之间看到了那么多老鼠,要不是亲眼所见,你根本不会相信。"它们在寝室里大量出没,在餐桌上跑来跑去,还把已经死在甲板上等着海葬的人毁了容。有一具尸体的眼睛被吃掉了,另一具尸体被吃掉的则是脸颊。

拜伦和其他军官每天都会在他们的记录里写下刚刚"离开这个世界"的同伴的姓名。塞弗恩号船长在给海军部的一份报告中写道,他船上的航海官去世后,他提拔了一个名叫坎贝尔的海员来填补这个空缺,他曾经"在我们遭遇的所有困难和危险中表现得极为勤奋,也表现出极为坚定的行为"。然而没过多会儿,船长在同一份文件中又补充道:"我刚刚得知,坎贝尔先生今天也去世了。"百夫长号的见习官凯佩尔也生了病,嘴里牙齿掉光了,看着像个黑暗的洞穴。他记录死者名单记录得实在是太厌烦了,于是带着歉意写道:"在我的日志里,我把几个人的死亡写漏了。"

后来有一名死者在记录里没有被漏掉。这个条目使用了标准缩写,好短小一些,AB 代表"海军上等兵",DD 代表"亡故",现在已经有些模糊了,但仍然可以辨认出来,就像一则褪色的墓志铭。上面写着:"亨利·奇普,AB,DD……在海上。"那是奇普船长的小侄子和小学徒。他的死带给韦杰号新任船长的打击，无疑比任何风暴都大。

拜伦努力想给死去的同伴们一场还算体面的海葬，但尸体太多，能帮忙的人手又太少，往往只能不经过任何仪式，就把尸体从船上抛到海里。诗人拜伦勋爵（借鉴了他称之为"我祖父的《航海纪述》"的内容）说："没有坟墓，不打丧钟，不用棺材，也没人知悉。"

* * *

到三月下旬，分遣舰队已经在德雷克海峡里奋战将近三个星期，仍逡巡不进，也已经到了沃尔特牧师所说的"彻底毁灭"的边缘。唯一的希望是快速绕过合恩角，抵达最近的安全登陆点，那就是胡安·费尔南德斯群岛（Juan Fernández Islands），位于智利海岸以西350英里的太平洋中，无人居住。沃尔特牧师指出："抵达那里是我们不用死在海上的唯一机会。"

约翰·拜伦热爱海洋文学，对他来说，这个群岛不只是意味着一个避难所，它在传说故事里也熠熠生辉。1709年，英国船长伍兹·罗杰斯（Woodes Rogers）在此停靠，那时他的船员也在遭受坏血病的折磨。他有一本日记，后来以《一次环球航行》（*A Cruising Vovage Round the World*）为题出版了，拜伦读得非常认真。罗杰斯在日记里详细记载，他在其中一座岛上无比惊讶地发现了一名苏格兰水手，名叫亚历山大·塞尔扣克（Alexander

Selkirk），在被自己的船抛下后，他已经在这荒岛上孤独求生四年多了。凭借着异乎寻常的聪明才智，他活了下来，学会了钻木取火、猎取动物和寻找野生蔓菁。罗杰斯写道："衣服穿烂了，他就用山羊皮给自己做了一件外套、一顶帽子，没有针，就靠一根钉子缝起来。"塞尔扣克随身带着一本圣经，在岛上也没忘了读，"因此他说，在这样的独处中，他成了比以前更合格的基督徒"。罗杰斯称塞尔扣克为"岛上至高无上的君主"。一传十、十传百，这个故事越传越广，最后变得像大海一样广阔而神秘。塞尔扣克的故事也给丹尼尔·笛福1917年的小说《鲁滨孙漂流记》提供了灵感，而这部小说，不但是给英国人的创造力的一曲赞歌，也是对英国在遥远国度的殖民统治的"礼赞"。

　　拜伦和同船的伙伴们一边被自然力量狠狠打击，一边沉迷于对胡安·费尔南德斯群岛的想象，毫无疑问，他们的坏血病幻梦让这些幻想变得更加吸引人。米勒钱普称之为"期盼已久的岛屿"，在这座岛上，他们会发现青翠的田野、纯净的溪流。托马斯还在日记里把这座岛比作约翰·弥尔顿《失乐园》里的伊甸园。

　　4月的一天晚上，拜伦和舰队里其他人认定，他们已经穿过德雷克海峡，往合恩角岛以西开得够远，终于可以转身北上，安全前往胡安·费尔南德斯群岛了。但就在舰队转头向北行驶后不久，安娜号瞭望员在微弱的月光下注意到了一些奇怪的构造：岩石。安娜号上的海员鸣炮两响示警，很快其他船上值班的人也都看到了异军突起的背风岸,闪闪发光的岩石突出在海面上,有位船长在航海日志里写道:"就像两座极高的黑塔。"

领航员的航位推算法又一次出错了——这次错了好几百英里。舰队并不在南美大陆顶端以西,而是在被海风和洋流往东边推,一直钉在这个尖角上。船员们用尽全力,才勉强把船转了过来,没有失事。然而在进入德雷克海峡一个多月以后,他们仍然没有摆脱"盲目合恩之恨意"。米勒钱普在日记里写道:"对于还能不能上岸的问题,我们的海员现在几乎都感到绝望,他们都情愿屈服在致命的瘟热脚下。"大家都羡慕"那些足够幸运,可以先死一步的人"。

拜伦的心态崩了。为了离开陆地,他们又掉头南下,走上与鲁滨孙·克鲁索岛相反的方向,回到无数风暴的漩涡中。

第六章
落　单

分遣舰队在努力走出南美洲边缘，然而风暴也在不断加强，直到成为拜伦所说的"完美飓风"，实际上还有很多场暴风骤雨，一场紧跟着一场，力道不断升级，仿佛最后一定会一举摧毁整个探险队。由于缺少人手，韦杰号炮长约翰·巴尔克利现在经常负责连值两个班——整整八小时风吹浪打。他在日记里写道："我们碰到了……我见过的最大的涌浪。"听起来就像还没见过多少阵仗的拜伦。塞弗恩号饱经风霜的船长在提交给海军部的一份报告中也同样表示，这是一片"比我以前见过的都要广阔的大海"——几乎跟珍珠号指挥官乔治·默里说的话一模一样。突然之间，海上的这些人不但没有了驾驭大海的能力，甚至连描摹大海的能力都失去了。

每次韦杰号越过一个浪头，巴尔克利都感觉这条船在飞流直下，坠入没有光线的深渊。他只能看见身后一堵若隐若现的水墙，而在他面前也是一样，除了一堵叫人望而生畏的高大水墙以外什么都没有。船体从一侧摇到另一侧,倾斜得特别厉害,甚至帆桁有时候都扎到水里去了,而攀在高处的桅楼瞭望水手只能像蜘蛛一样紧紧抓住绳网。

一天晚上十一点,一道海浪盖在舰队头上。百夫长号上的教师托马斯在日记里写道:"波涛汹涌的大海在右舷的船头击中了我们,落在船头和船尾。"他补充道,海浪的冲击力非常大,船几乎完全侧翻,之后才慢慢回正。"这道浪把甲板上所有人都冲进海里,其中一半都淹死了。"

巴尔克利要不是一直把自己牢牢固定住,肯定也会被抛到空中。有个海员被抛起来掉进货舱,摔断了股骨。水手长的一名副手四脚朝天,磕坏了锁骨,随后落地时锁骨上又遭了一次殃。还有个海员摔断了脖子。托马斯站在百夫长号的上层后甲板上观测着黯淡的星星,想要借此确定他们的位置,这时一道浪头让他摔倒在地。他写道:"我的头和右边的肩膀猛地撞在地上,让我昏了过去。"几乎人事不省的托马斯被抬到他的吊床上,在那里躺了两个多星期——康复过程一点都不平静,他的床一直在疯狂地摆来摆去。

一天早上,巴尔克利在韦杰号的舵那里时,也差点被一道巨浪卷起——用他自己的话说,那道巨浪"把我带到了舵上面"。洪流中,四艘运输艇里的那艘小快艇被裹挟着在甲板上横冲直撞。水手长约翰·金想把它抬起来扔海里去,但巴尔克利命令他,在问过奇普船长的意见之前,"什么都不要做"。

奇普在宽敞的船长室里，那里面就像龙卷风扫过一样，什么东西都抛得到处都是。巴尔克利在日记里经常会对韦杰号上的军官吹毛求疵——水手长很缺德啦，航海官很没用啦，上尉更没用啦之类的——也已经开始对这位新船长有些保留意见。奇普拄着一根银头手杖走来走去，一路咯噔咯噔，就跟海盗的木腿似的。他似乎越来越下定决心想要征服自然，完成自己的光荣使命。巴尔克利并不信任奇普的这一面，他在日记里抱怨说，船长经常不跟军官们商量，而且无论是谁只要表现出疑虑，都会挨他一顿痛骂。

巴尔克利把小快艇的情形告诉奇普，奇普命令他试着抢救一下，并放低艏三角帆的下桁，因为那样子摆来摆去太危险了。后来巴尔克利在日记里满意地记了一笔，说是他救回了小快艇，保护了艏三角帆下桁。

因为风力太猛了，韦杰号和其他船只有时候不得不收起船帆，就让桅杆光秃秃的船在无情的海浪中颠簸上好几天。这种状态下的船只无法控制，有一次，安森准将为了让百夫长号转弯，不得不派了几个桅楼瞭望水手站在帆桁上，抓住绳子，用他们的身体去承受风力。狂风刮在他们脸上、胸上、胳膊上和腿上，每个人都成了一张饱经风雨的船帆。他们以非凡的勇气，用他们结了霜、凹成弓的身体对抗着强风，坚持了足够长的时间，让安森得以把船转过来。但有个水手没抓稳，掉进了翻腾的大海。根本不可能及时把他救上来，船上的人只能眼睁睁看着他跟在船后面划水，疯了一样想要赶上他们，跟海浪进行着一场英勇而孤独的战斗，直到他消失在远处——尽管他们知道，他还在那里，在他们后面游着。沃尔特牧师写道："他可能还会在相当长的一段时间里保持理智，感受到自身无法被挽救的、令人恐惧的困境。"

十八世纪的著名诗人威廉·库珀（William Cowper）后来读到沃尔特的叙述后，写下了《落水者》（The Castaway）一诗，对这名海员的命运展开了想象：

> 一个倒霉鬼被从甲板上卷下，
> 丧失了朋友、希望，和一切，
> 永远离开了他漂浮在海上的家。
> ……
> 他的伙伴们，从前
> 在狂风中总能听到他的声音。
> 但现在那声音再也听不到了：
> 因为这时，他精疲力竭，饱饮
> 翻涌的波涛，沉入海底。
>
> 没有诗人为他哭泣；除了
> 被安森的眼泪打湿的
> 真实记录他的

姓名、财产和年龄的纸页。

巴尔克利和其他幸存者一起继续航行。现在他们不但遭受着坏血病的折磨，而且新鲜物资也所剩无几了。托马斯写道，剩下的所有饼干都"虫蛀得厉害"，"除了灰尘几乎什么都没剩下，而轻轻吹一口气就会立刻全都化为乌有"。牲畜也没有剩下的了，腌过的"牛肉和猪肉都像是生锈了一样而且已经腐烂，医生竭尽全力，阻止我们吃这些东西，说这些吃的肯定会毒害我们的身体，虽然会很缓慢"。有几条船上只剩下几桶饮用水了，默里船长承认，如果病死这么多人都还没有"让上帝高兴"的话，他们就只能全都渴死了。百夫长号上的一名水手发了狂，人们只能拿铁链把他捆上。而这些舰船——他们抵御自然力量的最后一道屏障——也已经在开始解体。

* * *

百夫长号上最先裂开的是中桅帆，在狂风中几乎吹成了碎片。随后是几根左右支索，也就是竖着支撑桅杆的粗绳，噼噼啪啪地断裂了。紧接着是船头甲板上那个像个盒子的厕所被海浪冲毁，这让人们只能拉在桶里，或是危险万分地挂在栏杆上排泄。随后，一道闪电击中了百夫长号。见习官凯佩尔写道："一道诡秘的火焰在甲板上迅速蔓延开来，突然爆发出一声像是枪响的声音，让几个海员和军官惊骇万分，暴风骤雨已经击打得他们青一块紫一块。"百夫长号在沃尔特牧师笔下成了"疯船",已经开始倾斜得不成样子,就连那头骄傲的狮子也在底座上松松垮垮地颤动着。

其他船上的军官也列出了自己船上的"损毁清单",一列就是好几页,有坏掉的后支索、帆耳索、拢帆索、帆缘索、升降索、牵索、其他索具、梯子、炉子、手动泵、格栅和舷梯。塞弗恩号船长报告称,他的船处于最危险的境地——所有船帆都已经扯破了,亟须修帆工来修好。

有一天,巴尔克利听到格洛斯特号鸣炮示警:它主桅上的一根帆桁断成了两截。安森命令奇普船长派韦杰号上技艺高超的木匠约翰·卡明斯去帮忙修复。卡明斯是巴尔克利最要好的朋友,炮长看着卡明斯乘坐一条小运输艇出发了,在让人心惊肉跳的海浪中上下颠簸,直到他淹个半死之后,才被拉上格洛斯特号。

尽管韦杰号很难看,但对巴尔克利来说还是很神圣,而这条船每天遭受的摧残比其他船只都多。在惊涛骇浪中,这条船一会儿升到高处,一会儿落入低谷,一边吱吱嘎嘎,一边碎片乱飞。有一天,在撞上一个浪头后,后桅像被斧子砍倒的大树一样轰然倒下,带着索具和船帆一起坠入海中,只留下一个桩子。那是一根至关重要的船桅。托马斯预计,船像这个样子继续航行下去的话,他们全都肯定会葬身鱼腹。韦杰号在海浪中奋力挣扎,但还是离舰队其他船只越来越远。百夫长号兜回来靠近韦杰号，安森拿着一个大喇叭筒，这样就能盖过咆哮不止的风浪跟奇普船长说上话。安森大喊着问，他为什么没把中桅帆挂到另一根桅杆上，好推动船前进。

奇普也大喊道："我的索具全都没了，船的前面后面都破了，我的人也几乎全都病倒了。但我会把中桅帆尽快挂好的。"

安森说，他保证会把因为天气原因困在格洛斯特号上的韦杰号木匠卡明斯送回去。卡明斯一回到韦杰号上，就马上跟助手们忙碌起来，在那个桩子上接了根40英尺长的张帆杆，还用应急索具临时挂了张船帆上去。这番操作让船稳定了些，韦杰号就这么继续航行。

* * *

在这么多艰难困苦中，巴尔克利从未臧否过的一位上级是安森。从一开始，这位指挥官就摊上了霉运。这是一支组织得非常糟糕的远征队，但他尽了最大努力来保全这支舰队，并鼓舞大家的士气。他无视让人喘不过气来的海军等级制度，总是身先士卒，跟船员同甘共苦，一起完成最艰苦的任务。他会把自己私藏的白兰地拿出来给普通海员喝，好减轻他们的痛苦，让他们振作起来。有条船上的舱底排污泵坏了，他就把自己船上的送了过去。没有多少物资供分发了，他就用言语来激励大家——考虑到他沉默寡言惜字如金的性格，这么做似乎更能鼓舞人心。

但还没病倒、能操作这些船只的人实在是太少了。百夫长号上原本每次值班能有两百多号人，现在减少到了六人。奇普船长就韦杰号的情形报告称："在这个不幸的时刻，我船上的人几乎全都病倒了……他们因为航程过长、天气恶劣、缺少淡水已经精疲力竭，几乎没有能力履行任何职责。"有些船甚至一张船帆都升不起来了。默里船长写道，他的船员一直在以"只有在英国海员身上才能见到的决心"对抗这么恶劣的天气，但现在，他们"因为一直在劳作、一直在值班而疲惫不堪，也因为寒冷，因为缺水而非常痛苦……他们的情绪变得非常低落，绝望地躺在那里，哀叹着自己的不幸，心想着还不如死了的好，那样就一了百了了"。

* * *

1741年4月10日，分遣舰队离开英国七个月后，也是他们进入德雷克海峡四个多星期以后，塞弗恩号和珍珠号开始落在其他船只后面。后来他们消失了。巴尔克利在日记里写道："看不见塞弗恩号和珍珠号了。"有些人怀疑是这两条船的军官不再抱有希望，于是掉头绕回合恩角，准备回到安全的地方。托马斯称，他们似乎是"有意掉队"的。

舰队现在还剩五艘船，其中只有三艘是战舰，但他们仍然努力保持在一起航行。为了互相知道位置，他们挂起提灯，还差不多每半小时鸣炮一次。巴尔克利知道，要是韦杰号跟舰队其他船只分开了,不用说安森准将了,没有任何人能让这条船不失事:要么沉入海底,要么撞上礁石。用沃尔特牧师的话说,他们恐怕会不得不"在某个荒无人烟的海岸上度日,没有任何指望得上的机会再次起航"。

最先消失在黑暗中的是百夫长号。4月19日晚上,巴尔克利看到百夫长号的灯光闪烁不定,他在自己的记录里写道:"这是我最后一次看到准将。"他努力辨认着远处的另外几条船,但它们也很快"消失"了,火炮的轰鸣声也被风声盖了过去。韦杰号孤零零地漂在海上,开始听天由命。

韦杰号上十六岁的见习官约翰·拜伦

十八世纪一幅描绘英国抓丁团的画作

大卫·奇普,百夫长号一级上尉,梦想着成为船长。

十八世纪一幅描绘德特福德造船厂的画作，韦杰号就是在这里起航的。

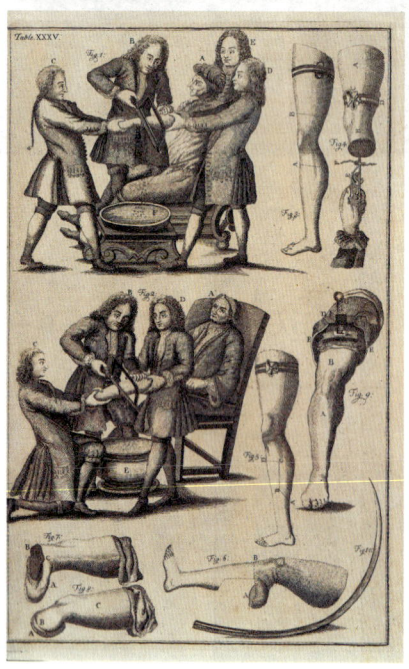

战舰上的生活：炮列甲板上的致命武器

1742年的截肢医学图解

一次海葬

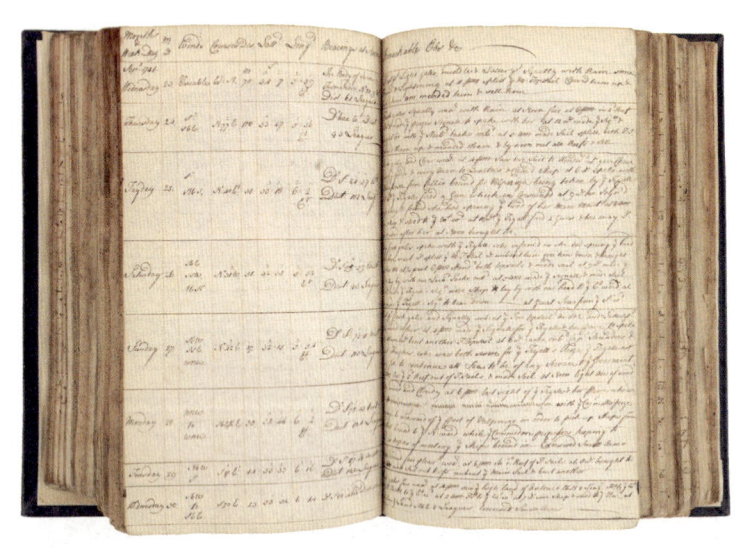

百夫长号的一份航海日志,其中的条目详细记录了可怕的疾病和风暴

合恩角附近的信天翁

百夫长号一名军官草绘的1740年12月分遣舰队抵达巴西圣凯瑟琳岛的情景。左起第二艘船为韦杰号。

失事前的韦杰号。查尔斯·布鲁金（Charles Brooking）绘制于1744年左右。

第七章
痛苦湾

英国皇家海军韦杰号指挥官大卫·奇普绝不会回头。他的船员继续减少,他自己的身体也被掏空了,但他不愿意背上坏血病的耻辱,宁愿说掏空他的是"风湿病"和"哮喘"。他的船,他指挥的第一艘战舰,不仅船体变形,桅杆缺失,船帆撕裂,漏水严重,而且更糟糕的是,在波涛汹涌的大海上,他们落单了。尽管面对这么多不幸,他还是在继续航行,决心在会合点找到安森。要是奇普没能完成这次挑战,他还算不算得上真正的船长?

只要实现了这个目标,而奇普这条船上剩下的人也都恢复过来后,他们会继续执行安森准将向他们吐露过的计划:进攻智利西南海岸的小镇瓦尔迪维亚(Valdivia)。整个分遣舰队的军械大部分都在韦杰号上,因此对西班牙人的第一次打击能否成功——甚至整个远征能否成功——就都取决于他能否奇迹般地抵达会合点。他们的处境毫无希望,反倒带来了特别的吸引力：奇普要是成功了，就会成为英雄，他的丰功伟绩就会在海员的故事和歌谣中传扬。老家那些没出过海的人再也不用怀疑他是什么做的了。

一轮又一轮值班，一声又一声钟响，他一直在航行着，与风浪刮擦、战斗。自从他跟舰队分开，已经三个星期过去了。凭着艺高人胆大，也凭着坚定的决心，他带着韦杰号闯过了合恩角，加入了精英俱乐部。现在他在太平洋里日夜兼程，在智利的巴塔哥尼亚海岸外向东北方向行驶。用不了几天，他就会抵达会合点。想想看，当安森看到失踪的韦杰号，并意识到他之前的上尉拯救了他们时，会是什么表情！

然而太平洋辜负了太平的名声。韦杰号在智利海岸以西一路向北航行时，之前所有的风暴似乎都汇集起来，变成了一场超级大风暴。上帝才是那个永远在编织故事的人。有些海员似乎做好了"逃之夭夭"的准备，就像人们怀疑塞弗恩号和珍珠号的军官和船员干过的那样。但两眼红肿、牙齿松动的奇普毫不动摇。他命令船员加固船帆，在狂风大作中费力爬上桅杆，操作手动泵。后面这个操作需要把盆子用长链拴着，下放到进了水的货舱里再提起来，会把人腰都累断，但还是得一遍遍重复。奇普靠见习官亚历山大·坎贝尔来强制船员执行他的命令。坎贝尔承认："我对船长忠诚到了狂热的地步。"后来有个海员对这名见习官破口大骂，还威胁说一定会报复。

奇普冷酷无情地驱策着人们一路向前——即便他们把越来

越多的尸体抛进了大海，也没有稍作停歇。奇普宣布："个别人的命运爱怎样就怎样，但祖国的荣耀永远飘扬。"

* * *

约翰·拜伦记录道，奇普"执迷不悟地无视任何困难"，而且对任何"让所有人都倍感忧虑"的事情，也都不为所动。他们继续稳步前行，而拜伦也在上层后甲板上向外张望。他对自然现象一直很警惕，这时他注意到，湍急的水面上漂浮着一些细小的绿色条带。海藻。他焦虑地告诉炮长巴尔克利："我们不可能离陆地很远了。"

* * *

约翰·巴尔克利认为他们的航向很错乱。按照航海官兼领航员克拉克的说法，他们一直是在智利巴塔哥尼亚海岸以西，很安全，但他的航位推算法之前就错过。而如果他们继续往东北方向航行，可能会遇到他们不认识的背风岸，而且没有足够的时间转向以避免撞船。木匠卡明斯表示，考虑到"眼下的情况，这条船不适合接近陆地"，尤其是"我们所有人都病了"。巴尔克利去问了当值的高级军官贝恩斯上尉，他们为什么没有改变航向，向西深入大洋。

上尉看起来想要回避这个问题。巴尔克利再次追问，贝恩斯只好答道，他跟奇普谈过了，而船长打定主意要按时赶到会合点。贝恩斯没精打采地说:"我想你还是去找他吧,你说不定能说服他呢。"

巴尔克利不需要自己去找奇普,船长显然听说了这位炮长心怀不满,很快把他叫过去问道:"你估计现在我们离陆地有多远?"

巴尔克利答道:"大概60里格吧。"也就是大概两百英里。但是他也补充道,洋流和海浪一直在拖曳着他们快速往东边的海岸线移去,"长官,这条船已经只剩下个残骸了。我们的后桅没了……我们所有的人都倒下了。"

奇普头一回把安森的秘密命令透露了出来,并坚持说自己会分毫不差地执行这些命令,绝不会让任何事情威胁到此次行动。他认为,船长必须履行自己的职责:"我有义务,而且我意已决。"

巴尔克利觉得这个决定"真是太不幸了"。但他还是服从了这位上司的命令,离开了船长和他手里咯噔咯噔的手杖。

* * *

5月13日早上八点,拜伦正在值班,前桅帆有几个滑轮坏掉了。木匠卡明斯赶忙跑来检查,这时笼罩着海平线的雷雨云稍稍分开了一点露出了一条缝,他抬眼一看,看到远处有一团暗影,形状也很奇怪。那是陆地吗? 他去找贝恩斯上尉,上尉眯起眼睛,但什么都没看见。有可能是贝恩斯因为缺乏维生素A而看不见东西,也有可能是卡明斯的眼睛被海上的景象骗了。毕竟根据贝恩斯的推算,这条船现在离海岸线还有足足150英里。他告诉卡明斯,现在这位置他"不可能"看到陆地,也没有把这个发现报告船长。

卡明斯跟拜伦讲他觉得自己看到了什么时,天空再次陷入黑暗,拜伦自己一点陆地的影子都看不到。他想了想要不要去报告船长,但贝恩斯是执行副官,而拜伦不过是个小小见习官。我又不在那个位置上,拜伦心想。

* * *

那天晚些时候,下午两点,巴尔克利因为只有三名海员值班,只能自己爬到高处,帮忙放低前桅上的一根帆桁。船像一只巨大的野生动物一样上蹿下跳,他攀住索具向上滑动。狂风抽打着他的身体,雨水刺痛了他的眼睛。他一直往上走,直到抵达那根帆桁。帆桁跟着船一起乱晃,差点把他甩进水里,接着又把他举起来送向天空。他绝望地紧紧抓着绳子,张望着眼前的世界。就在这时,后来他回忆说:"我非常清楚地看到了陆地。"那里有巨大的、犬牙交错的山,而韦杰号正在西风的推动下向那些山飞奔而去。巴尔克利连滚带爬冲下桅杆,冲过湿滑的甲板,去警告船长去了。

* * *

奇普马上采取了行动。"摆动前桅下帆横桁,设置好前桅帆!"他冲着在周围走来走去的半人形怪物大喊。随后他命令船员转帆——把船头转离风向,使船转过身来。舵手(只有一个还能动弹)转动起双轮舵。船头开始往下风方向画弧线,但随后狂风从后面全力咬住了船帆,船体也遭受了巨大的海浪冲击。奇普惊恐地看着整条船向岩石冲去,速度越来越快。他命令舵手继续转舵,其余人照管索具。就在马上要撞上的时候,船头终于掰了过来——足足180度大转弯——船帆猛地在船的另一侧鼓了起来,完成了这次转帆。

韦杰号现在沿着与海岸线平行的轨迹向南行驶。然而,由于风从西边吹来,奇普没办法继续深入大洋,在海浪和洋流的拖曳下,韦杰号离海岸越来越近。巴塔哥尼亚的地貌展现在他眼前,上下参差,犬牙交错,小岛上全是岩石,还有闪闪发亮的冰川,山坡上生长着原始森林,还有山崖直插入海。奇普和他这一船人被吹进了一个海湾,叫佩纳斯湾(Golfo de Penas)——字面意思是"悲伤湾",但也有人更喜欢称之为"痛苦湾"。

奇普还是觉得他们可以摆脱困境,但这时中桅帆突然被从帆桁上吹了下来。看到绝望的船员正在艉楼那里努力修复索具,他决定上去帮忙,跟他们证明一下仍然有办法逃出生天。他勇敢地快速冲向船头,活像一头向着狂风和大浪冲锋的公牛。然而就在这时,一道浪头让他站立不稳,踏错了一步(只是踏错了一小步),接着就掉进了深坑。他滚下一个被风浪撕开的舱口,直直地往下掉了六英尺,砰的一声摔在下面的橡木甲板上。

他摔得特别重，左肩里面的骨头都摔断了，从腋窝里突了出来。船员们把他抬到医生的船舱里。奇普记录道："居然能摔得那么重，我非常吃惊，也伤得很严重。"他想站起来，继续去拯救这条船和船上的人，但疼痛实在是太难以忍受了，这也是这么久以来他头一回躺下来休息。沃尔特·埃利奥特医生给他服用了鸦片，奇普终于平静下来，驶进了他梦中的伊甸园。

* * *

5月14日凌晨四点半，甲板上的拜伦感觉到韦杰号在黑暗中震颤。见习官坎贝尔吓得声音都变了，像个孩子一样问道："那是啥？"拜伦费力地看着风暴，这会儿风雨都太密集了，用他的话来说，"可怕得无法形容"，就连船头都看不见了。他想着，不知道韦杰号是不是被一道巨浪毫无防备地击中了，但那风声是从船体下面来的。他明白了：是水下的一块岩石。

木匠卡明斯在自己的船舱里惊醒了，也得出了同样的结论。他赶紧跟助手詹姆斯·米切尔一起检查损坏情况——这一回米切尔不再是那么恶声恶气的了。卡明斯在舱口等着，米切尔匆匆走下梯子，走进货舱，用提灯照着地板。没有喷水，他大声喊道。木板完好无损！

然而海浪继续击打着船体，让这只船继续向前猛冲，撞上了更多岩石。船底下的舵撞碎了，一个两吨多重的锚砸穿了船体，在韦杰号上留下了一个大窟窿。船开始摇摇晃晃，幅度越来越大,恐慌笼罩了整个船身。有些病人已经两个月没值过班了,这时候也颤颤巍巍地走上甲板,他们皮肤变黑了,眼里满是血丝,但也不过是从一张等死的病榻走向另一张。拜伦写道:"在这么可怕的情形下",韦杰号"搁浅了一小段时间,船上所有人都把眼下当成了自己生命的最后一刻"。

又一道山一样的巨浪扫过船身,船左右摇晃着前进,跌跌撞撞地穿过一片岩石,没有了舵来控制方向,海水也从大窟窿里不断灌进来。木匠的助手米切尔喊道:"货舱里的水有六英尺了!"有个军官报告说,这条船现在"水已经满到了舱口"。

拜伦瞥见——也许更可怕,其实是听见——周围的碎浪,雷鸣般的海浪把一切都吞进嘴里嚼碎了。船周围到处都是。说好的传奇故事呢?

很多人都只求一死。有人跪了下来,在浪花飞溅中背诵起经文。贝恩斯上尉拿着一瓶酒躲开了。拜伦注意到,另一些人"失去了所有直觉,就像没有生命的木头一样,被船的颠簸和摇晃甩来甩去,没有做出任何自救的努力"。他补充道:"我们周围全是泛着泡沫的碎浪,那景象太可怕了,以至于我们当中最勇敢的一个人都不得不表示绝望,说这么令人震惊的局面,没有办法承受。"那人想翻过栏杆跳进海里,但是被拉住了。还有个海员挥舞着他的短弯刀,在甲板上走来走去,叫喊着他是英国国王。

有个老水手约翰·琼斯(John Jones)想要给大家打打鸡血。

他大喊道:"朋友们,大家不要灰心丧气:难道你们从来没见过碎浪里的船不成? 大家好好努力一把,让这条船闯过去吧! 来,搭把手;这是帆脚索,这是牵索;抓住了。我毫不怀疑我们能……活命。"他的勇气激励了一些军官和船员,拜伦也在内。有人抓起绳子,扬起风帆,也有人疯狂地往外抽水和舀水。巴尔克利操作着船帆,试图控制住船,他把船帆一会儿拉向这边,一会儿拉向那边。就连舵手,虽然船底下的舵已经没了,手里的方向轮已经无法操作,但也还是守在自己的岗位上,坚持说只要韦杰号还在漂着,就不能弃船逃命。这条饱受摧残的船居然还能继续前进,大家都倍感惊讶。韦杰号乘风破浪,在痛苦湾里航行 —— 没有桅杆,没有舵,也没有船长在上层后甲板上指挥。船员们默默地为它鼓劲。这条船的命运就是一船人的命运,它用尽了自己的全部力量,无所畏惧、傲视一切地战斗着。

最后,韦杰号撞上一堆岩石,开始开裂。剩下的两根桅杆开始倒下,不过在把整条船都连带着整个翻过来之前,船上的人就把这两根桅杆砍断了。船首斜桁裂了,窗户爆了,木钉弹出来,木板碎了,船舱塌了,甲板内陷。海水涌进船的下半部分,从一个房间流到另一个房间,灌满了每一个角落、每一道缝隙。老鼠急急忙忙地往上爬。那些病得太厉害,没法离开吊床的人都淹死了,没有人来得及救他们。诗人拜伦勋爵在《唐璜》里写到了一艘正在沉没的船,"这惊危的场面真叫人终身难忘",因为他们会永远记得"打碎他的希望、心灵或颈骨的患难"。

韦杰号能一直坚持到现在已经很不可思议了,但就是到了最后,这条船也又给船上的人献上了一份礼物。约翰·拜伦写道:"机缘凑巧,我们牢牢卡在两块巨石之间。"夹在中间的韦杰号没有完全沉入水底,至少暂时没有。拜伦爬上船只残骸的高处,这会儿天气转好,足以让他看清海浪以外还有什么。那里,笼罩在雾气里的,是一座小岛。

第三部
荒岛求生

第八章
残　骸

海水涌向医生的舱室，大卫·奇普船长躺在里面，一动不动。自从受伤以后他就一直困在这里，没有亲眼看到这次碰撞，但他听到了响亮的刮擦声，那是会令所有指挥官都不寒而栗的声音——船体在岩石上摩擦。他知道，韦杰号，承载着他的宏大梦想的船，失事了。如果他能活下来，他会面临军事法庭的审判，以确定他是否因"故意、疏忽或其他错误"造成了国王陛下的船只搁浅。他会被判有罪吗？在法官眼里，在安森眼里，在他自己眼里，他是不是因为害自己指挥的第一艘战舰失事而有罪，并因此终结他的海军生涯？上尉为什么没有早点提醒他有危险？为什么医生要用鸦片让他昏睡过去？奇普会坚持说："跟我知道的相反，医生跟我讲，那只是用来防止我发烧的东西而已。"

无穷无尽的海浪大军继续攻击着他们，奇普船长感觉到韦杰号剩下的船体在岩石间撞击，发出毁灭的声音。巴尔克利回忆说，"我们感觉这艘船随时都可能四分五裂"，剧烈的振动"摇撼着船上的每一个人"。奇普肩膀上的骨头已经由一场将近三个小时的手术接好了，但仍然疼得很厉害。

拜伦和坎贝尔很快来到医生的船舱门口，他们浑身湿透，那鬼魅的样子仿佛来自另一个世界。见习官告诉奇普外面发生的事情，也跟他讲了讲这座岛的情况。一箭之地以外的那座小岛看起来地面湿软，土地贫瘠，经常有暴风雨肆虐，有灌木丛生的林地，阴沉沉的海雾让岛上的山若隐若现。据拜伦说，岛上看不到任何"文明的迹象"，但提供了一种解脱："现在我们只想活命。"

奇普指示他们马上调用绑在甲板上的那四条运输艇：36英尺长的大艇，25英尺长的小快艇，24英尺长的将官专用艇，以及18英尺长的小划艇。"去把所有病人都救出去。"他说。

拜伦和坎贝尔恳求奇普跟他们一起上运输艇。但他决心遵守海洋法则：如果船要沉了，船长必须最后一个离船，就算这意味着他会跟船一起沉下去。"别管我。"他坚持道。海员约翰·琼斯也试着说服船长撤离，但据琼斯说，船长回答道："只要能把别人的命救下来，船长不需要考虑自己的生命。"

拜伦对奇普的英勇感佩不已："当时他下达命令的时候冷静无比，跟以前一模一样。"尽管如此，他的决心还是有些令人不安，就好像他相信，只有以身殉职才能让他重新得到光荣。

水继续缓慢上升，晃荡着，在船体里汩汩流淌。可以听到船员们在甲板上吃力地走来走去的声音，以及木头在石头上刮擦的声音。那声音非常可怕，让人浑身都是鸡皮疙瘩。

* * *

约翰·巴尔克利想帮忙把运输艇放下去，但船上没有桅杆了，没法把小船吊起来，曾经秩序井然的船员也陷入了混乱。大部分人都不会游泳，也大都在左右为难举棋不定：是跳进海浪里试着游上岸呢，还是在船上等着船散架？

大艇——最大、最重也最不可或缺的那艘运输艇，已经破了，而且埋在了废墟里面。但人们发现，那条更轻的将官专用艇可以从甲板上拖过去。加油，加油！抓好，抬起来！要不就是现在，要不就永远没有机会了。巴尔克利和几个强壮的水手把这条专用艇举过船舷上缘，用绳子放到海里。人们开始吵吵嚷嚷地要上船，大家推来搡去，有几个人直接跳了进去，差点儿把那条小船弄翻。巴尔克利看着他们划着船穿过危险的海浪，穿过薄雾，绕过岩石，一直来到岛屿一角的海滩上。这是两个半月以来他们头一次踏上坚实的地面，他们全都直接倒在了地上。

巴尔克利在韦杰号上等着他们有人再把那条专用艇划回来，但他们谁都没有动弹。雨下得很大，风从北边打着呼哨吹来，搅得大海翻腾不止。甲板颤动着，巴尔克利和其他人都感觉自己必死无疑了，但最后他们还是成功抬起小快艇和小划艇放进水里。病得最厉害的人第一批运走。25岁的事务长托马斯·哈维负责船上的物资供应，他让船员们把能拿到的物资全拿上，包括装在不干净的烟草袋里的几磅面粉、枪支弹药、厨具和餐具、一个指南针、几张地图、用来导航的几份早期探险家的航行记录、一个药箱,还有一本圣经。

几小时后,大部分船员都疏散到岸上了,但木匠的助手米切尔,一直杀气腾腾的那个家伙,还有他纠集的十几个同伙,都拒绝离开韦杰号。跟他们一块的还有水手长约翰·金,那个理应负责贯彻纪律的军官。这一撮人开始打开酒桶纵情狂欢,仿佛宁愿死在一场酩酊大醉中。巴尔克利回忆道:"我们船上有几个人完全不考虑他们面临的危险,对他们的悲惨处境也毫无知觉,愚蠢至极,乃至陷入了最狂野的愤怒和混乱中。"

巴尔克利在离船登岸前想带走船上的一些记录。航海日志需要保存下来,以便海军部能在事后确定不仅船长,还包括上尉、航海官和其他军官在内对一起海难可能都有什么责任。然而巴尔克利震惊地发现,韦杰号的很多记录都不见了或是撕碎了,而且肯定不是因为意外。他回忆道:"我们完全有理由怀疑,是有人雇了谁来撕毁这些记录。"有人,也许是领航员,也许是哪个更高级的军官,想要掩盖自己的行为,逃避审查。

* * *

约翰·拜伦想在弃船前拿点衣服。他走到甲板下面,在一片狼藉中爬行,水在他身边越涨越高。这个曾经的住处剩下的东西——椅子、桌子、蜡烛、信件、纪念品——在他身边漂过,同样漂过去的还有死者的尸体。他继续往里走的时候,船体变形了,更多海水涌了进来。他写道:"我只能再次回到上层后甲板上,除了我背上的东西,什么都没捞出来。"

尽管那么危险,拜伦还是觉得必须回去找奇普船长。在水流的冲刷下,他和几名军官涉水来到医生的舱室,恳求奇普跟他们一起走。

船长问是不是其他所有人都已经送走了。他们说,是的,只除了一小撮不听命令的家伙执意要留下来。奇普表示他继续等着。但他们发誓说为了把这群疯子赶下船,他们所有能做的都已经做了,已经完全没办法了,这时奇普才终于不情愿地从床上起身。他拄着手杖,走得非常吃力。拜伦和另一些人扶着他,还有几个人搬走了他的水手柜,里面除了他的几样东西,还有那封安森任命他为韦杰号船长的信。坎贝尔回忆道:"我们帮着他上了小船,把他带到岸上。"

* * *

这群死里逃生的人在凄风苦雨的沙滩上挤成一团。奇普算了一下,韦杰号起航时一共有约250人,现在还剩145人。他们形容枯槁,面带病容,破衣烂衫,看上去活像已经遇上海难好多年了似的。他们当中有拜伦,现在17岁了;有巴尔克利;有优柔寡断的贝恩斯上尉;有自负的见习官坎贝尔;有拜伦的饭搭子科曾斯和艾萨克·莫里斯,前者已经跟酒瓶形影不离;有技艺高超的木匠卡明斯；有事务长哈维；有年富力强的医生埃利奥特，尽管因为鸦片的事奇普还在生他的气，但奇普仍然拿他当朋友；有老水手琼斯。还有航海官克拉克和他儿子；年过八旬的厨师和一个12岁的男孩；那个自由黑人海员约翰·达克；还有奇普忠诚的乘务员彼得·普拉斯托。很多海军陆战队员都死了，但他们的上尉罗伯特·彭伯顿活了下来，还有那个跟别人动刀子的中尉托马斯·汉密尔顿，他也是奇普最亲密的盟友之一。还有几个伤残人员也躺在岛上。

奇普并不知道他们这群人现在究竟是在什么地方，也不知道他们周围潜藏着什么。基本上不可能会有任何欧洲船只从足够接近这座岛屿的地方路过，从而发现他们。他们与世隔绝，也一筹莫展。拜伦写道："我们会自然而然地认为，对于乘船失事即将死去的人来说，能回到陆地上就是他们的最高愿望了。让我们没有马上毙命，这是伟大而慈悲的解救；但接下来我们要跟潮湿、寒冷和饥饿做斗争，也没有任何看得到的补救办法来对抗这些邪恶。"奇普相信，他们要想再次见到英国只有一个办法，就是保持这艘船的凝聚力。他已经在着手处理这样一件事：一群醉汉留在失事船只还没沉下去的那部分上面不肯下来。还有，海滩上这些人现在看他会不一样吗？他们会把陷入这样的困境怪到他头上吗？

* * *

夜幕很快降临，气温也越来越低。那一道窄窄的海滩，并不能抵御寒冷刺骨的风雨。拜伦和同伴们尽管"虚弱无力，身体僵硬，几乎都没法自理了"，但他们还是竭力想找到一个能遮风挡雨的地方。他们拖着沉重的脚步往内陆走去，穿过杂乱、泥泞的草丛，爬上陡峭的山坡。山坡上的树因为狂暴的海风已经长成了弯腰驼背的样子，跟这些遇上海难的人简直一模一样。

走了一小段距离后，拜伦注意到，在这些林地中间坐落着一个圆顶的房子。这房子大概十英尺宽，六英尺高，上面盖着树枝，前面有一个开口。这应该是某种住所，拜伦将其描述为印第安窝棚。他四下看了看，没看到有人的迹象，但他们肯定就在附近，要么在岛上，要么在大陆。棚屋里有几支长矛，还有些别的武器，让他们担心天黑以后会遭到伏击。拜伦记录道："他们实力如何，脾性怎样，我们都不确定，这在我们的想象中敲响了警钟，也让我们一直都很紧张。"

几个人挤进这个避难所，想要躲过暴风雨的侵袭。他们清理出一块地方给奇普船长，他需要有人扶着才进得去。坎贝尔写道，就他这情况，"要是没有这样一个避难所，他肯定没命了"。

没有地方给拜伦了，他只能和其他大部分人一起躺在烂泥里。曾经指引着他们穿过大海的星星被云层遮住了，拜伦陷入伸手不见五指的黑暗，只能听着海浪拍打岩石，树枝互相撞击，以及病人呻吟的声音。

一整晚都风雨交加。到早上也仍然是暴风骤雨，他一直都没睡着。他和其他逃生者尽管全都浑身湿透，也已经冻得半死，但还是强迫自己站了起来 —— 除了睡在拜伦旁边的一个伤残人员和两个病人。什么都无法唤醒他们。拜伦意识到,他们死了。

* * *

奇普站在海岸附近,倚着手杖。薄雾笼罩在海面上,让他和他手下的船员仿佛置身灰蒙蒙的阴曹地府。透过雾蒙蒙的光线,他能看到韦杰号的残骸仍然卡在岩石中间 —— 以怪诞的方式提醒着他发生了什么。很明显,约翰·金、米切尔和其他拒绝弃船的叛徒很快就会淹死。奇普决心把他们救回来,便派了年轻的坎贝尔和一小队人马用小划艇去接他们。

坎贝尔出发了。一登上韦杰号,他就被眼前的一片混乱惊呆了。米切尔那帮人,在水手长约翰·金唆使下,霸占了这艘船的残骸,像世界末日的幸存者一样对船上剩下的东西予取予求。坎贝尔写道:"有人在唱圣歌,有人在打斗,有人在骂人,也有人喝得醉醺醺的,躺在甲板上。"有几个喝醉了的人掉在积水里淹死了,他们的尸体错杂在狂欢的人中间,同样散落得到处都是的,还有喝空了的酒桶和各种垃圾、残骸。

坎贝尔看到一桶火药,想去捡起来带回去。但有两个海员因为他在航行中对他们很不好而怀恨在心,他们朝坎贝尔冲过来,尖声喊着:"去死吧你!"第三个海员拿着刺刀也朝他冲过来,刀刃闪闪发亮。坎贝尔和他那队人马赶紧逃之夭夭,任由这帮无法无天的人去面对他们自己在劫难逃的命运。

那天晚上，奇普在避难所里被一声爆响惊醒了。那爆炸声特别大，就算在呼啸的狂风中都能听到回响。突然，一个金属球带着尖锐的声音掠过他屋顶正上方，砸进旁边的树丛里，在地上砸出一个坑。接着又来了一响——那突然爆发出来的火光穿透了黑夜。奇普意识到，这是韦杰号残骸上的那些人因为害怕船会完全沉下去，在用上层后甲板上的火炮发射炮弹。这也表明，现在他们想要上岸了。

落在最后面的这些人被成功救回。他们排成一队走上岛来时，奇普专注地看着他们的外表。在他们沾了柏油的裤子和格子衬衫外面，还穿着最好的丝绸和蕾丝衣服，那是他们从军官们扔下的水手柜里顺手牵羊偷来的。

约翰·金是水手长，所以奇普认为他是最需要负责的。在其他逃生者的注视下，奇普朝约翰·金走了过去。约翰·金的衣着华丽得像帝王一样，举止也表现得就像一位至尊勋爵。奇普的左臂无力地耷拉着，但他用右臂举起手杖，狠狠地朝约翰·金抽了过去，五大三粗的水手长瘫倒在地。奇普骂他是个恶棍。随后，奇普又命令约翰·金和米切尔他们脱掉身上军官的衣服，直到他们看起来（用巴尔克利的话来说）"就像一群押解中的重罪犯"。奇普让他们明白，他仍然是他们的船长。

第九章
野　兽

拜伦饿得很。自从他和同伴们被困在这座岛上,几天来他们几乎什么可以果腹的东西都没见到。拜伦写道,"我们大多数人都禁食了"48小时,有些人甚至更久都没吃东西。在岛上他们一只可以猎杀的动物都没看到——就连老鼠都没看见。更叫人意想不到的是,也许因为全是碎浪,靠近海岸的水域似乎也没有鱼。拜伦写道:"海里看起来几乎跟陆地上一样贫瘠。"终于有人射杀了一只海鸥,奇普船长下令所有人分着吃。

人们捡了些树枝,从引火盒里拿出几片打火石和金属片敲击,费劲地想要点燃湿漉漉的木头。最后终于燃起了噼啪作响的火苗,燃起的烟被风吹散了。老厨子托马斯·麦克莱恩给那只鸟剥了皮,放在一口大锅里煮,还撒了些面粉,做成浓汤。盛出来的一份份浓汤冒着热气,装在他们抢救出来的几个木碗里分发给大家,就像神圣的祭品一样。

拜伦很享受他那一份。然而没过多久,用拜伦的话来说,他和同伴们都"肚子痛得无以复加",并"剧烈呕吐"。面粉不干净。现在他们肚子里甚至比之前更空,也更没力气了,而且他们发现,这里的天气就是几乎永不止歇的暴风雨。将近一个世纪以后有个英国船长路过这座岛屿,记录说这里天上永远是厚厚的云层,猛烈的狂风从云层中刮来,吞没了周围那些孤零零的高地。他说,这里是个"人的灵魂在自己身上死去"的地方。

尽管饿成这样,拜伦和同伴们也还是不敢走得太远——他们根深蒂固的成见也加深了他们的恐惧。拜伦写道:"我们强烈认为那些野蛮人只是退到了离我们一小段距离的地方,就等着我们分开,因此我们的各个队伍都没有走……多远。"

这群死里逃生的人大都留在海岸上,这片地方被湿漉漉的草地和陡峭的山丘包围着,山上覆盖着密密层层的树林,树上长着好多树瘤。西南方向隐隐约约地可以看到一座山,北边和东边还有更多让人望而生畏的山峰,其中一座直插云天,看起来约有两千英尺高,平坦的山顶上蒸腾着水汽,活像一座冒烟的火山。

他们在海滩上找贻贝和蜗牛。沉船产生的垃圾开始冲到岸上来:甲板的碎片、主桅的残余部分、一个链泵、一个炮架、一口钟。拜伦在垃圾里翻捡,想找点还能用上的东西。有几具尸体从沉船里涌了出来,面对这么"可怕的景象",他退缩了。但他发现,尸体中间有什么东西乍一看好像比西班牙大帆船都更有价值：一个装满咸牛肉的木桶。

* * *

5月17日，也就是失事三天后，炮长约翰·巴尔克利享用了几小片肉。他在日记里记录着，很快就到五旬节了——就是复活节后的第七个周日，基督徒会在这一天纪念丰收宴中圣灵降临的那一刻。就像圣经里说的那样，在那一天，"凡求告主名的，就必得救"。

跟这群人里大部分人一样，巴尔克利也没有地方遮风挡雨——吃饭、睡觉、蹲坐都是在露天。他写道："雨下得太大了，几乎要了我们的命。"同时拜伦也在担心，没有避难所，"我们不可能维持"下去。气温在冰点附近徘徊，刺骨的海风和挥之不去的湿气，让寒意一个劲儿往衣服里钻，大家嘴唇发紫，牙齿打战，是那种能要人命的寒冷。

巴尔克利想到了一个办法。他叫来卡明斯和几个最身强力壮的海员，跟他一起把小快艇拖到岸上，翻过来龙骨朝上，下面找东西支起来——巴尔克利写道，目标是"造出一个房子一样的东西"。

巴尔克利和朋友们挤进这个干爽的保护区。他看到拜伦在附近漫无目的地走来走去，便也招呼他进来。炮长把大家聚到一起，帮他们建了这么个地方，大家都很感激。他还生了堆火——文明的火花——他们挤在火堆旁边，想让自己暖和起来。拜伦在日记里说,他脱掉湿衣服拧干,把上面的虱子都拍下来,然后又原样穿回去。

人们思考着自己的处境。尽管奇普已经处罚过那群叛徒,但他们仍然是不稳定因素,尤其是米切尔。此外,在所有船员中,巴尔克利听到关于船长的"抱怨声和不满情绪"越来越多。他们把自己的痛苦怪在他身上,也想知道船长是不是在为把他们从这里带出去而努力。

巴尔克利写道,没有了安森准将来指导他们,"事情换了一副新面目"。"人们普遍都很混乱、很困惑,现在大家也都不再完全服从了。"在英国海军中,志愿兵和抓丁团抓来的海员在他们的船正式停用后就不再有薪水可领了,因而有两个人指出,韦杰号失事意味着对他们大部分人来说,收入很可能已经没有了:他们在这儿受着苦,却什么都得不到。这样一来,他们难道不就有权"自己做主,不再听从指挥"了吗?

巴尔克利在日记里记下了对奇普船长的一些抱怨。他写道,要是船长在海上的时候跟他手下的军官商量过,"我们很可能就不用面对眼下这么令人不快的局面"。不过巴尔克利很小心,没有公开站在煽动者那边,还说自己"总是不折不扣地执行命令"。很多心怀不满的人仍然很愿意聚在他身边。在航行中,他已经证明了自己的能力,(他不是恳求过船长,让他掉头吗?)现在他看起来也是他们中间最亲切友好的一个。他甚至还给大家搭了个避难所。巴尔克利在日记里抄录了诗人约翰·德莱顿(John

Dryden)的两句诗:

> 在危难中具备沉着和勇气,
> 比手握军队更能让人成功。

巴尔克利知道,倘若没有更多食物来源,他们谁都活不了多久。他试图通过星星的位置和航位推算法来确定他们现在的位置。他估计,他们是被困在智利的巴塔哥尼亚海岸外,南纬47度、西经81度40分附近。但他对这个小岛一点儿概念都没有。岛上其余部分是不是不利于人类生存?因为山脉遮挡,东边什么都看不见,因此也有些人在想他们是不是其实就在大陆上。这可错得有点远。但也刚好就是这个问题,凸显了他们知识的匮乏与食物的匮乏不相上下。如果巴尔克利想找到办法回到妻子和五个孩子身边,他们就既需要食物,也需要知识。

暴风雨暂时消停了一阵,巴尔克利瞥见了难得一见的太阳。他给滑膛枪装好子弹,带了一群人去周围看看。拜伦也跟另一群武装起来的人出门了,坚持说他们别无选择,必须确认一下在海滩以外的地方能不能找到什么吃的。

地面松软潮湿,他们的脚一踩一个坑,就这么艰难地穿过草地,爬上树木繁盛的山坡。被风连根拔起的树倒在一边,树干已经腐烂,还有很多树密密麻麻地挤在一起,活的死的都有,他们在这中间穿行,就像在树篱里行军。树根和藤蔓缠住了他们的手脚，荆棘刺破了他们的皮肤。

拜伦赤手空拳地在这样的密林里穿行，很快就累得不行了，但他仍然对植物能长得这么茂盛惊叹不已。他写道："这里的树主要是芳香类：铁木，一种色度非常深的红色的树，还有一种是非常明亮的黄色。"内陆方向他没有见到太多鸟。有山鹬和蜂鸟，有棘尾雷雀，还有一种他描述为"红胸脯的大号知更鸟"，是一种长尾草地鹨。他感叹道，除了海鸟和秃鹫，似乎就"只有这些带羽毛的居民了"。（将近一个世纪后前来考察这座小岛的那位英国船长写道："仿佛是为了让这片景象更显阴沉荒凉，就连那些鸟似乎都在刻意回避自己的邻居。"）

拜伦一度跟同伴们分开，这时他看到有一只秃鹫歇在山顶上，脑袋光秃秃的，看起来好丑。拜伦蹑手蹑脚地朝它走去，尽量不发出任何声音——树叶的沙沙声，脚底下荆棘碎裂的声音什么的。他正用自己的滑膛枪瞄准，突然听到附近传来一声震耳欲聋的咆哮。随后又是一声，他以前从来没听过。他拔腿就跑。他记录道："林子里太暗了，我什么都看不见。但我撤退的时候，那声音一直紧紧跟着我。"他紧握滑膛枪，跌跌撞撞地穿过扎人的树枝，直到跟队伍里其他人会合。有些人声称，他们不但听到了咆哮声，还看到了一只"非常大的野兽"。也许那只是他们凭空幻想出来的东西——因为他们的心灵和他们的身体一样，已经因为饥饿而瓦解了。但是也有可能，就像拜伦和很多海员现在相信的那样，岛上有一只野兽，正在悄悄跟踪他们。

* * *

一段时间后,他们放弃了穿过这座小岛的努力——太难穿越了。要说营养品,他们只收集到了几只打下来的山鹬和一些野芹菜。巴尔克利总结道:"至于说食物,这个岛不产出任何食物。"拜伦认为,这里的环境"在全球任何地方都独一无二,因为这里不但没有水果和谷物,就连可以养活人的根茎都没有"。

拜伦和几个同伴爬上了俯瞰他们营地的小山,希望至少能更好地了解一下他们是在什么位置。这座山太陡了,他们只能在山坡上砍出台阶再往上爬。拜伦抵达山顶,呼吸着上面稀薄的空气,看到了让人叹为观止的景象。现在没有任何问题了,他们确实是在一座岛上。这座小岛从西南到东北大概有两英里,从东南到西北则绵延了大概四英里,而他们的营地就在小岛的西北边。

无论往哪个方向看,荒野之外都还是荒野:天遥地远,无法通行,美丽得叫人发冷。往南,他看到还有一个似乎也很荒凉的岛屿。往东边看,很远的地方可以看到一连串盖着冰顶的山峰——大陆上的安第斯山脉。他好好看了看韦杰号搁浅的这座岛屿,发现这岛四面八方都是泛着泡沫、波涛汹涌的大海在冲击。他写道:"这样的景象,令人绝望的碎浪会让最勇敢的人也失去尝试乘坐小船离开这里的勇气。"看起来无路可逃。

第十章
我们的新城

大卫·奇普船长从印第安窝棚里走出来，拿着一把手枪。人们继续用怀疑的目光看着他，仿佛发现了他的什么秘密一般。在岛上不到一个星期，随着人们意识到他们面对的困境有多严重，奇普船长也开始面临失去大家信任的危险。那三艘小船不但无法承受长途航行，而且小船太小了，装不下这么多死里逃生的人。而即便他们能搞到工具和材料来造一条大一些的船，完成这个任务也可能会需要好几个月。在未来可预见的一段时间里，他们都只能困在这里，冬天越来越近，他们的生理和心理也都出现了恶化的迹象。

奇普知道，团结对他们的生存来说至关重要，而直觉告诉他这个原则后来也得到了科学证明。1945年在一项针对人类贫困的最全面的现代研究（叫作"明尼苏达饥饿实验"）中，科学家评估了饥饿对一群个体的影响。在六个月的时间里，36名男性志愿者——全都是单身、健康的和平主义者，也都有与他人和平相处的能力——把他们的卡路里摄入量减少了一半。这些人失去了体力和毅力——所有人体重都减少了四分之一左右——变得暴躁易怒、消沉抑郁，无法集中精力。很多志愿者本来期望克己能让他们像僧侣一样更深入灵魂，但与此相反，他们开始自我放纵，偷取食物，一言不合就大打出手。有一名被试写道："我因为冷漠、暴脾气和对食物的变态痴迷伤害了多少人？"另一名被试喊道："我要自杀！"随后转向其中一名科学家，说："我要杀了你。"这个人还想象着吃人，最后不得不把他从这个实验中除名。总结实验结果的一份报告指出，志愿者们震撼不已，因为"他们的道德和社会假面看起来竟然那么不堪一击"。

韦杰岛上这群死里逃生的人，在航行中本就已经精疲力竭，在岛上摄入的热量远远低于那些参加实验的人，而且面临的痛苦也比他们深重得多：他们的环境没有任何控制和参照。奇普船长病得路都走不稳，但仍然必须面对他遭受的折磨。然而他仍然喜欢独断专行。他讨厌跟别的军官商量，而且没有时间可以浪费了。他开始制订计划，准备在这片荒野中创立一个前哨站，播下大英帝国的种子。奇普相信，为了防止他们陷入"人人相互为敌"的霍布斯式状态，他们需要有约束力的规则和严密的组织结构——还要有他们的指挥官。

奇普把所有人都召集起来，重申了一遍军法，提醒他们这些规则在陆地上也一样适用，尤其是那些禁止任何"叛变性质的集会……实践和打算"的条款,违者"处以死刑"。所有人必须齐心协力,坚定、勇敢地完成分派给自己的任务;他们仍然是需要按照船长的意愿精确运行的人类机器的一部分。

考虑到岛上可能还有更多威胁,以及食物匮乏,奇普认定大家必须尽可能回收利用韦杰号残骸上的东西,上层后甲板和艄楼都还有一部分未被淹没。他在一份报告中写道:"我最关心的是确保我们能有大量武器弹药和一些给养。"

他开始着手组建一支发掘队。对这项危险重重的任务,他选择了炮长约翰·巴尔克利,尽管他认为巴尔克利是个喜欢争论的水手,也就是所谓的海上讼棍①,总是喜欢坚持说自己比上司还懂。自从失事以来,巴尔克利似乎就自鸣得意地有了自立山头的意思,自己造了个很棒的小屋,而且对大家都开放。但是跟贝恩斯上尉不一样,巴尔克利此时干起活来就是个狂烈的人——一个生还者——发掘队的其他人会因为是他在指挥而干得更好。奇普把见习官约翰·拜伦也派了出去,在整个航行中拜伦都一直对奇普忠心耿耿,还帮助他从下沉的韦杰号上逃了出来。

在奇普的注视下,巴尔克利、拜伦和一小队征募来的人坐着小船出发了。整个群体的福祉,现在就都落在他们肩上了。他们在韦杰号的碎片中划着桨,海浪拍打着他们。小船牢牢固

---

① "海上讼棍"(sea lawyer)为俚语,指喜欢争辩、经常质疑或抱怨上级命令的水手。

定在这艘战舰上后,他们立即登上残骸,在塌陷的甲板和破裂的横梁上爬行,尽管这些人只是小心翼翼地待在最上面,这些部件都还在继续解体。

这群勘察者在沉没的废墟上缓缓前行,看到下面的水里,他们同胞的尸体漂浮在一层层甲板之间。稍微行差踏错,他们就也会成为其中一个。拜伦写道:"在前往沉船的这几趟里面,我们碰到的困难无法尽述。"

他们在残骸中发现了一些桶,便用套索转运到他们的小船上。巴尔克利兴奋地记录道:"发现了几桶葡萄酒和白兰地。"走了一阵,他来到船长的储藏室,撬开门,"拿了几桶朗姆酒和葡萄酒出来带回岸上。"

奇普很快派出更多队伍去帮助发掘。见习官坎贝尔写道:"按照船长的命令,我们每天都在沉船上干活,除非天气不允许。"三条小船全都用上了,奇普知道,他们必须在韦杰号完全沉下去之前,把能捞回来的东西全都捞回来。

他们也尝试着深入船体,进入已经被淹没的舱室。他们像凿船虫吃穿船体一样在一层层残骸中发掘时,渗进船里的水也在他们周围越积越深。几个小时的辛苦往往几乎什么也得不到。最后,他们砸开一部分货舱,从里面取出十桶面粉、一桶豌豆、几桶牛肉和猪肉、一箱燕麦片,以及更多白兰地和葡萄酒。他们也带了帆布、木工工具和钉子回来 —— 坎贝尔记录道:"对我们的情形来说,这些东西能起到无穷的作用。"还有更多:几箱蜡烛、成捆的布匹、袜子、鞋,还有几个钟。

与此同时,船体进一步四分五裂——用巴尔克利的话来说就是"像炸毁了一样"。在残骸上爬上爬下越来越危险了,这条船也差不多只剩下几块腐烂的木板还支棱在水面上,于是人们想出了一个新办法:他们把钩子固定在长木棍上,从船舷探出去一通乱钩,能捞到什么是什么。

在岸上,奇普在他待的那个住所旁边搭了个后勤帐,把所有物资都放在里面。跟在韦杰号上一样,他靠着军官和士官中严格的等级制度来贯彻自己的法令。但是叛乱的威胁始终挥之不去,在这样的情形下,他最相信的还是由支持者组成的一个小圈子——组织中的组织——包括海军陆战队中尉汉密尔顿,埃利奥特医生和事务长哈维。

奇普也把所有枪支弹药都妥善存放在那个后勤帐里,没有他允许,任何人都不能进去。船长总是带着一把手枪,还授权汉密尔顿、埃利奥特和哈维也都这么做。他们带着隐隐泛光的枪,在运输艇靠岸时上前接应,确保所有东西都妥善运送到后勤帐里放好,并在事务长的记录里登记。不会有盗窃行为——这也是军法里规定的另一件他们不能做的事。

奇普发现,巴尔克利有时候会对那些规则和规定大为恼火。晚上月亮出来的时候,炮长想跟朋友们继续去沉船上发掘,但奇普不许他们去,因为会有被偷的风险。巴尔克利在日记里对奇普和他的小圈子表示很不满:"他们非常小心在意,不希望有任何东西被盗,因此也不允许小船在夜里出去干活……我们也因此失去了一些运送物资和另一些有用物品的机会,而这些东西很快我们就会非常需要。"

尽管有这些令人紧张的情形,上岛一周后,大家还是普遍有了新的目标。为节省口粮,奇普发放物资的时候非常俭省——拜伦称之为"最节俭的经济制度"。有些幸运日可以打打牙祭,奇普会给大家发肉吃,只是原本通常由一个人吃的一片肉会分成三份。即便如此,这比他们孤立无援地被抛在这个荒岛上之后享用过的任何东西都更能养活人。巴尔克利写道:"我们的肚子都变精细、变小巧了。"此外,奇普还有能力定期供应葡萄酒或朗姆酒,让大家高兴起来。

尽管木匠的助手米切尔和他那帮人仍然暴躁易怒,但公开的反抗已经平息了,就连水手长约翰·金都开始跟他们保持距离。奇普总是缺乏安全感,这可能会让他突然爆发,但现在似乎也平静多了。此外,船长和手下很快得到了一个无法解释清楚的祝福:他们的坏血病开始痊愈。他们并不知道,这要归功于岛上的野芹。

坎贝尔写道,奇普一直"最关心的是人们的安全",并补充道:"要不是船长,很多人都会死。"

* * *

在拜伦看来,这些劫后余生的人全都像鲁滨孙一样,必须挖空心思做好无米之炊。有一天他们发现了一种新的营养来源：一种又长又窄的海藻，是从石头上刮下来的。在水里煮上两小时，就能做成巴尔克利所说的"一种美味、健康的食物"。有时候拜伦会跟同伴们把这种海藻和面粉和在一块儿，然后跟蜡烛里的动物油脂一起煎炸，得到的酥脆的混合物，他们叫作"蛇皮蛋糕"。坎贝尔记录道，有一天晚上"我有幸与奇普船长共进晚餐，我们吃了他做的蛇皮蛋糕，是我在岛上吃过的最好吃的"。（不过坎贝尔还是为他的指挥官居然沦落到这个地步感到震惊："就连船长也只能满足于吃点这么糟糕的东西！"）

他们拼命想要猎杀黑颈鸬鹚、白颔海燕等栖息在海中岩石上、可望而不可即的水鸟，但他们没有办法接近它们，因为小船都在用来从沉船里往岸上搬东西。就是那些会游泳的人，也因为海浪和水温而畏缩不前，一年当中这个时候，水温往往不到十摄氏度。他们要是不管不顾跳进水里，肯定很快就会出现体温过低的情况，加上他们身体那么瘦弱，恐怕要不了一小时就再也回不到岸上了。有些人不想放弃打鸟，就到处搜罗能找到的一切材料，拼凑成小小的筏子。巴尔克利写道，他们做出来的有"方头平底船、木桶船、皮筏子，以及类似的东西"。

有个三十岁的海员名叫理查德·菲普斯（Richard Phipps），临时做了个筏子：他破开一个大桶，把一部分木板用绳子绑在两根圆木上。用拜伦的话说，他尽管游泳游得很差劲，但还是勇敢地出发了，"展开一段非同凡响、别出心裁的航程，去寻求历险"。经奇普允许,他带了一支火枪,只要看到一只鸟,他就会在波浪中尽可能稳住自己,屏住呼吸开枪。取得几次成功后,他又沿着海岸往更远的地方冒险,探索新的领域去了。

有一天晚上他没有回来。第二天还是没回来,于是拜伦和其他人知道,他不会回来了。大家为又失去了一名同伴而伤心不已。

第三天,另一个没有被吓到的海员也坐着自己做的筏子出去打猎去了。他接近一块岩礁的时候,看到有一只很大的动物。他悄悄靠近,枪也准备好了。是菲普斯!他的筏子被海浪打翻了,他仅以身免,勉强爬上这块岩石,给困在了这里,又冷又饿,浑身发抖——劫后余生中的劫后余生。

菲普斯被带回营地后,马上又开始打造一个新的、更结实的筏子。这次他用了一大张牛皮,是韦杰号上曾用来筛分火药的。他把这张牛皮裹在几根弯曲的木杆上,造成了一只像模像样的小划子。然后他又出发了。

拜伦和两个朋友也自行设计了一个筏子,不过并不牢固——一个平底木筏,用一根杆子当篙来撑。不去沉船那里淘宝的时候,他们就撑着这只筏子出去转悠。拜伦研究了一下他看到的海鸟,其中有短翅船鸭,它们翅膀很短,脚上的蹼很大,晚上清理身上羽毛的时候会发出打呼噜一样的声音。他认为这种鸭子相当于鸟里面的赛马,因为"它在水面上移动的速度,是一种半是像飞,半是像跑的运动"。

有一次,拜伦和两位朋友坐着这只筏子走了好远,结果遇到了暴风雨。他们跑到一块突起的岩石上避难,但在把筏子往石头上拽的时候,他们没能抓住,筏子跑了。拜伦不大会游泳,只能看着他们的生命线越漂越远。但另外两个人当中的一个跳进水里,把那个筏子拉了回来。仍然有人英勇无畏。

于荒岛上求生的这些人通过这样的航行并没有抓到多少鸟儿,但能抓到少许,他们也已经很满意了,而皇家海军竟然还能在这一片沿海水域巡逻,拜伦对此无比赞叹。

* * *

约翰·巴尔克利在完成一项使命。他和木匠卡明斯以及另外几个身强力壮的朋友一起,收集了好些树枝,在营地上一块平坦的地方把这些树枝砸进地里,做成一副巨大的骨架。随后他们从林子里捡来树叶和芦苇,加上茅草把外面盖了起来,又用从船上拿来的一块块羽衣羊毛毡让墙壁更加像那么回事。他们把一条条帆布挂起来当成帘子,把整个空间分成十四个格子——也可以叫"舱室",巴尔克利就是这么叫的。瞧!他们造了一栋住宅,把船长住的地方都比下去了。巴尔克利写道:"这是一座豪华的房子,在世界上有些地方,都能拿来换购一座美丽的庄园了。想想我们是在什么地方,我们不可能指望还能有比这更好的居住环境。"

房子里面用木板当桌子,木桶就是凳子。巴尔克利有了自己的卧室，还有了个在火光边上读书的地方，读的是他珍爱的《基督徒的典范，又名，论模仿耶稣基督》，他从船上抢救出来的。他写道："天意让这本书成了我的安慰。"现在他也有了一个干爽的避难所，可以定期往日记里写东西了——写日记的仪式感可以让他的头脑保持警觉，把他以前的自我保留下来一部分，不受那个彻底毁灭的世界的影响。此外，他还发现了航海官克拉克已经撕成碎片的航海日志——有人成心消灭证据，不让别人知道这起沉船事故也许有人为因素的另一个迹象。巴尔克利誓言要极为"小心地写下每天的记录"，保证写出"事实的忠实关联"。

与此同时，另外那些劫后余生的人也在各自建造拜伦所谓的"不规则住所"。他们搭起来的有帐篷，有披屋，有茅草盖起来的小屋，尽管没有哪个有巴尔克利的大。

也许是因为习惯了长期以来一直存在的阶级和社会等级制度，也有可能只是因为渴望熟悉的秩序，他们在岛上也形成了像在船上一样的"人以群分"状态。奇普的庇护所现在只有他自己住，他也会在那里跟最亲近的几个盟友一起吃饭，他的乘务员普拉斯托也仍然在那里照料他。巴尔克利这边，则主要是跟卡明斯和另外几个准尉一起住在那栋大房子里。

拜伦和几个见习官小伙伴一起住在一个庇护所里，他们有科曾斯、坎贝尔和艾萨克·莫里斯，就仿佛回到了韦杰号最下层甲板上的橡木地下室里。海军陆战队上尉罗伯特·彭伯顿占据的住所在其他陆军士兵的帐篷旁边。而海员们，包括约翰·琼斯和约翰·达克在内，也都有他们共用的庇护所。木匠的助手米切尔和他那帮亡命之徒也还是纠集在一块。

这片地方不再只是个营地的样子了。照拜伦的说法，这里变成了"一个村子"，中间有一条大路穿过去。巴尔克利更是自豪地写道："看看我们的新城，可以发现有不下十八栋房子。"

还有其他转变的迹象。在一个帐篷里，大家建起了一座临时医院，在那里病人可以得到医生及其助手的照料。他们用空桶接雨，好收集饮用水。有些幸存者把从韦杰号上打捞回来的布匹剪开，缝成松松垮垮的衣物。火一直燃烧着，没有熄过——不只是为了取暖和做饭，也想着万一会有路过的船，说不定能看到这里升起的烟。韦杰号上的大钟被冲上岸后，在岛上也发挥着跟在船上一样的作用——钟声响起，就表示用餐或者集合。

晚上会有一些人坐在篝火旁，听饱经风霜的老水手讲这个世界以前是什么样子。老水手约翰·琼斯承认，在韦杰号沉没之前，当他看上去很有信心地恳求船员们救船时，他从来没想过真的有人能幸存下来。也许他们证明了某种奇迹。

另一些人会去读他们抢救出来的几本书。奇普船长有一本约翰·纳伯勒（John Narborough）爵士写的他在1669年到1671年率领英国探险队前往巴塔哥尼亚探险的故事，书已经破破烂烂的了，但拜伦从船长那里借了过来，躲进一场仍然充满希望和激情的历险中。

这些劫后余生的人也给周围的地方都起了名字，让这些地方变成他们自己的地方。他们住的这片海滩前面的水域叫奇普湾，俯瞰他们这个村子的山顶，就是拜伦曾经爬上去的那座，叫苦难山，最大的那座山后来成了安森山。对他们这个新家，他们用了旧家的名字，叫它韦杰岛。

* * *

没过几周，周围大部分海滩上的贝壳就都被捡干净了，韦杰号残骸里能找到的物资也越来越少。饥饿开始再次折磨这些人。他们的日记变成了翻来覆去的车轱辘话："为了找点吃的打了一整天的猎……晚上到处游荡想找点吃的……想吃的都快想疯了……这么长时间一丁点面包都没吃到，任何有益健康的饮食也都没进过嘴……饥饿的呼唤……"

拜伦意识到，跟《鲁滨孙漂流记》的故事原型，孤独求生者亚历山大·塞尔扣克不一样，他现在必须面对自然界中最无法预知，也最变化无常的生物：绝望的人。拜伦写道："因为我们在获取生活必需品方面遭遇了那么多困难，也因为我们的情形能得到改善的希望无比渺茫，让人不舒服的心情和不满情绪现在到处都在爆发。"

米切尔那帮人留着长胡子、顶着深陷的眼窝整天在岛上四处游荡，索要更多的酒，谁不听他们的，他们就威胁谁。就连拜伦的朋友科曾斯都不知道为啥给自己灌了好多酒，醉得不省人事。

有一天晚上很晚的时候,有人偷偷潜入奇普船长住处旁边的后勤帐。巴尔克利写道:"有人闯进存放物资的帐篷,偷走了好多面粉。"盗窃事件会威胁到整个群体的生存。拜伦称之为"最令人发指的罪行"。

还有一天,米切尔和另一个海员一起去韦杰号上找东西,拜伦和一支小队也跟了出去。他们登上韦杰号以后,发现之前跟米切尔在一起的那个海员躺在已经淹没一半的甲板上。他的身体一动不动,脸上的表情也没有任何变化。他死了,脖子上还有些很奇怪的印记。尽管没法证明,但拜伦怀疑是米切尔勒死了他,这样他就能独占他们从韦杰号残骸里捞到的所有好处了。

第十一章
海上游牧民

开始下雪了。雪花随风飘扬，在苦难山上和海滩上积起厚厚一层。看起来一切都变成了白色，就好像被擦除了一样。约翰·巴尔克利在日记里写道："冻得非常厉害，我们感觉好冷。"

冬天来得很快，但这不是幸存者最关心的事情。暴风雪来临前，巴尔克利和拜伦、坎贝尔一起去韦杰号捞东西时，看到三条细长的小划子出现在海雾中。跟这些死里逃生的人那几条快散架的筏子不一样，这几条小划子很结实很牢固，是把几层树皮用鲸鱼的肌腱穿起来叠在一起，船头和船尾还优雅地向上翘起。小划子上有几个人，黑色长发，赤着上身，手里拿着长矛和弹弓。雨下着，北风呼呼地刮着，冻得半死的拜伦看到他们这么赤条条的样子，感到无比震惊。他写道："他们身上只在腰里围了一点兽皮，还有用羽毛编织的什么东西挂在肩上。"

不知道他们是怎么做到的，每条小划子里面都有一团火一直在燃烧。面对这样的寒冷，划手们看起来仍然镇定自若，熟练地操桨划过碎浪。他们身边还有几条狗——拜伦说"看起来像杂种狗"——像瞭望员一样恶狠狠地盯着大海。

拜伦和同伴们盯着他们认为是"野蛮人"的这些人，而这些人也盯着他们几个皮肤惨白、瘦骨嶙峋、毛发丛生的闯入者。拜伦写道："他们万分惊讶，他们的行为和身上的物件，没有丁点可能是从白人那里得来的，从这些可以明显看出，他们从没见过我们这样的人。"

他们是南美印第安土著阿拉卡卢夫人下面的一支，叫作卡维斯卡尔人（Kawésqar），意思是"穿兽皮的人"。卡维斯卡尔人和另外几个本地族群，几千年前就已经在巴塔哥尼亚地区和火地岛定居了。（考古证据表明，最早的人类是在大概一万两千年前，也就是冰河时代末期来到这里的。）卡维斯卡尔人有数千人口，领地沿着智利南部海岸线绵延数百英里，从佩纳斯湾一直到麦哲伦海峡都是。他们通常以小团体、家庭为单位出行。由于陆地上无法通行，他们大部分时间都在他们的小划子上度过，也几乎完全靠海吃海。他们一直被叫作海上游牧民。

数千年来，他们已经适应了这么严酷的环境。他们几乎对海岸线上每一个缺口都了如指掌，对这里迷宫般的海峡、小海湾和峡湾，脑子里也都有一本账。他们知道哪里有能躲过风暴的避难所，知道哪里有晶莹剔透的山泉可以喝，知道哪里的珊瑚礁上盛产可以吃的海胆、蜗牛和蓝贻贝，知道哪里的水湾有成群的鱼，也知道在不同的季节和天气条件下，都有哪些地方最适合猎取海豹、水獭、海狮、鸬鹚和不会飞的短翅船鸭。卡维斯卡尔人能根据盘旋的秃鹫或难闻的气味判断出哪里有搁浅的或受伤的鲸鱼，从而得到取之不尽的好处：肉可以吃，鲸脂可以提取油脂，肋骨和肌腱可以用来做小划子。

卡维斯卡尔人很少在一个地方停留好几天，因为他们总是会小心避免耗尽一个地方的食物资源。他们航海技术非常高，尤其是妇女，通常都是由女人来负责操船。这种细长的小划子只有大概一米宽，但每一条都有足够的空间容纳一个家庭以及他们珍爱的狗。狗既是他们夜里的守卫，打猎时的好帮手，也是带来热量的宠物。因为船底很浅，他们可以在礁石间和满是岩石的水道里通行；为了压船，这些小划子的木质地板上往往会盖上一层石头一样的黏土。他们会紧贴海岸线前行，会辨认天空中会不会有突然来临的暴风雨，并凭借这些能力在这片"狂暴五十度"的海洋里来去自如，而这片海洋会让无数韦杰号一般的大型船只失事。[雅加人（Yaghan），一个航海民族，他们的领地在更南边，甚至能用他们的小划子扛住合恩角的风暴。]

尽管卡维斯卡尔人和其他小划子民族没有金属，他们还是用天然材料造出了很多用具。鲸鱼骨可以磨制成凿子、鱼叉和长矛带刺的尖；海豚的颌骨可以做成完美的梳子。海豹和鲸鱼的皮肤，以及它们强健的肌腱可以当成弓弦，也可以做成弹弓和渔网。海豹的膀胱可以当袋子用。植物可以编成篮子。树皮可以切割成容器，也可以当火把用。贝壳更是物尽其用，可以当成各种东西，是勺子，也能做成锋利到能切开骨头的刀子。还有海豹和海狮的皮，可以做成缠腰布和披肩。

欧洲探险家怎么也想不出他们为什么能在这个地区生存下来，而且也想为他们对这些当地土著人群的残忍攻击找到合理的解释，于是经常说卡维斯卡尔人和其他小划子民族是"食人族"，但并没有什么拿得出手的证据。这里的土著居民想出了各种各样的办法从海里捞食。大部分捕鱼工作都是女人做的，她们会把帽贝用绳子一样的肌腱绑起来丢进水里，等着把上当的鱼猛地拉起来，用另一只手紧紧抓住。男人负责打猎，他们会通过柔声歌唱和轻拍水面来吸引海狮，海狮伸出头来一探究竟的时候，就会被鱼叉叉住。猎人也会设下套子去抓黄昏时在草地上散步的鹅，还会用弹弓打鸬鹚。晚上，卡维斯卡尔人会朝巢居的鸟儿挥舞火把，晃得它们什么都看不见，再拿棍子去打。

此外，他们不用穿多么厚重的衣物就能应对这里的严寒。为了保暖，他们会往皮肤上涂隔热的海豹油脂。在这片"火地"上，他们也会总是烧一堆火，不仅用来取暖，也用来烤肉、制作各种用具，还会把烟当成信号。木材来自桃金娘树，就算湿着也能烧；雏鸟的羽毛和昆虫的巢穴是非常易燃的引火材料。就算火灭了，用含有硫黄的硫化矿石敲击燧石就能重新点着。小划子里会用沙子或黏土铺上一层炉底，火就烧在那上面，一般由小孩子负责添柴。

卡维斯卡尔人非常适应这里的寒冷天气，甚至几个世纪以后，美国航空航天局（NASA）想找到宇航员在冰冻星球上怎么生存的方法，就派了科学家去那片地区向他们学习。有位人类学家描述了这些本地居民是怎么在营地之间搬来搬去维持生存的："家可以是鹅卵石遍地的海滩，可以是一片宜人的沙滩，也可以是熟悉的岩石和小岛，有的用于冬天，有的用于漫长的夏天。家也可以是他们的小划子……里面有火堆，有饮用水，有一两条狗，还有家用品和狩猎用具，几乎所有东西都是不可或缺的……他们需要的所有食物和材料，几乎都在水里或沿岸。"

* * *

拜伦、巴尔克利和坎贝尔冲那些小划子里的人挥舞着帽子，示意他们靠近一些。安森的探险队曾被授予一份英国国王的居高临下的宣言，要他们向航行中遇到的所有土著民族出示，告诉他们可以把他们从传说中一贫如洗的状态中解救出来，帮助他们建立政府，这样他们就可以成为"幸福的人"。但这几个劫后余生的人意识到，他们自己能否得救的关键，也许就掌握在这些被英国人当成"野蛮人"的人手里。

卡维斯卡尔人犹豫着不敢靠近。他们可能没怎么接触过欧洲人，但毫无疑问知道西班牙人对北方其他土著群体的征服有多残酷，也肯定听说过一些故事，讲坐大船来的那些白皮肤的人有多凶残。麦哲伦和他那群征服者是最早来到巴塔哥尼亚的欧洲人，他们用礼物把来自一个土著部落的两个年轻人（他们所谓的巨人）诱骗到船上，然后给他们戴上镣铐。麦哲伦的记录人员写道："看到脚镣上的螺栓用锤子加铆钉固定了再也打不开了的时候，这些巨人感到很害怕。"西班牙人吹嘘说，他们成功让其中一人皈依了基督教，还给他起了个新名字叫保罗，搞得就像他们是什么救世主一样。然而这两个被挟持的人很快就病死了。后来到了十九世纪，有个德国商人诱拐了几个卡维斯卡尔人，当成"自然状态下的野蛮人"在巴黎一家动物园展出，有五十多万人跑去看。

拜伦和两名同伴竭力想让卡维斯卡尔人相信他们绝无恶意，展现着拜伦所谓的"友好迹象"。雨越下越大，雨滴在大海里砸出一个个坑来，小划子上的人靠近了些，狗低吠着，风呼啸着。两边的人都想交流，但谁都听不懂对方在说什么。拜伦回忆道："他们说的话，没有一个字来自我们听过的任何语言。"

三个英国人举起从韦杰号捞出来的成捆布料，想当成礼物送给他们。卡维斯卡尔人接过布匹，也终于相信了他们的诚意，肯登岸了。他们把小划子拖上沙滩，跟着拜伦和坎贝尔穿过由各式各样的避难所形成的小小村落，一路打量着这些劫后余生的人，也被这些劫后余生的人打量着。随后拜伦带他们去了奇普船长那里，而奇普住的房子，显然本来是他们的住处。

* * *

奇普郑重其事地欢迎这些陌生人的到来。他们是为他的部下找到食物的最大希望，很可能也是唯一的希望，而且他们肯定知道敌对的西班牙人定居点在哪里，以及能从这个岛逃出去的最安全的海上路线，这些都是至关重要的情报。奇普给他们每人送了一顶水手帽和一件红色的军装。尽管他们没什么兴趣把这些东西穿戴在身上，就算有人给他们把衣服披上，帽子戴上，他们也会马上拿掉，但他们还是很看重红色。（卡维斯卡尔人经常把用泥土烧制的红色颜料涂在皮肤上。）奇普船长还给了他们一面镜子。拜伦写道："对于这个新奇的物件，他们的反应是觉得非常奇怪。拿着镜子的人无法相信镜子里是自己的脸，总觉得那是镜子后面的什么人，于是总想绕到这块玻璃后面去看看到底怎么回事。"坎贝尔指出，卡维斯卡尔人"的行为举止非常有礼貌"，而奇普船长"对他们也相当彬彬有礼"。

过了一阵，这些卡维斯卡尔人坐着小划子离开了，船上的火堆升起的蓝色烟雾标出了他们在大海中穿行的轨迹，直到他们终于消失。奇普不知道是否还能再见到他们。但两天后他们又回来了，这次带了好多好多吃的，还有三只羊。

他们显然费了好大功夫才弄到这几只羊。就我们所知，卡维斯卡尔人不吃羊肉，他们很可能是通过跟别的土著部落做交易弄到的这几只动物，而那些土著部落跟北边几百英里以外的西班牙人有接触。除了这些，卡维斯卡尔人还给这些劫后余生的人带来了巴尔克利所说的"我见过、吃过的最大、最好吃的贻贝"。饿得半死的英国人满心感激。坎贝尔写道，这些人"为很多受过良好教育的基督徒树立了优秀榜样"。

卡维斯卡尔人再次离开，但很快又带着他们的妻子、孩子和另一些家庭一起回来了。他们一共有大概五十人——这艘失事船只成了他们的众多景点之一，就像搁浅的鲸鱼一样，能把不同的卡维斯卡尔群体聚在一块。拜伦写道，他们似乎"感到有我们做伴非常和谐"，并且"我们发现他们的打算是在我们中间住下来"。拜伦饶有兴味地看着他们开始搭建住处，他们称之为"在"（at）。他们收集起高大的树枝，在空地上固定成椭圆形。拜伦写道："他们压弯这些树枝的顶端，让顶部中间的地方能接在一起，然后用一种像是欧洲忍冬的攀缘植物，叫作'柔软杰克'的，把树枝顶端在中间绑起来，要撕开这种藤蔓的时候，就会用牙齿咬住。这个框架，或者说小房子的骨架，再用树枝和树皮盖起来，就能抵御天气的影响了。"这些树皮是卡维斯卡尔人从之前的住处剥下来，再用小划子带到这里来的。他们的每间小屋子通常都有两个低矮的入口，上面挂着用蕨叶做的帘子。

屋子里面，地上正中间有块地方当作炉底用来烧火，周围潮湿的地面则会铺上蕨类和树枝，用来坐卧。拜伦发现，所有这些建设工作都进行得非常快，这也是卡维斯卡尔人在残酷的自然环境里保护自己的另一种方式。

有个生病的英国人去世了，卡维斯卡尔人也和这些劫后余生的人一起聚在遗体周围。巴尔克利写道："这些印第安人对死者非常留意，一直坐在靠近……遗体的地方，还小心地把遗体遮盖起来。每时每刻都非常凝重地看着死者的脸。"遗体放进墓穴里时，英国人低声祈祷起来，卡维斯卡尔人肃穆地站在那里。巴尔克利写道："看到这些英国人在整个过程中都摘下帽子拿在手里，他们也非常留心，遵循着我们的习俗，一直到葬礼结束。"

卡维斯卡尔人清楚地看到了这些英国人有多无助，于是定期冒险出海，变魔术般给他们抓上好些吃的回来。拜伦看到有个女人跟一个同伴划着个小划子出去，一离开海岸就用牙齿叼着个篮子跳进冰冷的海水里。拜伦写道，那个女人"潜到水底"，"在水下待了好长好长时间"。浮出水面时，她的篮子里装满了海胆——拜伦写道，这是一种奇怪的甲壳类水生动物，"浑身都是刺，伸向四面八方"。每只海胆有四五个海胆籽，"就像橙子里面的瓣，非常有营养，味道也非常好"。那女人把海胆倒进小划子里，深吸一口气，又钻进水里去了。

巴尔克利观察到，有些卡维斯卡尔女人能下潜到三十英尺以下。他写道:"她们潜起水来这么轻便灵活,还经常在水下待那么长时间,要不是亲眼见到,任谁都会觉得不可思议。"拜伦认为,"看起来就好像老天爷赏饭吃,给了这个民族水陆两栖的属性"。

卡维斯卡尔人还能成功在潟湖里找到鱼群,并在狗的帮助下把鱼赶进渔网,拜伦说,这些狗"非常聪明,也很容易训练"。巴尔克利写道:"我相信,这种抓鱼的方法在其他任何地方都闻所未闻,而且真叫人惊掉下巴。"

卡维斯卡尔人给奇普带来了一条生命线。然而好景不长,没过几天,木匠的助手米切尔和另一些水手又开始胡作非为了。他们无视奇普的命令,偷出酒来喝个酩酊大醉,还把从韦杰号上搜出来的武器藏起来,而不是放进后勤帐里。拜伦记录称,这些人"现在几乎完全不受控制",还试图"勾引"卡维斯卡尔女人,这"严重冒犯了印第安人"。

米切尔和他那伙强盗正在密谋,他们想偷走卡维斯卡尔人的小划子逃离这座岛的消息传遍了整个营地。奇普想挫败他们的阴谋,便委派拜伦和其他支持者看着那些小划子。但卡维斯卡尔人已经见到这群劫后余生的人之间的气氛日渐紧张 —— 这群英国人一任脸上毛发疯长,完全不知道怎么打猎怎么捕鱼,紧紧裹着衣服不让篝火温暖自己的身体,也似乎正处在崩溃的边缘。

一天早上奇普醒来时,发现所有卡维斯卡尔人都走了。他们剥下他们小房子上的树皮,坐着小划子悄悄离开了,也带走了他们文明的秘密。拜伦感叹道:"如果我们能以应有的样子招待他们,他们会给我们带来很大的帮助。"他又补充说,考虑到是这群英国人的所作所为才导致他们不辞而别,他们估计不用指望能再见到卡维斯卡尔人了。

第十二章
苦难山的主人

拜伦在树林里发现了一条狗。卡维斯卡尔人也许是因为走得太匆忙,把它落下了。那条狗朝拜伦走过来,跟在他后面,一直走回营地,晚上也躺在拜伦身边供拜伦取暖。白天的时候,无论拜伦走到那里,那条狗也都会跟着他。拜伦写道:"这个生灵好喜欢我,对我那么忠心耿耿,甚至都不允许任何人靠近我……否则一定会咬他们。"

有了真正的陪伴,拜伦感到很欣慰。卡维斯卡尔人离开以后,这个前哨站就每况愈下,现在已经再次陷入混乱。物资不断减少,奇普船长现在也面临着一个无法解决的难题:如果继续按照同样的份额分发每天的口粮,短期内他的部下不会被激怒,但食物会更快吃完 —— 最后所有人都得忍饥挨饿。因此他选择减少他们已经少得可怜的食物量,在海员"最一触即发的时刻"惹恼了他们。巴尔克利在日记里写道,他们改为"减少面粉用量,三个人一天一磅。"几天后,这个分量又进一步减少了。

巴尔克利想找点营养品,于是带着一些人去了卡维斯卡尔人捕鱼的潟湖,但这些劫后余生的人到了那里,却什么都没发现。巴尔克利写道:"我们的生活现在非常艰难,贝类非常少见,也很难抓到。"

到6月时冬天来临,白天的时间变短了,气温也一直在冰点以下。雨经常变成雪或是雨夹雪。还有冰雹,巴尔克利写道,"打在人脸上生疼,几乎没办法忍受"。这位炮长尽管表现得很坚忍,但也还是抱怨说,肯定没有人"遇到过我们这样的鬼天气",还说天气"这么恶劣,到底是留在帐篷里忍饥挨饿,还是出门去找吃的,肯定都得犹豫一阵才能下定决心"。

有一天,拜伦待在自己的小屋子里想让自己暖和点,这时那条蜷缩在他身边的狗开始低声咆哮起来。拜伦抬起头,看到门口有一群海员,看眼神像一群疯子。他们说,他们需要这条狗。

做什么?拜伦问道。

他们说,不把这条狗吃了,他们会饿死。

拜伦求他们不要把狗带走。但他们还是把这条一直尖叫着的狗拖出了拜伦的小屋。

很快拜伦就听不到狗吠了。那些人杀了它——拜伦没有记下来是用枪打死的还是徒手打死的,可能他也没办法老是想着这场杀戮。他们把这条狗放到火上烤,饥肠辘辘的人围在火堆旁边,等着吃自己那一份。拜伦一直自己待着,忧心如焚。但最后他还是走了过去,看着那群人在烟雾缭绕中狼吞虎咽那条狗的肉和内脏。炮长巴尔克利写道,在这种情形下,"我们觉得英国的任何羊肉都比不上狗肉美味"。

最后拜伦还是伸手要了自己那份。后来他发现了丢在一旁的狗爪子和几块狗皮,也吃了下去。他承认:"饥饿的急切呼唤,让我们的人失去了理智。"

诗人拜伦勋爵以祖父的描写为蓝本,在《唐璜》里写道:

怎么办呢?腹中的饥火熊熊,
于是唐璜的狗,也不顾他恳求,
就被杀死,每人分吃了一块肉。

* * *

在岛上还不到一个月,约翰·巴尔克利就眼睁睁看着全体船员分裂成了各自为政的几支队伍。先是米切尔和他那九个亡命徒那伙人,他们抛弃了大部队,在几英里外建起了自己的基地,也自己找吃的。剩下的人管他们叫"脱离者",而他们离开营地,也许对其他人来说是最好的结果。但他们有武器,而且像坎贝尔说的那样,会"随心所欲地乱逛"。人们担心这些人在林子里走来走去时会决定袭击主营地,抢走运输艇或补给品。

主营地有一名海员在去苦难山找食物的时候失踪了,一群人前去搜索,发现他的尸体被塞在灌木丛里。拜伦写道,受害者"多处被刺，伤痕累累"，他仅有的一点物资显然是被抢走了。拜伦怀疑，"自从我们的船失事以来"，米切尔已经背了"至少两条人命"。发现尸体——以及发现有些船员竟然会为了生存下去而杀人——让搜索队无比震惊。海员们总是会确保他们倒下的同伴入土或入水为安，就像拜伦写的那样，人们普遍相信，"死者的灵魂在死者下葬以前无法安息；倘若有人忽略了这个对逝者的义务，逝者会一直阴魂不散，找他们的麻烦"。但这一次，他们匆匆撤退了，把那具一半已经冻硬了的尸体留在了那里。

定居点的人之间，分裂也同样日益扩大。有很多人——包括水手长约翰·金——都公开表示鄙视奇普船长。在他们看来，奇普船长顽固、自负，害他们沦落到遭受地狱之火折磨的境地，现在也没办法把他们救出去。凭什么是他来决定他们要做什么任务、每天分配给大家多少食物？现在既没有船，也没有海军部，没有政府，他凭什么拥有绝对权力来统治大家？见习官坎贝尔仍然对奇普很忠诚，他感叹说，很多人"不断大声疾呼反对船长，还威胁那些跟他站在一边的士官"。

奇普本来指望能依靠海军陆战队上尉罗伯特·彭伯顿和他手底下的士兵来帮忙镇压船员中间的任何骚乱。但彭伯顿已经跟他全副武装的士兵分裂了出去，形成了自己的小集团，尽管他们仍然住在这个前哨站里。从理论上讲，这些海军陆战队员是陆军的一部分，而现在他们回到了陆地上，所以彭伯顿宣称，只有他有权指挥这些队员。他在自己的小屋子里打了把木头椅子，耀武扬威地坐在上面，由自己的士兵簇拥着。在他的小房子上面，飘着一面破破烂烂的旗子，表明这是他的领地。

坎贝尔记录道，韦杰号全体船员正在陷入"无政府状态"，各个领导人之间剑拔弩张。不同派系之间的敌意和杀气非常浓烈，乃至"完全无法确定会产生什么后果"。

拜伦为了避开他称之为阴谋团伙的这些人，自己一个人搬到了村子边上。他写道："随便哪个派系我都不喜欢，我建了个只够我自己住的小房子。"

船只失事摧毁了以前的等级制度：现在所有人都要面对同样悲惨的境地。巴尔克利观察到，这样的条件——寒冷、饥饿、混乱——"真的会让人对生活感到厌倦"。但在这众生平等的恶劣条件下，在人人有份的受苦受难中，巴尔克利似乎还活得挺好。他把自己的小房子捯饬得漂漂亮亮的，房子周围的植被也好好打理过。尽管很多船员似乎都只是在等死，等待永恒的安宁到来，但他还是在狂热地到处搜寻：打鸟，刮岩石上的海藻，去韦杰号残骸打捞还能找到的物资。他找到的任何食物都必须放进后勤帐里，但他还是能为自己收集到一些其他珍贵的材料：木板、工具、鞋子、布条等。钱在岛上没有任何用处，但跟城里的商人一样，他可以用这些东西以物易物换来其他必需品，也可以当成恩惠散发出去。他还悄悄藏了些枪和弹药。

每天早上，巴尔克利走出自己的房子时都很警惕。他认为自己必须小心翼翼，就像那本《基督徒的典范》里说的，只有小心才能"避免被魔鬼欺骗；魔鬼从不睡觉，而且到处寻找他能吞噬的人"。

他发现，他称为"人民"（the people）的这些劫后余生的人，会群集到他住处来的越来越多，而且是专门来找他，约翰·巴尔克利，想弄清楚自己这个小团体下一步该做什么。有一天，海军陆战队上尉彭伯顿把巴尔克利和他的朋友卡明斯拉到一边，一起跑到彭伯顿的住处去开会。确定隔墙无耳后，彭伯顿吐露道，他认为执行副官贝恩斯上尉啥也不是。更重要的是，他对奇普船长也是"同样的看法"。他的忠诚，现在似乎维系在巴尔克利这个天生的领袖身上。

* * *

这时候奇普船长最操心的是盗贼。他们像鬼鬼祟祟的老鼠一样，总是在夜里悄悄溜进后勤帐，又带着珍贵的食物逃走。全体船员已经处于大批饿死的边缘，盗窃行为（巴尔克利称之为"邪恶行径"）激起了众怒。同船的船员们，一起吃饭的饭搭子们，都你看我我看你，怀疑的味道越来越浓：他们当中到底是谁在偷最后这点剩下的口粮？

海员们如痛恨暴君一样痛恨的指挥官只有一种，就是无法维持秩序，也没能履行不言而喻的承诺的人（要想手下人对自己忠诚，就必须保护好他们的福祉）。这些劫后余生的人现在有很多都很鄙视奇普，因为他没有保护好他们的物资，也没有抓到罪魁祸首。有些人甚至强烈要求把食品搬到巴尔克利的房子里去，坚持认为他能照料得更好。

巴尔克利没有提出这样的要求，但他还是去找了奇普，想向他"请教"一下盗窃的事情。他讲起话来，就好像是代表着人民一样。

奇普认为，如果他无法平息这场骚乱，这个前哨站就会被这场骚乱毁掉。于是他发布公告，命令所有军官和海军陆战队员轮流看守后勤帐。奇普要求巴尔克利也值一个夜班，在潮湿、寒冷的夜里独自站上几个小时的岗——这也是在提醒他注意自己的身份。巴尔克利写道，为了保持"警惕"，奇普"下了死命令"。拜伦也需要定期担任警戒。他写道，"为了寻找食物，打了一整天的猎，早就累得不想动弹了"，所以很难"在夜里保卫后勤帐不被人入侵"。

有一天晚上，拜伦值班的时候听到了一些动静。他仍然在担心天黑以后会有一种可怕的生物在岛上游荡。他在自己的叙述里记录道，有一次有个海员声称，他在睡觉时"被什么动物对着他脸上呼气把他弄醒了，睁开眼来，他借着火光看到有一头巨大的野兽站在他上方，吓得大惊失色"。这个海员"满脸恐惧"地讲述了自己死里逃生的故事。拜伦很是兴奋，后来他想到自己在沙地上也看到过一个奇怪的印子："很深、很平，是一只圆圆的大脚，爪子很明显。"

拜伦在黑暗中搜查起来。什么也看不到，但他能听到声音，一直持续着，甚至有些狂野。声音是从帐篷里传来的。拜伦拔出手枪，走了进去。在他面前，一个船员伙伴的眼睛闪闪发亮。这个人是从帐篷下面钻进来的，正在偷取食物。拜伦把手枪顶在那人胸前，用绳子把小偷的双手绑在一根桩子上，这才去通知船长。

奇普把这个人关了起来，希望能阻止更多盗窃事件发生。没过多久，事务长托马斯·哈维带着枪外出散步时看到一个人影在后勤帐旁边的灌木丛里爬。"谁在那儿？"是一个名叫罗兰·克鲁塞特（Rowland Crusset）的海军陆战队员。哈维抓住他，搜了他的身。巴尔克利记录道，在他身上发现了"九十多个人一天的面粉供应量，以及一片牛肉，都藏在外套下面"，他还在灌木丛里藏了另外三块牛肉。

另一名海军陆战队员托马斯·史密斯（Thomas Smith）是克鲁塞特的饭搭子，当时正在看守后勤帐，也被当成同伙抓了起来。

逮捕这些人的消息在定居点传开了，原本没精打采的居民激动起来，进入了人人都是义务警察的狂热状态。奇普告诉巴尔克利和另外几位军官："我当真以为，偷窃后勤帐，就我们眼下的情形来说，就是要让所有人饿死的罪行，所以罪犯应该判死刑。"没有人表示异议。巴尔克利记录道："这不只是船长一个人的意见，确实是在场所有人都这么想。"

不过奇普最后还是决定，被告必须"受海军法规管辖，也由海军法规决定去留"。按照这些规定,他决定把他们送上军事法庭:如果韦杰岛上有犯罪行为,就应该要有一场审判。

就算是在广阔的不毛之地,英国和海军部都鞭长莫及的地方,奇普和大部分劫后余生的人都仍然坚持要遵守英国的海军法规。他们匆匆安排了一场公开审判,委任了几名军官担任法官。按照海军的规定,他们必须公正不阿,尽管在这个案子里,不可能有谁不受所控罪行的影响。法官穿着破衣烂衫宣誓就职,被告被带到法庭上。风拂过他们的身体,法官大声念出指控,目击证人被传唤上来,他们发誓会讲出"真相,全部真相,也只有真相"。被告唯一的辩护似乎只能是,为了不被饿死,他们只能不择手段,无论会多么残忍、多么狡诈。每一项程序都进行得很快,三名被告也全都被判有罪。

经查阅军法,法官认定"该罪行未危及生命",因此不应判处死刑,而是判处每名罪犯挨六百下鞭子——这个数字太高了,只能改成连续三天,每天两百鞭来执行,要不然肯定会把人打死。有个海军的水手有一次差点遭受严厉的鞭打,他说:"我肯定没办法承受这样的酷刑;我宁愿被枪决或绞死在帆桁顶端也不愿挨鞭子。"

然而还有很多人认为六百鞭远远不够。他们想对罪犯处以极刑。这时巴尔克利发话了,提出了他所谓的"一种仅次于死刑的办法"——也会"让未来所有人都感到恐惧"的方法。他提出,罪犯接受鞭刑后,就把他们流放到海岸外的一个岩石小岛上,那里至少还有些贻贝、蜗牛和淡水，就把罪犯留在那里自生自灭，直到全体船员找到回英国的办法。

奇普船长支持这个想法。经过这么严厉的处罚，肯定再也不会有人胆敢违抗他的命令，也没人敢让自己的需求凌驾于全体船员之上。

奇普下令"全体人员一起观刑"，其中一名囚犯克鲁塞特被卫兵带到外面，大家也顶着一场猛烈的冰雹聚集起来。这些人跟这名被判鞭刑的海军陆战队员一起走过了半个地球，一起值班，一起对抗飓风，也一起在船只失事中幸存了下来。而现在，他们看着这名同伴的手腕被绑到树上。好长时间里都在你争我抢的全体船员，暂时因为共同的仇恨而团结了起来。

克鲁塞特的衬衣被脱下来，露出脊背。先是冰雹击中了他。随后有个人抓起鞭子，用尽全力开始往克鲁塞特身上抽。鞭子划破了他的皮肤。有个现场观看鞭刑的人说，打了二十多鞭后，"伤痕累累的背部已经不成人形，就像在烈火下快烤成黑色的烤肉。但鞭子还在接着落下来"。

负责执行鞭刑的人一直打到用尽了浑身力气再也打不动了为止，随后由一名新行刑人接手。另一名观看鞭刑的人回忆道："一个可怜的家伙遭受惩罚时，他痛苦的呼喊会穿透你的灵魂。"

克鲁塞特挨了五十下，然后又是五十下，然后又是五十下。挨完这一天的总共两百鞭后，有人把他解下来，搀着他离开。第二天继续鞭打。另外两个罪人也同样挨了这么多鞭。有些海军陆战队员看到同袍那么痛苦，感到触目惊心，至少有一次，他们犹豫了，下不去手执行刑罚的第三部分。挨完所有鞭子后，这几个囚犯坐上运输艇，被送到那个小岛上，他们处于半昏迷状态，还流着血，就这么被留在了那里。

奇普相信自己已经平息了他们这些人未来可能出现的任何抗命行为。在一份报告中他坚称："我用尽所有办法……让他们具备理性，并认识到自己的责任。"然而没过多久就有人发现，四瓶白兰地和四袋面粉从后勤帐消失了。物质匮乏比奇普船长能施加的任何惩罚都更具威胁性。

一群人闯进一些避难所，搜寻丢了的那些食物。他们把几个海军陆战队员的帐篷翻了个底朝天，找到了被盗的瓶子和袋子。九名海军陆战队员被控有罪，但有五个人成功脱逃，加入了那群脱离者。另外四人受到审判，被定罪、鞭打后也流放了。

盗窃行为仍在发生，鞭打也升级了。又一个人遭反复鞭打后，奇普命令拜伦和另外几个人划船把这个小偷运到小岛上去。这个人看起来只有出的气没有进的气，拜伦回忆道："我们出于同情，违反了命令，给他搭了间小屋子，生了堆火，然后就把这个可怜的家伙留在那里，任他自生自灭。"过了几天，拜伦跟几个同伴偷偷去给这个人送点吃的，结果发现他"死了，都已经僵硬了"。

第十三章
极　端

奇普船长看到一道长长的白色印记，像撒在地上的面粉一样，向他住的地方蜿蜒而来。他更仔细地看了看。是火药。这是有人不小心撒在这里的，还是有人在搞什么阴谋？见习官拜伦说，他从别人那里听说，米切尔和他那帮分裂主义者已经悄悄进入营地，想"继续执行他们炸死指挥官的邪恶计划，现在就算是有胆量且因良心而自责的人也已经很难劝阻他们了"。

奇普很难知道该相信什么。在敌意满满的一群人里，事实也同样可能成为牺牲品。会有谣言，也会有反谣言，有些可能还是故意散布的，就为了制造更大的混乱，进一步削弱他的权威。他不再确定自己还能信任谁。就算在军官里面，他也发现了不忠于他的迹象。海军陆战队的头，彭伯顿，用奇普的话来说，已经失去了"所有荣誉感和对国家的兴趣"。优柔寡断的贝恩斯上尉似乎最会见风使舵，任何风吹草动都会让他改变效忠对象。水手长约翰·金则煽动了好多起口角，就连他的同伴都受不了他了，把他从他们的避难所里赶了出来。还有约翰·巴尔克利，就像苹果里的虫子。奇普就他的忠诚问题问过他，而巴尔克利向奇普保证，他和"人民"——又是这个词——"绝对不会参与任何反对他的叛变"。但这个炮长一直在他自建的酒店里跟人开会、结盟，建立起了自己的小小帝国，就好像他是这座岛上的君王一样。

奇普拄着手杖踱来踱去，一边听着狂风呼啸、雷电轰鸣、冰雹噼啪、海浪咆哮。安森授予他船长一职时，绝非仅仅是一次晋升：那次任命，给奇普带来了他一直都在渴求的一定程度上的尊重和荣誉。船长一职意味着他有机会在荣耀中作为人们的领袖磨砺自己。但现在，所有这些都在遭到破坏，连同这个前哨站一起。他也正在遭受折磨——饥饿的折磨，似乎也有他自己思想的折磨，就像他自己说的，他狂热地沉迷于"我反复遇到的麻烦和烦恼"。拜伦发现，奇普对于自己作为船长的权力"严防死守到了极致"——这份权力在他看来"每天都在下降，也随时都可能遭到践踏"。

6月7日，也就是韦杰号搁浅将近一个月后，奇普船长给见习官亨利·科曾斯下了个很简单的命令，要他把从韦杰号残骸那里运来的一桶豌豆滚上海滩，放进后勤帐里。科曾斯似乎因为醉酒有些跟跄，坚持说这桶豌豆太沉了，然后就准备转身走开。一名见习官竟敢拒绝执行船长的命令！

奇普大喊道，科曾斯喝醉了。

"除了水什么都没得喝,我喝什么能喝醉啊?"科曾斯答道。"你这个泼皮!多找几个人,把这桶豌豆滚上去。"

科曾斯三心二意地做了个招呼别人过来的手势,但没有人过来,奇普拿手杖抽了他一记。随后奇普下令把科曾斯抓起来关进一个帐篷,还派了卫兵看着。巴尔克利在日记里记录道:"今天见习官亨利·科曾斯先生被船长关起来了,对他的指控是醉酒。"

那天晚上,奇普去查看他的囚犯。科曾斯对他破口大骂,詈骂声响彻整个营地。科曾斯喊道,奇普比臭名昭著的英国海盗乔治·谢尔沃克(George Shelvocke)还要糟糕。二十年前,谢尔沃克的船"优速号"(Speedwell)在胡安·费尔南德斯群岛的一座岛屿上失事。回到英国后,谢尔沃克遭到指控,说他是故意弄沉那条船来欺骗投资者的。科曾斯对奇普说:"谢尔沃克虽然是个恶棍,但他不是傻瓜。你倒好,我的天哪,你既是恶棍,也是傻瓜。"

盛怒之下,奇普举起手杖想揍科曾斯,要把他打到服为止。但卫兵拦住了他,坚持说船长"不应该殴打囚犯"。奇普很快控制好自己的情绪,还出人意料地把科曾斯给放了。

但有些人给了这名见习官更多酒,他也再次骚动起来,这次是跟船长的亲密盟友,事务长托马斯·哈维大吵了一架。清醒时的科曾斯总是和蔼可亲,拜伦相信,是一些阴谋集团成员给他朋友灌了酒,把他当枪使,让他去大搞破坏。

过了几天，有一天雨下得特别大，雨水从树叶上滴落，顺着苦难山的山坡流下来。科曾斯正排队等着事务长哈维从后勤帐分发当天的配额，这时他听到一个谣言：奇普船长决定减少发给他的酒量。科曾斯马上冲向哈维，索要自己那份酒水。事务长还在因为之前的争吵而气不打一处来，他拔出枪管约有一英尺长的燧发枪，科曾斯还是步步进逼，哈维扳上扳机瞄准科曾斯，骂科曾斯是狗，还指控他意图叛变。站在哈维旁边的一个海员为科曾斯求情，就在哈维扣动扳机的时候把枪管往上推了一下。子弹从科曾斯身边飞了过去。

听到枪声和有人叛变的喊叫声，奇普从住处冲了出来。他两眼冒火，手里拿着手枪。他在雨中眯起眼睛环顾四周，寻找着科曾斯。他相信是科曾斯开的枪，大喊道："那个恶棍在哪儿？"

没有人回答，但在越聚越多的人群中，他发现了科曾斯。奇普走过去，既没有发问也没有什么程式，直接就把冰冷的枪口抵在科曾斯左脸颊上。随后，就像他自己后来描述的那样，他"走向了极端"。

第十四章
人民的爱戴

听到枪响,约翰·拜伦从自己的小屋子里跑出来,看到科曾斯躺在地上,"倒在血泊中"。奇普船长一枪打在了他头上。

很多人都往后站了站,害怕奇普的怒火,但拜伦走上前去,在饭搭子身边跪下来,雨水冲刷着他。科曾斯仍在呼吸。他张开嘴想要说什么,但什么都没说出来。拜伦回忆道,随后他"拉起我的手,摇了摇头,仿佛想要跟我们道别"。

人群变得不安起来。巴尔克利观察到,科曾斯"对船长的不敬之词太恶名昭彰了,船长可能也是因此怀疑他意在叛变",但是很明显,科曾斯手无寸铁。拜伦觉得,科曾斯的行为再怎么错,奇普的反应也是不可原谅的。

围观的人仍在骚动不安,科曾斯躺在他们面前,奄奄一息。拜伦回忆道:"这不幸的受害者……似乎吸引了他们所有的注意力。所有人的目光都集中在他身上;围观者的脸上明显流露出最深切的关心。"

在越来越高的吵闹声中,奇普命令大家列队集合。巴尔克利想,他和他那些人是不是应该去拿起武器。他回忆道:"但考虑了一番,我还是觉得不拿武器为好。"

奇普结实的身板已经因为饥饿而脱了形,但站在列队的人群面前,他寸步不让,紧紧握着手枪,仍然不失威严。他的两侧站着他的盟友,包括医生埃利奥特和海军陆战队中尉汉密尔顿。巴尔克利告诉他,他们没有谁拿着武器,奇普这才把枪放在泥地里,说:"我看到你们的样子了,我把你们叫来只是想让你们知道,我仍然是你们的指挥官。现在所有人都回自己帐篷。"

海水冲刷着海岸,有那么一阵,谁也不确定会发生什么。巴尔克利和他那群人知道,如果他们拒绝服从命令,他们就踏出了推翻上级任命的船长、违犯海军军法的第一步,那是他们到现在一直都在遵守的法则。拜伦感觉,奇普不问青红皂白就朝科曾斯开枪,几乎引发了"公开煽动和叛乱"。但最后巴尔克利还是退了一步,其他人也跟着他同样退却了。拜伦独自回到自己的小屋,在他看来,全体船员的怨恨情绪似乎"暂时压了下来"。

最后,奇普船长还是下令把科曾斯送往医疗帐篷。

* * *

巴尔克利去医疗帐篷看望科曾斯。有个叫罗伯特的年轻人在给他治伤,他是医生的助手。罗伯特检查了伤势,发现还在大量流血。海上医生用的第一部医学教科书警告说,枪伤"都是复合伤,从来不会只是单一部位,也是最难愈合的"。罗伯特想搞清楚子弹的路径。子弹打进科曾斯的左脸颊,打碎了他的上颌,但没有出口,没形成贯通伤。子弹仍然卡在科曾斯脑袋里,在他右眼下面三英寸的地方。罗伯特给他打了绷带来止血,但科曾斯如果想有活命的机会,就必须做手术把子弹取出来。

手术安排在第二天。但到了做手术的时候,首席医生埃利奥特并没有现身。有的人说他没来是因为他之前跟科曾斯发生过冲突。木匠卡明斯说,他听说埃利奥特本来打算来的,但是被奇普船长拦住了。见习官坎贝尔说,他没听说船长干过这事儿,还指出互相矛盾的说法可能来自假消息——就像科曾斯每天配给的酒量被削减的消息一样,那也是假消息。尽管坎贝尔坚持认为是有人在造奇普的谣,但船长拦住医生不许他救治科曾斯的说法还是在营地里传开了。巴尔克利在日记里写道:"人们把这件事看成是船长没有人性的行为,也在很大程度上导致船长失去了人民的爱戴。"他又补充说,奇普若是再来一枪打死科曾斯,也比不许救他来得光荣。

最后罗伯特只能试着自己来做这场手术。那本医学教科书建议,医生的首要职责是对上帝负责——"上帝的视角与众人不同",而且"上帝会正确指引我们的道路"。罗伯特打开医药箱,里面有切开身体的刀具、镊子、骨锯、烙铁等金属器具,全都没消过毒,也没有麻醉药,因此这场手术能救活科曾斯的机会,跟当场把他害死的机会一样大。不过,科曾斯不知怎么的还是挺过了这场手术。子弹碎裂了一小块,不过罗伯特还是成功找到了主要部分并取了出来。

科曾斯意识清醒,但仍有失血过多而死的危险,而且还有出现坏疽的可能。他想搬去巴尔克利的房子里跟朋友们住在一起。巴尔克利去找奇普请求允许,但船长拒绝了,他坚持认为科曾斯有叛变意图,会威胁到他们这个前哨站。奇普说:"他要是活下来,我会把他当成囚犯移交给安森准将,然后绞死他。"

6月17日,枪击一个星期后,罗伯特给科曾斯动了第二场手术,想把剩下的子弹碎片和一部分碎裂的颌骨取出来。医生的助手完成了手术,但科曾斯看起来越发虚弱了。教科书建议,对于这种情况,医生不必感到绝望——"因为上帝慈悲为怀。"科曾斯请罗伯特帮他最后一个忙:把一个小包裹交给巴尔克利,里面装着取出来的子弹和一块骨头。科曾斯希望保留证据。罗伯特答应了,巴尔克利把这一小包令人不安的东西放在了自己的避难所里。

6月24日,巴尔克利在日记里写道:"见习官亨利·科曾斯先生,在经历了14天的煎熬后,与世长辞。"拜伦写道,科曾斯在岛上也许是殒灭了,然而他仍然"深受爱戴",而且大部分劫后余生的人都"被这场灾难深深打动"。

又冷又脏、衣衫褴褛的这群人步履艰难地走到外面,在泥地里挖了个坑。在这个坑周围,用巴尔克利日记里的话来说,是"自从我们这条船首次受困以来,以各种各样的方式"死去的船员的坟墓,全都没有任何标记。科曾斯僵硬的尸体从医疗帐篷里抬了出来,放在地里。没有拍卖财产来为他远在故乡的家人募集资金的活动:他几乎没有任何财物,现在大家身上也都没钱。但会众还是小心翼翼地往他身上盖上泥土,这样秃鹫就不会来啄食了。巴尔克利回忆道:"我们在时间、地点和条件允许的情况下,以尽可能体面的方式安葬了他。"

他们困在岛上已经四十一天了。

第十五章
方　舟

　　人们忽然看到了得救的一线希望。木匠卡明斯想到了一个全新的主意：如果他们能把跟韦杰号一起被淹了的那艘大艇挖出来，说不定就能把它改装成一条挪亚方舟那样的大平底船，可以把他们所有人都从这座岛上带走。科曾斯去世后的那几天里，奇普船长把自己关在屋子里，沉思着，绝望着，也在为自己的行为找说得过去的理由。海军部会认为他枪杀科曾斯是合理的吗？还是说会以谋杀罪名绞死他？巴尔克利发现，船长变得越来越焦躁不安，不但失去了"人民的爱戴"，而且也失去了"任何沉着镇定的心态"。

　　现在奇普开始疯狂推行卡明斯的计划。第一步是把跟韦杰号残骸纠缠在一起的大艇清理出来。让大艇离开韦杰号只有一个办法，就是在韦杰号的侧面钻个洞。这项任务既艰巨又危险，但他们还是做到了，大艇很快就拉到了岸上。这艘船已经破了，又被水淹了这么久，看起来连带着他们绕岛一圈似乎都做不到，更何况船体非常狭小，只能装下一部分人。然而这艘船仍然承载着大家的梦想。

卡明斯负责监督这条船的设计和改造工作。为了装下更多人，三十六英尺的船体必须再拉长至少十二英尺。现在船上的很多木板都已经腐烂，也必须换掉。而且这条船需要改造成双桅船，才能在广阔的海洋中有足够的动力航行。

卡明斯估计施工需要几个月时间，而前提是他们能找到够用的材料，更不用说大家还得能活那么久才行。所有人都必须出一份力。卡明斯还需要另一位能工巧匠，但他的两个助手，詹姆斯·米切尔和威廉·奥拉姆（William Oram）都跟脱离者混在一块。尽管不用考虑那个疯子米切尔，奇普还是决定派一小支队伍去执行一项策反任务，就是说服奥拉姆从那群叛逃的人中间叛逃。没法知道米切尔如果知道了这个策反计划会作何反应，而奇普也只能找到两个人来执行这项危险的任务，其中之一就是巴尔克利。

巴尔克利和同伴挎着沉甸甸的滑膛枪，翻山越岭徒步穿过岛屿，穿过划得人皮开肉绽的灌木丛，还得小心翼翼，免得被人发现。巴尔克利写道："这件事情我不得不极为小心地秘密行事。"

他俩来到几英里外的分裂主义者营地后，一直等到看起来像是只有奥拉姆留在营地里的时候才走过去找他。巴尔克利低声说，奇普船长有一个任务要交给他。二十八岁的奥拉姆几乎可以肯定难逃一死：要么跟其他脱离者一块儿饿死，要么因为煽动叛乱而被处死。但是，如果他回到主营地帮助大家改造大艇，船长就会完全赦免他，他也有机会回到祖国。奥拉姆答应跟他们一起回去。

到七月中旬，韦杰号失事已经两个月，科曾斯去世也已经三个星期，奇普看着巴尔克利、拜伦和其他船员都在方舟上热火朝天地忙碌。拜伦记录道："要推动我们离开这个荒凉的地方，没有什么比造船更重要。"

首先必须把大艇架在很厚的木块上，这样才能让船体从地面升高。接下来，卡明斯把大艇从中间锯成了两截。然后才是真正棘手的部分：要想办法把这些板子不只是重新连接起来，而且要变成一种全新的样子，让船更长、更宽也更结实。

在雨和雨夹雪中，在狂风和闪电中，卡明斯——巴尔克利说他这个人从来不晓得累——用他少得可怜的工具（有一把锯子、一把锤子、一把长得像斧子的锛子）完善着设计方案。他派人去树林里搜寻经久耐用的木材，还要自然弯曲成需要的弧度。船的总体形状一经确定，他就开始把那些木头装进龙骨上面像是肋骨的框架中。做木板需要另一种类型的木材，要求又长又厚又直，还必须裁切成精确的尺寸，然后以直角固定在弯曲的框架上。钉子很少，因此有些人被派去韦杰号上仔细搜寻，找更多钉子回来。这些都用完了的时候，木匠就和助手用木头砍出榫卯。他们也花了好多工夫去收集别的必要物资：用来做船帆的帆布，用来做索具的绳索，用来填船缝的烛蜡。

尽管很多人都因为营养不良而虚弱得很，但他们都还在辛勤工作着：他们的身体瘦得只剩下骨头，眼睛鼓起，乱草一样的头发一把一把地掉。说起这些劫后余生的人，巴尔克利写道："他们非常痛苦，走路的时候几乎看不到路。"然而却有一种神秘的麻醉药在推动他们向前，那就是希望。

有一天，奇普听到一阵惊慌的喊叫声响彻整个定居点。一道滔天巨浪在沙滩上涌起，越过涨潮线，卷向那艘船的骨架。人们急匆匆地跑过去，成功把船抬到海岸上更高的地方，没让海浪把船卷走。工作继续进行。

与此同时，奇普的计划也开始呈现出原本隐而未现的新维度。经过认真研究地图，奇普开始相信，有一种办法不但能让他们活下去，甚至还可以让他们完成最初的军事使命。离他们最近的西班牙人定居点在离智利海岸不远的奇洛埃岛（Chiloé Island），经过计算，奇普认为就在他们现在这个位置以北约350英里。奇普确信，全体船员可以用方舟加上另外那三艘小一些的运输艇——小快艇、将官专用艇和小划艇——一起航行到那里。只要他们抵达奇洛埃岛，他们就可以找一艘毫无戒备的西班牙商船大胆发起攻击，夺取这艘船及其储存的食物，航行到会合点去找安森准将和分遣舰队其他幸存成员——对奇普来说，这是整个计划里最精彩的部分。然后他们会继续寻找西班牙大帆船。

这个计划非常危险，也非常吓人，而奇普也知道他必须说服大家相信这个计划可行，所以并没有马上把这些细节都告诉他们。但是就像他后来说的那样："我们不必害怕夺取战利品，而且也许还有见到准将的机会。"他相信，仍然有机会得到荣誉，以及救赎。

* * *

7月30日，巴尔克利路过拜伦建在村子边上的孤零零的小屋，他停了下来。在那里，他发现那个瘦骨嶙峋、脏不拉唧的贵族之子正沉浸在自己的航海故事里——他又在读约翰·纳伯勒爵士的编年记事。巴尔克利说想借这本书看看，尽管严格来讲是出于务实的原因。纳伯勒曾经探索过巴塔哥尼亚地区，巴尔克利想，这份记录——实际上就是一份极为详尽的航海日志——里也许有一些关键线索，能让他知道如何驾驶方舟安全离开韦杰岛。

在征得奇普船长同意后，拜伦把这本书借给了巴尔克利，因为这本书是船长的。巴尔克利把书带回住处，开始研究起文本来，就像读那本《基督徒的典范》一样专心。纳伯勒描述了他穿过麦哲伦海峡的旅程，那是南美大陆最南端与火地岛之间长350英里的一条通道，也是太平洋和大西洋之间除了绕过合恩角的德雷克海峡以外的另一条路线。纳伯勒写道："无论什么时候，只要你有兴趣从太平洋一侧进入麦哲伦海峡，在我看来，在纬度52度的地方驶向陆地都是最安全的走法。"这个开口在韦杰岛以南大约四百英里，巴尔克利被这个想法迷住了。他想，有了他们终将焕然一新的大艇和那三艘小一些的运输艇，他们这些人就可以穿过麦哲伦海峡进入大西洋，然后一路向北前往巴西。巴西政府在英国与西班牙的战争中保持中立，肯定会给他们提供一个安全的避风港，并为他们返回英国提供便利。

从韦杰岛到巴西的路一共有将近三千英里。巴尔克利承认，很多人都会认为这是一场"艰难而疯狂的历险"。麦哲伦海峡蜿蜒曲折，有些地方很狭窄，还经常分出好多岔路，走着走着就成了死路，是一个让人不知所措的迷宫。浅滩和岩石错落在水中，还有让人抓瞎的大雾。纳伯勒警告："你可能会弄错正确的航道，在犬牙交错的岛屿和岩石中间穿行，乃至让自己的船置身险境。"尽管麦哲伦海峡比德雷克海峡能提供更多庇护，但大家都知道，这里会有无法预知的狂风和冰风暴（现在叫威利瓦飑），能把船刮到岸上去，人们也都对此深恶痛绝。这也是为什么安森准将在用航位推算法引领这支由笨重的大型战舰组成的舰队时，宁愿去走合恩角附近的开阔水域，去面对那里恶浪翻滚的海洋。

但是，巴尔克利观察到，"重病还需猛药医"，他相信，这条前往巴西的路是他们唯一可行的选择。德雷克海峡还要再往南四百英里,太远了,而且那里的海域对他们这几条小船来说根本就是天堑。至于说麦哲伦海峡里的障碍,纳伯勒记载了一条安全路线。此外,他还报告了在海峡里发现的食物来源,一路上不用忍饥挨饿。他写道,除了贻贝和帽贝,"这里还有鸭子、白鹅、花斑鹅、灰海鸥、普通海鸥、潜鸟和企鹅"。

对巴尔克利来说,这条路线似乎还有另一种层次更深的诱惑力。走这条路就是规划他们自己的命运,把自己从被英国政府和军队官员们搞砸了的海上任务中解放出来,而那项任务从一开始就注定要失败。这群死里逃生的人现在想选择生存下去,而不是继续在太平洋里冒险北上,说不定还会碰上西班牙舰队,那他们就会被彻底击败或被俘虏。巴尔克利得出结论:"穿过麦哲伦海峡前往巴西海岸,是避免我们自己落到残酷、野蛮、无礼的敌人手里的唯一办法。我们那艘大艇完工后,只适合一项任务,就是苟全性命。我们无法采取攻击性行为,因此应当考虑的是我们的安全和自由。"

巴尔克利请来航海官克拉克和其他领航员一起看看他根据纳伯勒的信息草绘的路线图。他们也一致同意,这个计划最有可能让他们存活下来。巴尔克利也跟其他人讲了自己的想法,大家都面临着生死攸关的选择。他们厌倦了战争,厌倦了死亡和破坏,只想回家。但是掉头返回意味着放弃自己的使命,可能也放弃了分遣舰队里的其他人。而奇普船长刚刚宣布,他希望大家拿出爱国热忱,往相反的方向前进,这也不啻雪上加霜。

他发誓一定要找到准将,而且决不后撤。

* * *

这个前哨站在建造方舟时曾短暂地拧成一股绳,现在拜伦又眼睁睁看着它分裂成了两股敌对势力。一方是奇普和他的几个骨干,尽管人少,但都对船长忠心耿耿。另一方是巴尔克利和他大量的铁杆粉丝。拜伦一直保持中立,但现在这个立场有点维持不下去了。尽管争议的焦点是"走哪条路"这样一个很简单的问题,但随之而来的是一些更深刻的问题,关乎领导权、忠诚、背叛、勇气和爱国主义的本质。拜伦身为贵族,渴望着在海军层级里节节高升,有朝一日能当上船长,领导一艘船。而现在他也在苦苦思索着这些问题,必须在自己的指挥官和魅力十足的炮长之间选边站。拜伦深知自己的选择有什么风险,在日记里做记录时,下笔也相当谨慎。但是很明显,他觉得自己有义务支持奇普,而对于似乎很享受自己新地位的巴尔克利,在拜伦看来是一个正在破坏船长权威的人,也是一个让船长的不安全感和偏执越发加剧的人。此外,奇普在公开阐述他的计划时,也唤醒了拜伦深爱的浪漫小说所颂扬的帝国英雄主义和牺牲精神,那是神话一样的海上生活。

而另一面的巴尔克利似乎比奇普冷静得多,也远比奇普更适合在噩梦般的条件下指挥这些人。他这人铁石心肠又足智多谋,有自己的优势,是一个天生的领导者。而奇普跟他相反,觉得这些人仅仅因为他是指挥官就会坚定不移地追随他。他拼命想要维护自己的权威，也因此变得更加疯狂。巴尔克利对奇普的观察是："船没有了，他也失魂落魄了；在船上身为指挥官的时候他知道该怎么统治，但事情变得混乱无序之后，他还想凭借勇气在岸上建立自己的指挥权，也无法容忍对他的权威有任何侮辱。"

8月3日，拜伦得知巴尔克利正跟大部分人聚在一起讨论下一步行动。拜伦是应该前去加入呢，还是继续忠于他的指挥官？

* * *

第二天，奇普看到巴尔克利朝他走过来，身后还跟着一些人。炮长走到离他只有几英尺的地方时停了下来，举起一张纸，说是一份请愿书，并开始大声宣读，就好像他是站在议会面前一样：

我们，列名如下，经过慎重考虑……认为取道麦哲伦海峡前往英国是当下全体人员保全性命最好、最确定也最安全的方式。即日于巴塔哥尼亚海岸某荒岛上。

尽管措辞很是小心，这份声明的意图还是明白无误。在前一天的会议上，巴尔克利请大家在请愿书上签名。大家一一照做，包括海军陆战队上尉彭伯顿，仍在保护他年幼儿子的航海官克拉克，仍然苟延残喘的老厨子麦克莱恩，以及黑人海员约翰·达克。就连奇普狂热的执法者，见习官坎贝尔也签上了自己的名字。拜伦也草草签了名。

现在巴尔克利把这张脏兮兮的纸交给了奇普，奇普看到，下面写了一长串花里胡哨的签名。奇普手下这么多人都支持这份请愿书，他很难从里面单单挑出谁来惩戒一下，就连最主要的煽动者巴尔克利，他也无法加以惩罚。

没有背叛奇普的人一只手就能数过来：事务长哈维，医生埃利奥特，海军陆战队中尉汉密尔顿，还有他的乘务员普拉斯托。还有一个人文件上没有出现，也许也是最重要的一个人，就是贝恩斯上尉。海军军官中的二号人物在岛上仍然站在奇普这一边。指挥系统上层仍然保持着一致。

他必须想想下一步怎么做。他拿着文件，解散了炮长和跟着他的那群人，说他会在考虑之后给他们一个答复。

* * *

两天后，奇普叫巴尔克利和卡明斯去见他。他们俩走进奇普的住处，发现他不是一个人。他让贝恩斯上尉也来了，就坐在他旁边。

巴尔克利和卡明斯坐定后，奇普对他们说："这张纸让我感到非常不安，我一直在想着这事儿，到今天早上八点都一直没合眼；但是，在我看来，你们没有好好掂量掂量这事儿的分量。"

他确信,他们是在诱惑这些人,给他们虚假的希望,以为可以轻轻松松地回家,然而实际上前往巴西的路途比去奇洛埃岛要远两千五百多英里。他说,如果他们去走那条路,"想想我们得走多远……而且风向始终是逆着我们吹的,路上也没有水"。

巴尔克利和卡明斯强调指出,他们有能力在大艇上带上够一个月喝的水,还可以划小运输艇上岸去寻找物资。巴尔克利说:"我们一路上不会碰到任何敌人,最多就是一些划着小划子的印第安人。"

奇普没有改变主意。他说,如果他们往奇洛埃岛走,就可以抓一艘带有给养的商船为我所用。

卡明斯问,都没有大炮,怎么才能俘获一条船。

奇普答道:"我们的滑膛枪是干什么吃的,不就是用来登上敌船的吗?"

卡明斯提醒他,大艇绝不可能挺过火炮的轰击。即便他们有办法幸存下来没有沉入海底,他们也几乎没有机会再见到安森:"准将说不定已经和我们遭受了同样的命运,甚至更糟。"

随着争吵越来越激烈,卡明斯对船长厉声说道:"长官,我们会落到这个境地,完全是拜您所赐啊。"终于来了——这个长久以来不断发酵的指控。卡明斯没有放过这个话头,坚持说以韦杰号现在的情形,加上所有船员都生病了,船长没有理由带领大家向陆地挺进。

奇普说:"你不了解我要完成什么命令。以前从来没有哪个指挥官面对过这么严峻的情势。"他重申自己别无选择,只能前往会合点,"我必须这么做。"

巴尔克利回应道,船长无论接到的是什么命令,都始终需要运用自己的判断力。

出乎大家意料,奇普对这个批评未置一词,转而回到他们手头的问题。他宣称自己也许会同意他们去走麦哲伦海峡的提议,但他需要更多时间来做决定,这话听起来更像是外交辞令。

巴尔克利不知道奇普是不是在拖延时间,他说:"人民现在焦虑不安……因此越早决定越好。"

整个讨论过程中贝恩斯几乎都一直一言不发,只是在听从奇普的意见。这时奇普示意会议已经结束,并向巴尔克利和卡明斯问道:"你们还有什么反对意见吗?"

"是的,长官,还有一个。"巴尔克利答道。他希望船长保证,如果他们最后真的一起乘坐大艇离开,船长未经咨询其他军官不会做出任何决定,比如下锚、改变航向、发动攻击等。

奇普意识到这样实际上是在一步步废除他作为船长的权威,因而再也无法控制自己。他大喊道,他仍然是他们的指挥官。

"只要您的命令都合情合理,我们就会用生命来支持您。"巴尔克利说完,和卡明斯一起走了出去。

* * *

好像约翰·拜伦周围所有人都在忙着收集武器。因为后勤帐由奇普船长管着,所以他能动用最大的武器储备,他也把自己的住处改装成了一个武装起来的掩体。除了枪,他还有两把闪闪发光的剑。跟人动过刀子的海军陆战队中尉汉密尔顿也经常帮他盯着。奇普认识到自己的人数仍然处于绝对劣势,于是派事务长去给脱离者发白兰地,想引诱他们跟自己结盟,但那伙强盗依旧我行我素。

巴尔克利得知了奇普的企图,强烈谴责说他这是"贿赂"。与此同时,他也在忙着从韦杰号残骸那里找出更多滑膛枪、手枪和子弹,把自己的房子也变成了军械库。晚上,拜伦可以看到巴尔克利的那些同伙悄悄溜出去,到沉船上去搜寻——仍然能找到成桶的火药和生锈的枪。仍然支持奇普的见习官坎贝尔指出,巴尔克利和他那帮人现在"全都有了拒绝服从他们的军官的能耐"。

两拨人之间的交流已经恶化到巴尔克利发誓永远不会再靠近奇普的地步了,而且有时候,就算两派的领导人只有几米远,也还是会来回派遣特使传递消息而不是直接对话,就像两国交战时的外交官一样。有一天奇普让贝恩斯上尉向巴尔克利转达一个他始料未及的提议:下一个安息日,何不将巴尔克利那么宽大的住处用作神圣礼拜的场所,这样所有人就都可以一起来祈祷?这个提议看起来很和平,是在对巴尔克利的虔诚表示尊重,也相当于提醒大家,他们都是用同样的黏土做成的。然而炮长嗅到了欺骗的味道,拒绝了这个提议。巴尔克利在日记里写道:

"我们认为这个提议出于宗教信仰的原因最小。要是我们的帐篷变成了礼拜堂……说不定礼拜做到一半,我们就会无比惊讶地看到,为了挫败我们的计划,我们的武器被夺走了。"

在拜伦看来,这两拨人就是在你密谋我我密谋你,悄悄聚集起来开会,用秘密让自己的团体联合起来。巴尔克利这边很多人还开始搞起军训来了,让情势变得更加紧张。彭伯顿把他那些瘦骨嶙峋的海军陆战队员集合起来排成战斗队形,邋里邋遢的海员们则练习着给滑膛枪装弹,在大雾中射击。一阵阵齐射声在岛上回响。拜伦在詹金斯耳朵之战中还没有经历过任何战斗,而现在他意识到,他恐怕会在同船共渡的这些人之间看到战斗打响了。

8月25日,拜伦听到一阵低沉的轰鸣。那声音十分可怕,威力也非常大,拜伦的身体都跟着颤抖起来。周围所有东西似乎都在吱嘎作响、摇摇摆摆:房子的墙壁、树上的树枝、脚下的地面。是地震——只是地震。

第十六章
我那些叛变者

8月27日,也就是约翰·巴尔克利所说的"地球的剧烈震动和颤抖"过去两天后,他秘密会见了自己最信任的心腹。请愿书交给奇普已经三个星期了,但他仍然没有做出最终答复。巴尔克利的结论是,船长无意同意前往巴西的计划,因为他绝不可能撤销最初的命令。

在会上,巴尔克利提出了那个禁忌话题:叛变。全面叛变跟其他的反抗不一样,发生在国家为维持秩序而建立的力量——军队——内部,也正是因此,叛变对当权者造成的威胁极大,往往会遭到残酷镇压。出于同样的原因,叛变会让公众忍不住浮想联翩。是什么让维持秩序的人变成了反对秩序的人?他们是走极端的法外狂徒吗?还是说这个体系的核心里面有什么东西已经糜烂,让他们的反叛充满了高贵的意味?

巴尔克利向其他人提出,他们揭竿而起是合情合理的。他认为,作为死里逃生的人,"海军的法规用来监督指导我们已经不够用了"。在这样一个自然状态下,没有已经成文的规则,也没有现成的文本足以为他们提供完全的指引。要活下去,他们就必须制定自己的规则。历史上某些时候,英国臣民为了约束傲慢自大的君主,提出过"生命权""自由权"这样的口号,而现在,他也有意识地提到了这些内容。但巴尔克利也知道自己是海军组织的一分子,是祖国的一块砖、一个螺丝钉,因此,他提出了一个更为激进的观点。他暗示,岛上真正在制造混乱的,也是正在违背海军精神的人,恰恰是奇普本人,说得好像奇普才是真正的叛变者一样。

但是巴尔克利也知道,如果他和其他人被发现正在密谋发起叛乱,反对奇普和军事指挥系统,他们可能还没离开这座岛就被枪决了,就像科曾斯一样。就算他们成功离开这里回到英国,可能也会被送上由奇普的同僚组成的军事法庭,被判处"走上桅梯巷,走下麻绳街"。有位历史学家就曾经说:"叛变就像可怕的恶性疾病,病人无比痛苦地死去的可能性非常大,因而这个话题甚至都没法大声说出来。"

巴尔克利必须小心从事,高明地打造一份能证明他们这群人的每一个行动都合情合理的书面记录。作为海上讼棍和记述者,他本来就在日记里记录在他看来能证明奇普船长不适合领导大家的所有事情,内容巨细靡遗。而现在,他需要创作出一个不容置疑的说法,一个能经受时间检验,也能经得起公众鸡蛋里挑骨头、在法庭上被反复质询的海洋故事。

巴尔克利要做的第一件事情，就是获得贝恩斯上尉的支持。贝恩斯是船上的二把手，当务之急是至少在名义上让他承担起船长头衔。这样也有助于向海军部证明，巴尔克利并非要恣意破坏海军秩序，为自己争夺权力。贝恩斯曾私下里向巴尔克利承认，他认为穿过麦哲伦海峡去巴西是最明智的做法，但他似乎很害怕跟船长决裂的恶果。上尉也许比大部分人都更了解，如果在民众的冲突中选择了失势的那一边会发生什么：他的祖父亚当·贝恩斯是议会议员，狂热支持共和政体，在英国内战中跟反对保皇党的人站在一起，在王政复辟后于1666年被保皇党以涉嫌"叛国行为"为由关进了伦敦塔。

巴尔克利一直在试图慢慢把贝恩斯上尉拉到自己这边。在他们再次协商后，贝恩斯上尉终于同意罢免奇普，但有一个条件。他们会先起草一份正式文件，说明他们要驶往巴西的诸般原因，并给奇普一个签署这份文件的机会——向人民的意愿低头的最后机会。如果他同意了，他们会允许他继续担任船长，不过他的权力还是会受到严重限制。巴尔克利写道："我们设想过，如果奇普船长恢复了韦杰号失事之前的那种绝对指挥权，他会再次按照同样的原则行事，无论碰到什么紧急情况都不会咨询属下军官，而是根据他自己的感觉，以及认为自己比别人知道得更多的自信独断专行。"随后又补充道，"我们认为他是一位绅士，可以享有有限的指挥权，但要是把绝对指挥权交到他手里就太危险了。"

如果奇普对这些条件犹豫不决,他们就推翻他。他们认为,枪杀科曾斯已经让他们有了逮捕船长的充足理由。贝恩斯表示,所有参与这次叛乱的军官都可以拿这份文件"在英国为自己证明这么做是正当的"。

巴尔克利用一张纸片起草了这份文件。上面声明,全体船员深受盗窃事件和自相残杀之苦——"长此以往必将导致所有人一起毁灭"。因此,人民"一致"同意放弃这次远征,取道麦哲伦海峡和巴西返回英国。

第二天,巴尔克利和贝恩斯带着一小队人去见船长,也带了滑膛枪和手枪。他们挤进奇普的住处,看到有几个人围着船长,也全都全副武装。

巴尔克利从口袋里掏出那份文件,打开大声朗读起来。读完后,他请船长在上面签字。奇普勃然大怒,拒绝了他的请求,跟他们说他们玷污了他的荣誉。

巴尔克利带着他的队伍离开了,径直去了彭伯顿的房子。海军陆战队上尉坐在他那把椅子上,他手下的士兵簇拥着他。其他人也都正在朝这里聚拢过来,急于知道发生了什么。巴尔克利告诉他们,就像后来他说的那样,船长"以最轻蔑的方式拒绝了我们为公众利益提出的任何建议"。彭伯顿宣布,他会用生命站在人民这一边,所有人都高呼起来:"为了英国!"

奇普走出自己的住处,询问他们何事喧哗。巴尔克利和其他军官宣布,他们已经同意解除他的权力,把指挥权移交给贝恩斯上尉。

奇普以低沉有力的声音问道:"是谁要来接管我的指挥权?"风在他们中间猎猎地吹着,他盯着贝恩斯,问道,"是你吗?"

贝恩斯看起来畏缩了——或者用巴尔克利的话来说:"船长的样子非常可怕,上尉吓得看起来仿佛成了个鬼影子。"

贝恩斯只是答道:"不是我,长官。"

上尉放弃了这个阴谋——以及这个说法。巴尔克利和他的人马也很快退去了。

* * *

几天后,大卫·奇普听到他的敌人在他的掩体外面重新集结起来的声音。他仅剩下的盟友中也有人抛弃了他。事务长哈维认识到谁是新的权力中心,离开了奇普。随后船长听到流言说他的乘务员彼得·普拉斯托,他觉得最不可能离他而去的人,也决定跟炮长一起去麦哲伦海峡了。奇普派人把普拉斯托叫来,难以置信地问他有没有这回事。

普拉斯托回答道:"是的,长官。我想抓住这个机会,因为我想回英国。"

奇普说他是个恶棍——他们全都是恶棍!——并吩咐他离开。现在奇普几乎完全被孤立了,成了一个没有船员的船长。他听着外面那些人——他称为"我那些叛变者"——集合成战斗队形、练习射击的声音。然而从官方角度来讲现在仍然是奇普掌权,他知道巴尔克利无法不经过贝恩斯就采取行动,也不可能指望逃脱英国的绞刑架。

没多久,奇普派人给巴尔克利传话,叫他单独来见他。尽管巴尔克利是在一些带枪的人护卫下来的,但进奇普住处的时候只有他一个人,带着手枪。奇普坐在他的水手柜上,右腿上搁着他自己的手枪,已经上了膛。奇普盯着巴尔克利,巴尔克利也给手枪上了膛,但随后又一步步慢慢后退,后来他声称是因为他不想"为了自己的安全被迫向一位绅士开枪"。

巴尔克利退到外面,外面聚起来的人越来越多,也越来越热情高涨。随后奇普做了一件更令人震惊的事情,意在坚决维护自己的权威:他从自己的掩体里走出来,没带武器,就这么站在这伙群情激愤的人面前。巴尔克利承认:"此刻船长表现出能想象出来的所有行为和勇气。他这是一个人对抗一大群人,而这些人全都对他心怀不满,还全都拿着武器。"在那一刻,没有任何人——无论是巴尔克利、彭伯顿,还是暴戾的水手长约翰·金——敢动他们船长一个指头。

* * *

饥饿在继续摧毁全体船员。约翰·拜伦永远不会知道谁会是下一个倒下的人。有一次,有个同伴晕倒在他身边。拜伦写道:"他倒下的时候我正坐在他旁边。我口袋里有几个干贝(大概五六个),我就隔一阵往他嘴里喂一个……然而没过多久我这点供应也没有了,他也终究在死亡中得到了解脱。"这些劫后余生的人已经有五十多个在岛上去世,拜伦有些同伴实在是太饿了,甚至开始考虑一个极为可怕的解决办法:吃死掉的人。有个神志不清的男孩就在一具尸体下葬前从尸体上切了一块下来,必须把他控制住才能保证他不会把那块肉吃掉;而且,尽管大部分人都知道在书面记录里关于吃人的事情提都不要提,但拜伦还是承认,有些人已经开始宰割并食用他们死去的同伴——拜伦称之为"最后的绝境"。还活着的这些人如果不能尽快离开这座岛屿,会有更多人抵挡不住压力亵渎神明。

10月5日,也就是他们来到岛上144天后,拜伦凝视着海岸上的一个庞然大物,看起来像是饿得头昏眼花之后出现的幻象。在那里,曾经放着支离破碎的大艇的厚木块上,停着一个光彩四射的船体。十英尺宽,五十多英尺长,木板从船尾一直铺到船头,有可供船员值班守望的甲板,下面有一个可以储存物品的货舱,有用来控制方向的舵柄,还有一根船首斜桁。拜伦和同伴们现在在给这艘船加上最后的修饰,比如给船体底部上一层蜡和动物油脂,用来防止漏水。

然而他们怎么才能把这艘船弄到海里去呢? 这条船有好几吨重,对他们来说也太重了,无法在沙滩上抬着或拖着走,尤其是他们现在身体都那么虚弱。这就好像他们建造方舟只是为了进一步折磨自己似的。不过他们还是找到了一个办法:在地上用圆木铺设一条轨道,让船在上面滚动,直至滚到海里。他们用从韦杰号上找来的绳索，自豪地把两根木头桅杆立了起来，刺向天空。这就是那艘新大艇——在海浪中摆动。他们给它起了个名字，叫优速号。(这个名字有特殊含义：英国海盗谢尔沃克和他的手下在被困住后，就是用他们失事船只优速号上的木材造了一艘新船，坐着这艘船回到英国。)巴尔克利宣称，上帝为了让他们得救，给了他们一条船。

跟其他人一样，拜伦好想回家。他很想念姐姐伊莎贝拉(Isabella)，姐弟俩关系特别亲密。就连他哥哥"邪恶勋爵"，现在看起来好像也没那么坏了。

然而，尽管拜伦支持巴尔克利返回英国的运动，但他并没有参与推翻奇普的阴谋，而且他似乎还保留着最后一个孩子气的幻想：所有幸存者可以和和气气地一起从这座岛离开。

* * *

10月9日一大清早，巴尔克利和同伙们开始悄悄集结，形成一群由劫后余生的人组成的乌合之众——全都衣不蔽体，饥饿难耐，目光呆滞，首如飞蓬。巴尔克利把他手里所有用来打仗的器材都分发了下去：滑膛枪、刺刀、手枪、弹药、火药筒、弯刀和捆绑绳。他们给枪里装上子弹，上好膛。

在渐渐吐露的黎明中，这群人开始步履蹒跚地穿过大英帝国的这个前哨站。苦难山在他们头顶上隐现。大海就像这些人一样，呼吸声清晰可闻。他们来到奇普的住处，停下来倾听了一会儿,随后一个接一个冲了进去。羸弱的奇普正蜷在地上睡觉,一下子看到手下朝他冲过来,便伸手去拿枪,但还没够到就被他们抓住了,有个军官写道,他们以"有些粗鲁"的方式对他恶语相向。在另一场同时进行的行动中,睡在附近另一所房子里的汉密尔顿也被他们抓了起来。

巴尔克利写道,他们认定"继续让船长享受自由太危险了"。而这一次,贝恩斯上尉也加入了叛乱。

奇普看起来有些糊涂,转过头对巴尔克利和其他军官说道:"先生们,你们知道自己在做什么吗?"

巴尔克利和那些人解释说,他们来这里是为科曾斯的死逮捕他。

"我还是你们的指挥官。"奇普答道,"让我给你们看看我得到的指令。"巴尔克利允许他翻找自己的东西,他拿出安森准将交给他、任命他为英国皇家海军船只韦杰号船长的那封信。他挥舞着那张纸,对巴尔克利和其他军官喊道:"看看,看看!我可想不到你们会这样对我。"

巴尔克利说:"长官,这是您自己的错。您自己一点儿都不关心公众利益……所作所为皆与此背道而驰,要么就是一直这么漠然,这么漫不经心,就好像我们没有指挥官一样。"

奇普转了下身,不再朝着他那些军官,而是朝普通海员讲起了话:"非常好,先生们,你们在我睡觉的时候抓住了我……你们是一群勇敢的家伙,但我这些军官都是恶棍。"他的两手已经被闯进来的这些人反绑在背后。他又说道:"我的小伙子们,我不怪你们。是我的军官们犯下的恶行。"他补充说,这些人最后都需要为他们的所作所为负责。这句话的含义非常清楚:他们会被绞死。

随后他看着贝恩斯上尉,问道:"那,长官,您打算拿我怎么办?"贝恩斯解释说,军官们打算把他关在营地其中一个帐篷里,奇普说:"如果你们能让我留在自己帐篷里的话,我会非常感激。"他的要求被拒绝了。"好吧,贝恩斯船长!"他轻蔑地说。

奇普只穿了一半衣服,但戴着帽子。他就这么被带到外面的严寒中,但仍然努力保持着庄严的神态。他对那些围观的人说:"请原谅我没有脱帽,因为我的手被捆起来了。"

巴尔克利不禁在他的书面记录中表达了他对这位对手一定程度上的钦佩之情。奇普现在被打败、被捆绑、被羞辱了,但他仍然很镇定、很稳重、很勇敢。他终于像一名真正的船长一样,控制住了自己。

过了一会儿,水手长约翰·金慢悠悠地走到奇普面前,举起拳头,狠狠一拳打在奇普脸上。他喊道:"之前是你的时代,但从今往后,天杀的,是我的时代了!"

"你这个泼皮无赖,居然利用一位绅士身陷囹圄的时候来这么对待他。"奇普脸上带着血痕说道。

他和汉密尔顿被关进了一个临时监狱,由六名海员和一名军官组成一个小组全天候看守着。任何人想要进去都必须先搜身。巴尔克利似乎不想冒任何风险——他不想让奇普越狱，也不希望任何人闯进去劫狱。

作为事实上的指挥官，巴尔克利感受到了全盘负责的重担。坎贝尔承认："我们现在把他当成船长。"巴尔克利开始为前往巴西的航程做最后的准备。他命令大家把空火药桶装满雨水在路上喝，把所剩无几的肉切开并加工处理。随后他把少得可怜的补给，包括几袋面粉，装到几艘小船里。巴尔克利还把他那两样珍贵的财物——他的日记和《基督徒的典范》那本书——塞进优速号的货舱，因为那里面能干燥一点。对这起叛变还没回过神来的拜伦，也在担心大艇上储备的食物维持不了几天："我们的面粉只能跟海藻混着吃才能多吃一阵，而其他补给取决于我们的枪杆子能不能成功。"

巴尔克利决心扑灭无政府状态的气焰，还跟盟友们一同起草了一套规则和条例，准备用来在启程后管理这支队伍。其中包括：

- 途中猎获的任何鸟、鱼和其他生活必需品，均需在所有人中平均分配。
- 任何犯有偷盗食物罪行的人，无论身份高低贵贱，均需流放到最近的海岸上并将其遗弃。
- 为避免口角、争吵和叛变，任何威胁到他人生命，或对他人施加暴力的人，均需流放到最近的海岸上并将其遗弃。

巴尔克利声称,这些戒律是为了"集体利益",所有打算踏上这段航程的人都必须签署这份文件,就好比歃血为盟一样。

最后还有一个不容忽视的问题:要拿奇普怎么办?韦杰号刚启程时的约250人里面,现在一共还有91人活着,也包括那些脱离者。要让所有人都挤上这四条小船,他们在船上就只能前胸贴后背,并没有单独的空间用来关押犯人。很难把奇普单独关起来,这同时也给新秩序带来了持续威胁。

照巴尔克利的说法,他们的计划仍然是无论如何都要把奇普以囚犯的身份送回国,这样船长就能以谋杀罪名受审。但在最后一刻,奇普告诉巴尔克利,他"宁愿被枪毙也不要被当成犯人带走"。他请求他们把他和任何愿意跟他一起留下的人留在岛上,并留下能分给他的任何物资。巴尔克利在他的记录里写道,他跟几个人商量了一下,大家说:"那就让他留下来遭受天谴吧!"

随后,巴尔克利和跟他最亲密的几名军官准备了一份迄今为止对他们来说最重要的文件,是要直接递交给大英帝国海军大臣的。文件中声明,因为"在这么小的一艘船上,在这么长、这么危险的路途中"以囚犯身份带上奇普非常困难,也因为他可能会"秘密实施阴谋,也许会对整体船员造成破坏",所以他们一致同意把船长遗弃在韦杰岛上。他们坚称,"为防止谋杀",

必须这么做。

* * *

奇普确信他的敌人打算甩掉他,而且打算把他枪杀科曾斯当作借口。他们当然知道,他对这些事情的描述恐怕会把他们都送上绞刑架。

巴尔克利和手下人一边准备起航,一边告诉奇普他们会给他留下那条18英尺的小划艇。不只是因为这是四条运输艇里最小的,也因为这条船最近刚在岩石上撞坏了。奇普发现,小划艇的船体"已经成了碎片"。这些人还给他留下了另一些东西,用他的话说,只是"非常少、非常劣质的一点面粉,几块咸肉"。还给了他一个指南针、几把破枪、一个望远镜和一本圣经。

汉密尔顿中尉和埃利奥特医生决定跟奇普一起留下来,但无论是拜伦、坎贝尔,还是前哨站的其他任何人,全都准备走。脱离者也打算继续留在岛上——部分原因是船上没有地方了,也有部分原因是他们已经习惯了独来独往。这群人也遭受了减员:就在最近,米切尔和另外两个同伴失踪了,他们坐着一条随时会散架的筏子出发,希望能抵达大陆,但后来再也没有任何音讯,毫无疑问他们的结局很悲惨。还剩下七个脱离者,让留在岛上的总人数(连奇普在内)达到了十个。

1741年10月14日,巴尔克利一行登上他们的三艘运输艇,这时距离他们在韦杰岛失事已经五个月,离开英国更是一年多以前的事了。他们渴望逃离这样被囚禁在荒野中的日子，可能也是急于逃离他们已经成为的样子。然而，对于就此踏上又一趟充满未知的航程，他们也同样很害怕。

奇普从他被关押的地方放了出来，漫步到岸边，看着这一排衣衫褴褛的人鱼贯而行，挤进那三条小船。他看到了他的见习官拜伦、坎贝尔和艾萨克·莫里斯，看到了在尽力维护儿子周全的航海官克拉克，看到了事务长哈维，老厨子麦克莱恩，水手长约翰·金，也看到了海员约翰·达克和约翰·琼斯。一共有59人塞进大艇，12人挤进小快艇，10人坐进将官专用艇。巴尔克利写道："空间太小了，我们挤得水泄不通，就我们眼下的处境来说，就连英国最糟糕的监狱也算得上是宫殿。"

有几个人冲着奇普大喊了一些奇普认为是"极其无礼、没有人性"的话。他们对奇普说，除了跟他一起留在岛上的几个掉队的人以外，他再也不会见到任何英国人，他肯定会跟这些人一起死掉。

巴尔克利走向奇普，奇普也盯着这个篡他位的人。他知道，他俩都将面临另一场痛苦的考验。也许奇普在巴尔克利身上看到了自己的一小部分影子——骄傲的雄心、绝望的残忍，以及残存的善良。他伸出手，祝巴尔克利一路平安。巴尔克利在日记里写道："这是我最后一次见到不幸的奇普船长。"

上午十一点，巴尔克利站在优速号指挥官的位置上，三条船离岸驶入奇普湾,船员扬起风帆、划起桨,准备跨过汹涌的海浪。奇普向巴尔克利提过一个要求:如果他和这支队伍最后抵达了英国,那么在转达所发生的所有事件、讲述整个这段历史时,要把奇普这一面的说法也包括进去。然而随着这几条船渐行渐远,奇普意识到,这座岛很可能终将成为他和他的故事永远消失的地方。

第四部
得　救

第十七章
拜伦的选择

三艘运输艇朝着大海驶去，海岸上的雾气如同魅影，奇普孤零零地站在那里，约翰·拜伦凝视着他渐渐远去。他们一直在诱使拜伦相信，他们会带上奇普一起走，至少也是当成犯人带走。但现在，他们把他留下了。也没有给他留下一艘能用的船，不用说，他肯定会死在这里。拜伦后来写道："对这件事情的发展，我一直都蒙在鼓里。"

他原本做出的选择是自己可以承受的：放弃任务回国，这个决定也许会毁了他在海军的职业生涯，但能让他活命。而这么对待奇普船长就不一样了。当他变成一个彻底抛弃指挥官（无论这指挥官有多少缺点、有多暴虐）的角色，他在整个航程中一直抱持的浪漫的自我形象就受到了威胁，尽管这航程那么叫人恐惧。他看着奇普的身影变得越来越小，也和另外一些人一起朝他们的老船长高呼三声。随后奇普就消失了，拜伦的决定，似乎再也无法挽回了。

他们的船都还没有离开韦杰岛,就遭遇了一场暴风雨的迎头痛击,就好像他们已经要为犯下的罪孽接受惩罚似的。这时,拜伦听到令人不安的一声巨响:他们大力吹嘘的新大艇上临时代用的前桅帆裂开了,在狂风中胡乱翻卷。他们只好在奇普湾西边另一座岛屿的潟湖中找了个遮风挡雨的地方,在那里修理船帆,等着暴风雨过去。他们还只走了一英里都不到。

第二天,巴尔克利想找几个志愿者坐那条将官专用艇回韦杰岛,拿回他们丢掉的一个帆布帐篷,免得后面需要更多布料来做船帆。拜伦突然看到了一个机会。他主动提出跟这支队伍一起去,见习官坎贝尔也说要一起回去,这天下午他们便和另外八个人一起出发了,划着那条专用艇穿过剧烈起伏的海浪。坎贝尔有跟拜伦一样的顾虑,这两个青年见习官一边在海浪中颠来簸去,被浪花浇湿了全身,一边开始悄悄谋划起来。拜伦相信,如果他们想洗刷掉耻辱和怯懦的污点,他们就必须找回奇普。坎贝尔表示同意,他低声说,现在是时候了。

他们想偷偷带走这艘专用艇,于是试着拉船上其他人入伙。他们当中有几个以前也支持奇普,也对船长就这么被抛弃了感到震惊。因为担心即使回到英国也会被绞死,他们也加入了拜伦和坎贝尔的阵营,成了密谋中的反密谋。

拜伦和其他人一起划着船,心里越来越感到不安:要是巴尔克利和他手下那帮人怀疑他们不打算回去了的话怎么办? 他们未必会介意他们叛逃——因为这样一来需要运送的人就少了,吃饭的嘴也会少几张——但他们可能会因为丢了一条专用艇而勃然大怒，因为他们需要这条船的空间来装人，路上也需要用这条船把打猎的人送到岸上去。夜幕降临，拜伦和同伴们在黑暗中焦急万分地破浪前行，直到他们看到远处有篝火闪现：前哨站。拜伦和这支队伍安全回到了韦杰岛。

看到这些人去而复返，奇普感到很惊讶，而在得知他们的决定以后，他看起来更是一副喜出望外的样子。他把拜伦和坎贝尔迎进他的住处，又叫上埃利奥特医生和海军陆战队中尉汉密尔顿，一直聊到夜深人静，满怀希望地谈论着他们的前景，因为现在不用面对那群叛变的人了。岛上现在有了二十人：主营地十三人，还有七个在脱离者的营地里。奇普他们现在有了至少一条能用的船，就是那条将官专用艇，而且还可以试试能不能把小划艇修好。

然而第二天早上拜伦醒来后，不得不面对严峻的现实。他没什么衣服可穿，只有一顶帽子、一条破破烂烂的裤子，还有件马甲也烂得不成形了。他的鞋早就四分五裂，现在打着赤脚。最令人苦恼的是，他什么吃的都没有，连"蛇皮蛋糕"都没有。跟他一起回来的那些人也都同样一无所有——他们少得可怜的口粮存放在优速号上，跟那些他们刚背叛的人在一起。

奇普把他的肉拿了一些出来给大家吃——已经腐烂了，而且无论如何都不够他们维持太久的生命。拜伦一直都是被不同上级的心血来潮牵着鼻子走，现在终于想要制订一个自己的计

221

划了。他认定自己必须回到那些叛变者那里，把理应分配给他们这些人的口粮要回来。这可能会很冒险，甚至可能是鲁莽之举，但除此之外，还有什么办法呢？

拜伦提出这个想法以后，奇普提醒他，敌人恐怕会报复他们，扣留这条专用艇，让他们再次陷入绝境。

拜伦也想到过这种情况。他说，他和坎贝尔以及这支小队可以把专用艇停在离那个潟湖有一定距离的地方，然后留下大部分人守着船，他和坎贝尔徒步走完剩下的路程去找巴尔克利的队伍。他们确实很可能会遭到报复且无法招架，但食物的诱惑实在是太大了。在奇普鼓励下，那天上午，拜伦和这支小队出发了。

他们划到另一座岛上后，找了个僻静的地方把船藏了起来。随后拜伦和坎贝尔便告别同伴，开始艰苦跋涉。他们艰难地穿过黏糊糊的沼泽和盘根错节的森林，一直走到这天晚上，才终于来到那个黑色潟湖附近。在黑暗中，他们能听到那边的声音。大多数叛变者，包括他们的领袖巴尔克利和贝恩斯，都正在海岸上找吃的——那永恒的追寻。

见到两名见习官突然出现，巴尔克利似乎有些迷惑不解。他们为什么是从陆地上过来的，那条专用艇呢？

拜伦鼓起勇气，宣称他们不会丢下奇普。

巴尔克利似乎被拜伦的叛逃激怒了。他认定拜伦是受到了坎贝尔的胁迫——要不然就是这位贵族出身的见习官重新回到了根深蒂固的阶级秩序和等级制度中。(巴尔克利在日记中欲说还休地评论道,"尊贵的拜伦先生"无法让自己完全适应"跟这些人一起执戈前驱"。)

拜伦和坎贝尔要求拿到他们这支小队伍应该分到的那份口粮,但巴尔克利和贝恩斯要求他们说出那条专用艇在什么地方。坎贝尔告诉他们,他们打算留着这条船——毕竟这条船本来就是要用来搭载10个人,而现在他们决定回去跟着奇普的人也刚好是10个。其中一个叛变者怒气冲冲地骂道:"该死!"并警告他们说,除非他们把专用艇送回来,否则什么都不会给他们。

拜伦直接向其他人提出这个请求,但他们也对他说,如果第二天他没把专用艇带回来,他们就会把小快艇武装起来去找他。

拜伦走开了。但过了一会儿,心急如焚的他走回来又问了一遍,还是一无所获。他想,为什么人会变得这么残忍。

他离开的时候,一阵大风把他的帽子刮跑了。海员约翰·达克走向他的老伙计,慷慨地把自己的帽子送给他。

拜伦被闪现的这一丝善意感动了。他大喊道:"约翰!我感谢你。"但他坚持说不能让达克没有帽子戴,还是把帽子还给了达克。

然后拜伦就和坎贝尔匆匆忙忙地离开了。他们回到专用艇那里,跟其他人一起穿过海面,还不时回过头去,看看有没有一艘小快艇,举着闪闪发光的枪口在后面追赶。

第十八章
慈悲港

风一停歇下来,巴尔克利、贝恩斯上尉和其他人就乘着剩下的两条船出发了。他们距离前哨站只是划几桨的工夫,也有人请战说要前去袭击,把专用艇夺回来,但巴尔克利没有听从,带着他们驶往另一个方向——一路向南,前往麦哲伦海峡。他们再也不会回头了。

随着他们稳步前进,就算是对巴尔克利这样的老水手来说,也有一件事情变得越来越清晰了,那就是乘坐这两艘劫后余生的船进行的这段旅程,与他们以前经历过的任何事情都很不一样。优速号并不比原来的大艇大多少,而大艇本来的设计容量只是20名桨手,是用来短距离运送补给品的。而现在的优速号上塞满了够他们喝一个月的水,还有足以御敌的枪支弹药。最重要的是,船上挤满了人,船头、船桅周围、舵柄以及甲板下的货舱里,到处都是人挤人。这条船看着就像是用人的肢体临时拼装起来的一样。

船上有59个人，没有地方能让人躺下，船员甚至难以在船上走动，去升起船帆或拉动绳索。值完几个小时的班，甲板上的人会费劲地跟船舱里的人交换位置。船舱里面又湿又黑，就像棺材里一样，但还是提供了一定程度的保护，可以少受一点风雨侵袭。需要便溺的话，就必须倚在船体一侧把身子探出去。巴尔克利写道，光是他们那些湿衣服的恶臭，就"让我们呼吸的空气变得一闻就想吐，你甚至会觉得这种条件根本叫人活不下去"。

大艇满载着人和补给品，把船身压得非常低，船尾离水面甚至几乎不到四英寸。就算是很小的海浪也能越过船舷，把里面的人打湿；在波浪起伏的海面上，几乎每一道浪头都会把甲板上的船员卷进去。

小快艇上的12个人里有事务长托马斯·哈维，他们的情形更糟。这条船只有25英尺长，在海浪中更不稳定，有暴风雨来袭时，海浪会翻卷得比这条船唯一的船桅还高。船上的人挤成一堆，坐在又硬又窄的木板上，随着海浪颠上颠下。这条船里面并没有能让船员躲避风雨的空间，晚上他们有时候会爬到优速号上去睡一会儿，这时候优速号会把小快艇拖在后面，而大艇上满满当当地挤着71个人。

不只是这两条船必须穿过地球上最风高浪急的一些海域，而且正在试图完成这个壮举的人里面，大多数都已经奄奄一息了。巴尔克利写道："船上绝大部分人都对于生命不管不顾，以至于对于自己究竟应该是死还是活，看起来都是一副漠不关心的样子。而且你要费上九牛二虎之力，才能说服他们当中随便哪一个去甲板上帮忙保护他们自己。"对巴尔克利来说，在这种情形下领导这样一群人极具挑战，而不寻常的权力动态也增添了困难。尽管从很多方面来说巴尔克利实际上就是船长，但从官方角度来讲，贝恩斯上尉才是他们的指挥官。

10月30日，起航两周后，他们再次遭遇了一场暴风雨。横扫太平洋的狂风一个劲击打着他们，海浪也不停冲撞，这时巴尔克利在东边满是山头的海岸线上发现了一条狭长的水道。他觉得这条水道也许通往安全的港湾，但水道周围全是岩石，就像曾经把韦杰号撞了个窟窿的那一片地形。巴尔克利经常征询贝恩斯的意见，因为他们是这么约定的，他也经常跟木匠卡明斯协商，因为信任。巴尔克利似乎也在用这种磋商将自己与已遭废黜的船长之间的区别昭示出来。

现在，巴尔克利正面临第一个重大的战术性决定：是继续待在开阔的海域上，还是尝试钻进岩石缝里去。他写道："继续留在海上，我们眼前只能看到死亡的结局，而向陆地冲过去看起来也是同样的前景。"两条船倾斜得越来越厉害了，最后他还是选择了驶向那条水道："那个入口非常危险，没有哪个凡俗之人会愿意尝试，除非他面临的情形跟我们的一样绝望。"

他们离那道峡口越来越近，也听到了气势汹汹的轰鸣声，是碎浪在撞击礁石。稍有不慎，他们就会葬身鱼腹。瞭望员密切观察着水域，看水下有没有石头，船员则在操控着船帆。巴尔克利抖擞精神，站在甲板上大声发出指令，引领他们穿过迷宫般的石阵，直到他们安安稳稳地停进一个港湾。周围壁立千仞，还有晶莹剔透的悬泉飞瀑。这个地方真是太宽敞了，巴尔克利夸张地说，整个英国海军都能装下。

他几乎没有时间品味胜利的果实。一队队人乘坐小快艇登岸，去采集淡水和能找到的任何贝类，或者用巴尔克利的话来说，"上苍扔在我们路上的任何东西"。随后这些人又出发了，一头扎进波涛汹涌的大海。

11月3日，在一场猛烈的暴风雨中，巴尔克利向小快艇上的船员发出信号，让他们靠近一些。之后没多久，小快艇的主帆破了，随后消失不见了。巴尔克利和大艇上的人来来回回抢风航行，每次优速号随着浪头升到高处时，他们都会四处瞭望有没有另一艘船的踪影。然而哪里都看不到那艘小快艇——它肯定已经带着上面的十二个人一起沉没了。最后，由于优速号本来就自身难保，巴尔克利和贝恩斯只能放弃搜救，躲进海岸线上的一处海湾。

巴尔克利经历了失去战友的悲痛，这些人实际上都是由他指挥的。尽管优速号的船舱里那么拥挤，他还是从里面取出自己的日记，认认真真地写下了他们的名字。和小快艇一起失踪的有事务长哈维，很会造筏子的理查德·菲普斯，以及木匠的助手威廉·奥拉姆，是巴尔克利劝他从脱离者那边回来帮忙造船，他本是带着能回到英国的希望的。

优速号的龙骨很深，船身也很重，因此无法开到离满是石头的海岸线很近的地方，而没有了小快艇，他们也就没办法把人送到岸上去找吃的了。他们当中只有几个人会游泳。巴尔克利承认："现在我们到了最悲惨的境地。"

11月5日，他们尝试出海，但是被暴风雨迎头痛击，只能退回来。他们又一次被困在船上，一边忍受着饥饿的煎熬，一边痛苦地盯着岩石上的几个贻贝，无从下手。最后实在没办法了，水手长约翰·金抓起几把桨和几个空桶，拿绳子绑在一起，然后把这个看起来很奇怪的东西丢进水里。漂起来了。

他和另外两个人跳到这玩意上面，开始往岸边划。然而才划出去几英尺，一道海浪就把这几个木桶卷到空中，把他们几个猛地扔进海里。他们拼命挣扎，其中两个被优速号上的船员搭救上来，但约翰·金设法抓住了破破烂烂的筏子，踢着腿游向岸边。那天晚上，他带着能找到的食物回来了，还说在海滩上看到了一个装食物的空桶，看起来像是英国海军发的那种。大家一下子认真起来，想到是不是有另一艘船，甚至说不定就是安森准将的旗舰百夫长号，像韦杰号一样在这附近沉没了。

第二天上午，巴尔克利和优速号上的人继续航行，在一无所有的海面上无意中看到一缕白色在海浪中起伏，一会儿沉入波涛间，一会儿又在浪头上升起。是小快艇的船帆！船完好无损，那十二名船员也是——浑身都湿透了，也都有些恍惚，但都还活着。巴尔克利写道，这次奇迹般的重聚，给他们所有人都注入了"新生命"。

他们驶进一个小海湾,派小快艇去采集了一些贝类,随后准备休息一下。小快艇就系在优速号船尾,除了一个名叫詹姆斯·斯图尔特(James Stewart)的海员外,小快艇上的船员也全都挤到了优速号上面来睡觉。

凌晨两点,绳子不知怎么的断了,让小快艇在海面上横冲直撞起来。在下着滂沱大雨的黑暗中,巴尔克利和另外几个人瞭望着——斯图尔特在那艘船上,正朝着礁石飞驰而去。他们大声喊着他的名字,但已经太远了,在狂风中根本听不到。很快,小快艇就消失了——这一次无疑是永远消失,在岩石上撞得粉碎。

他们不但失去了又一个同伴,也失去了上岸寻找食物的办法。而且,这70个人从现在开始,就得日日夜夜都一起挤在优速号上了。巴尔克利写道:"人们非常焦虑不安,很多人都对能否得救感到绝望。"

第二天,包括菲普斯在内的11个人要求把他们留在这个荒凉的地方,而不是留在优速号上继续这段看起来注定会失败的航程。巴尔克利和贝恩斯对任何事情都会考虑法律后果,因此他们起草了一份准备递交给海军大臣的文件,声明这个决定是这11个人自愿做出的,并保证不追究"任何把我们留在海岸上的人的责任"。巴尔克利在日记里写道,这些人留下来,是为了"保全他们自己和我们"。

巴尔克利把优速号尽可能靠近岸边,这11个人跳下去,巴尔克利看着他们游向那片了无生机的土地。从那以后，就再也没有人报告称看到过他们。随后，巴尔克利和优速号上剩下的人又上路了。

* * *

11月10日，从韦杰岛出发将近一个月，行驶了约400英里后，巴尔克利看到一连串贫瘠的小岛。他感觉这些岛看起来正是约翰·纳伯勒爵士描述的麦哲伦海峡西北口上的样子。南边，这个口子的另一边，是另一座荒凉的岛屿，上面深色的石头山犬牙交错。巴尔克利看出来，这肯定是荒凉岛（Desolation Island）——是纳伯勒起的这个名字，因为"这片土地看起来太荒凉了"。根据这些观察和对优速号纬度的计算，巴尔克利确信，他们已经抵达麦哲伦海峡。

巴尔克利把优速号转向东南，正要实现自己的计划的时候，突然产生了一种他很少承认的感觉：绝对的恐惧。他发现，"我这辈子还从来没……见过在这里奔涌的这样的大海"。风势是跟台风一样的强度，海水仿佛在你死我活地自相残杀。巴尔克利相信，他现在看到的是太平洋涌向海峡与大西洋涌出海峡的水流的交汇处——英国海盗弗朗西斯·德雷克也是在这里遇到了随船牧师所说的"无法忍受的风暴"。（牧师写道，上帝似乎是在"与我们为敌"，并且"在把我们的身体，还有我们的船都埋进汹涌大海的无底深渊之前"，不会"撤回他的天谴"。）海浪开始吞没优速号，从船尾到船头，从船体到船桅顶上。一道海浪打得优速号歪了20度，然后是50度、80度，直到优速号完全侧翻过来，船桅和船帆都贴到了水面上。船被压得吱嘎作响，海水灌进来，船身也变了形，巴尔克利相信，这条船再也不会立起来了。在他经历了所有这一切，做出那么多牺牲、犯下那么多罪孽后，现在要面临的前景，却是白白死去——就这样溺水而死，再也见不到自己的家人。然而，慢慢地，优速号开始自行直立起来，水从甲板上泼洒出去，船帆一点点抬起，优速号又站稳了脚跟。

每一次暂时脱险似乎都在加强巴尔克利救世主一般的热情。在谈到这场风暴时，他写道："我们真诚地祈祷风暴能够停息，因为没有别的办法能拯救我们，让我们免于死亡。"有那么一瞬间，他们瞥见了一个海湾，于是试图乘风破浪把船开进去。他把这一瞥所见描述为恩典之光。他写道："我们周围全是石头，离我们特别近，扔块饼干肯定就能砸到。"不过他们还是迅速开进了那个小海湾，那里面波平如镜。巴尔克利写道："我们管这个地方叫慈悲港，因为是上帝的慈悲让我们今天能够幸免于难，堪称奇迹。我们中间就算是最堕落的人也不再怀疑全能上帝的存在，还保证说一定会改过自新。"

* * *

然而随着日子一天天过去，这些人却变得越来越心灰意懒，也越来越无法无天。他们不停地索要额外的口粮,巴尔克利和贝恩斯发现,他们现在处于无法取胜的境地,奇普也是在同样情形下败下阵来的。巴尔克利写道:"如果我们在发放食品的时候没有精打细算到极致,我们就必定全部要挨饿。"用他的话来说,那些曾经那么热切、那么忠诚地追随他的人,现在似乎"已经准备好叛变和搞破坏了"。他又补充道:"我们不知道要怎么做才能让他们听从任何命令;他们把我们烦的啊,都生无可恋了。"

巴尔克利跟贝恩斯和卡明斯一起尽心尽力地维持着秩序。大家一起签署的那些戒律规定,任何引发骚乱的人都会被遗弃。然而巴尔克利提出了另一个非常不一样的威胁:如果他们继续这么无法无天,他会和贝恩斯、卡明斯一起要求被送到岸上,把其他人留在船上自生自灭。船员们都知道这条船离不开巴尔克利——没有人能像他那样有发了疯似的狂热,为大家规划路线,跟恶劣的天气战斗到底——因而他的威胁确实能让人清醒。巴尔克利写道:"人民承诺接受领导,而且管理起来也确实容易多了。"为了进一步安抚这些人,他从储备里多发了点面粉,又记载说很多人"一拿到手就把这些面粉生吞了下去"。

尽管如此,他们还是离鬼门关越来越近。死亡人员中有一个十六岁的男孩名叫乔治·贝特曼(George Bateman)。巴尔克利写道:"这个可怜的孩子忍饥挨饿,最后死的时候已经成了骷髅。……还有几个人也处于同样悲惨的境地,如果不能迅速缓解,肯定也会经历同样的命运。"

他尽力抚慰生病的人,但他们最需要的是食物。有个十二岁的孩子恳求一个很亲密的同伴多给他点面粉,说要不然他肯定活不到巴西,但他这个同船共渡的伙伴丝毫不为所动。巴尔克利写道:"没有经历过我们这种苦难的人,会很奇怪人们怎会如此没有人性,在看到同类在自己面前饿死时,却不提供任何帮助。然而饥饿会让人失去所有同情心。"那孩子的痛苦,直到"上天赐予他死亡,让他解脱"之后才宣告结束。

11月24日,优速号在水道和潟湖组成的迷宫里走得晕头转向,贝恩斯责怪巴尔克利,说他搞错了,不该进入这个海峡。他们真的是走错了路,浪费了两个星期吗?巴尔克利反驳说:"如果世界上有那么一个地方是麦哲伦海峡的话,那我们现在就在这个海峡里面。"

然而异议的声浪越来越高,最后巴尔克利还是掉转船头,原路返回大西洋。有个海军陆战队员开始发疯,歇斯底里地大笑,后来突然悄无声息地倒地身亡。没过多久又死了一个人,然后又是一个。他们的尸体被扔进了海里。

幸存下来的人花了将近两周的时间才原路回到海峡出口,这时他们才意识到他们确实早就找到了麦哲伦海峡。现在又得往东重走一遍了。

也许奇普是对的——也许他们就是应该北上。

第十九章
阴魂不散

奇普并没有放弃找到安森准将、重新加入分遣舰队的计划。他跟最后剩下的那些脱离者结成了联盟，因为绝望也能孕育团结。合并后的这个团体，死了一个人，还有19人，其中有拜伦、坎贝尔，海军陆战队中尉汉密尔顿，以及埃利奥特医生。其他人离开韦杰岛已经两个月，奇普和剩下的人住在前哨站的避难所里，以海藻为生，偶尔也能吃到点海鸟。

奇普不再受到拜伦所描述的"无法无天的船员肆无忌惮的请求、恐吓和骚动"的困扰，看起来焕然一新，充满活力，也非常投入。坎贝尔看到，"他现在变得非常忙碌，到处寻找木头和水，生火，还证明了自己作为厨师也相当出色"。奇普和剩下的这些人运用他们在改造大艇时学会的技能，修好了破损的小划艇，破破烂烂的将官专用艇也得到了加固。同时他们还从沉没的韦杰号上打捞上来三桶牛肉，奇普设法把其中一部分存了下来，为接下来的旅程做准备。奇普在他的记录中写道："接下来我便开始觉得大有希望了。"现在万事俱备，他们只需要等风暴停息，就可以出发了。

12月15日，奇普在一束光照中醒来——阳光透过云层，在他眼前闪耀着。为了更清楚地看到大海的情形，他跟拜伦和另外几个人一起登上苦难山。到山顶后，奇普掏出望远镜，往海平线看去。远处可以看到汹涌的海浪。

但他们迫不及待地想要逃离这个地方。他们很多人都被无穷无尽的霉运吓坏了，也相信是因为詹姆斯·米切尔在苦难山杀死的那个海员没有入土为安，所以他的鬼魂一直在纠缠他们。拜伦写道："一天晚上，我们被一阵奇怪的叫声吓到了，听起来像是有人溺水了。我们好多人都从屋子里跑出来，跑向发出那阵声音的地方，那个地方离岸边不远，我们影影绰绰地看到（因为是在月光下），有个外观看起来像是人的东西在游泳，一半的身子在水里。这个生物发出的声音跟他们以前听到过的任何动物发出的声音都很不一样，因而给这些人留下了很深的印象。后来他们在遇到劫难时，也经常会回想起这个幽灵。"

这些劫后余生的人开始把他们少得可怜的补给品往24英尺的将官专用艇和18英尺的小划艇上装。这两条船比那艘小快艇还小，都没有甲板，只有交叉的木板可以坐。两条船都有一根很短的桅杆，可以借助风力航行，但大部分动力仍然必须由桨来提供。奇普挤进专用艇，跟他一块儿的还有拜伦和另外八人。他们的身体、绳索、船帆以及一桶桶食物和淡水混杂在一起，每个人容身的地方几乎不到一英尺。坎贝尔、汉密尔顿和另外六人挤在小划艇里也是同样的情形,跟身边的人都是胳膊肘和膝盖互相顶来顶去。

奇普扫视着前哨站,过去七个月他们的家。留下来的只是一些零零落落、饱经风霜的避难所,它们是这里曾发生过一场生死搏斗的证据,但很快也会在风雨侵袭中湮灭。

奇普热切地盼望着离开——用他自己的话来说,这种渴望填满了"我整个的心"。在他示意下,拜伦和其他人从韦杰岛起航了,开启了他们漫长而艰险的北上旅程。他们必须航行将近100英里穿过痛苦湾,随后沿太平洋海岸线再走250英里,才能抵达奇洛埃岛。

才走了一小时雨就开始劈头盖脸地下起来,西边刮来的风又冷又烈。崩塌的海浪掩埋了这两条船,奇普吩咐拜伦和其他人背对大海,形成人墙来挡住汹涌而至的海水。然而海水不断涌来,势要淹没船身。仅仅靠他们的身体,靠他们的帽子和手,这些人不可能以足够快的速度离开这里。奇普知道,如果他们不让本就超载的船减轻重量,他们会在韦杰岛附近第二次沉没。因此,他们不得不做出了不可思议的事情:把几乎所有补给品,包括最珍贵的一桶桶食物,全都扔掉了。这些饿得半死的人,眼睁睁看着他们最后的口粮被贪婪的大海吞噬。

到了晚上,奇普一行找到一条路,驶进海岸线上的一个小海湾。他们上了岸,爬上多山的地形,满心指望能发现一个遮风挡雨的地方睡个觉，但最后他们在一片开阔的石面上倒下了，定定地看着雨水。他们怀想着韦杰岛上那些避难所。坎贝尔写道："在这里，我们只能天当被，地当床。冷得要命，到了早上，我们有几个人都几乎冻死了。"

奇普知道他们必须继续前进，于是催促着大家回到船上。他们划了一小时又一小时，划了一天又一天，只偶尔停下来从水下的石头上扒拉些海藻上来，做成一顿他们叫作"海草"的饭。风向转为南风时，他们就顺风而行，把缝补起来的帆布展开，让船身乘风破浪。

离开韦杰岛九天后，他们已经往北走了将近一百英里。在西北方向他们能看到一个海角的尖角，有三面巨大的峭壁直插入海。他们差不多已经到了痛苦湾最北边，这段旅程中最艰难的时候肯定已经过去了。

他们停在岸边睡了一觉，第二天早上醒来后，他们意识到这一天是12月25日。他们用一顿海草大餐和几杯新鲜的溪水（他们称为"亚当的酒"）庆祝了圣诞节，因为上帝给亚当喝的也只有这个。奇普为国王乔治二世的健康举杯祝酒，随后他们就收拾了一下，继续上路了。

几天后，他们下行到海角，这是整个路线上最关键的地方。海水汇聚在这里，形成了汹涌的海流和巨浪，波峰上泛着泡沫，坎贝尔称为"白色中的白色"。奇普命令船员们降低船帆以免倾侧，并使出全身力气划桨。

奇普给他们鼓劲，叫他们继续往前划。几个小时后，他们来到三座悬崖中的第一座那里，但很快就被海浪和海流逼退了。他们想撤退到附近的一个海湾里，但因为太累，天黑的时候都还没划到，最后所有人都直接抱着桨睡着了。太阳出来后，他们在那个海湾里休息了一阵，直到奇普命令他们再次出发，看看能不能越过那个海角。他们必须为国王、为祖国而划。为他们的妻子、儿子、女儿、母亲、父亲、爱人以及他们彼此而划。这一次，这些劫后余生的人抵达了第二座悬崖，然而又一次被逼退，仍然只能回到那个海湾里。

第二天早上，情况看起来非常严峻，奇普也知道，没有人还敢尝试绕过海角，于是他们上了岸，去找些吃的。他们需要吃点东西才有力气。其中一个人碰到了一只海豹，举起滑膛枪，开枪打中了它。他们在篝火上把肉烧好，撕下大块大块的脂肪大快朵颐。什么都没剩下。拜伦甚至还用海豹皮做了双鞋，裹在他快要冻伤的脚上。

他们的船就在岸边不远的地方下的锚，奇普给每条船分配了两个人，负责夜里值班守着。抽到去守将官专用艇的有一个是拜伦。但他和另外几个人都因为饱餐一顿重新活了过来，满怀期待地进入了梦乡：也许明天他们就终于能越过海角了。

* * *

有什么东西砰的一声撞在专用艇上。拜伦写道："我……被这条船不同寻常的运动震醒了,还听到我们周围到处都是碎浪在嘶吼。也是在这个时候,我听到一声尖叫。"就好像韦杰岛的鬼魂又找上他们了一般。尖叫声来自停在几米开外的小划艇,拜伦转过头,刚好看到那条船,连同船上的两个人在一道巨浪中倾覆,随后沉没了。其中一个人被海浪冲到海滩上,另一个人淹死了。

拜伦觉得自己这条船随时都会翻过来。他跟同伴一起把锚收起,划到船头对着浪头的方向,努力避免海浪从侧面撞上来,等着风暴自己消停下去。他写道:"第二天我们一整天都躺在这里,在一片广阔的海洋中,不知道等待我们的会是什么命运。"

* * *

他们终于回到岸上,跟奇普和其他幸存者会合了。他们一行现在剩下18人,没有了小划艇,就没有足够空间把所有人都运走了。专用艇上还能勉强装下三个人,但剩下四个就只能被扔下,否则所有人都会死。

选出来的是四名海军陆战队员。他们是陆军士兵,缺乏航海技能。坎贝尔承认:"那几个海军陆战队员被选中了,因为他们在船上没有任何作用 …… 这么做非常让人伤心,但又不得不这么做。"他记下了这四名海军陆战队员的姓氏:史密斯、霍布斯、赫特福德、克罗斯莱特。

奇普给他们分了一些武器,还有一只煎锅。坎贝尔写道:"因为同情他们,我们的心都要化了。"专用艇渐渐远去,四名海军陆战队员站在海滩上,向船上的人高呼三声,并高喊道:"上帝保佑吾王!"

* * *

奇普一行离开韦杰岛六个星期后,第三次来到这个海角。海面比之前任何时候都更加狂乱,但奇普示意大家继续前行。他们冲过了第一道悬崖,然后是第二道。只剩下最后一个悬崖了。他们马上就越过去了。然而船员们崩溃了,精疲力竭,一败涂地。拜伦写道:"现在他们觉得,无论什么船都不可能绕过这个海角,于是就那么靠在桨上面,直到他们的船几乎贴在碎浪上。我觉得他们就是想马上结束自己的生命,也结束自己遭受的痛苦。"有那么一阵,谁也没有动,也没有人说话。他们几乎就骑在碎浪上,海浪的轰鸣声震耳欲聋。"最后,奇普船长对他们说,他们要么就马上灭亡,要么就死命地划。"

他们拿起桨,使尽浑身力气避开岩石,掉转船头。拜伦写道:"现在我们已经听天由命了……放弃了继续尝试越过海角的任何想法。"

很多人都把失败归咎于没有让那个海员在韦杰岛上入土为安。他们回到海湾,想着至少还能找回那四个海军陆战队员。不知道为什么,反正现在他们打定主意,要让那几个人也挤上船。就像坎贝尔写的那样:"我们想着,如果船沉了,我们就能摆脱我们多灾多难的人生了，要死也死在一起。"

然而，海滩上除了一支滑膛枪以外，找不到他们的任何踪迹。他们肯定已经死了，但他们的尸体在哪儿？这群劫后余生的人想要以某种方式来纪念他们四人。拜伦写道："我们把这个海湾命名为海军湾。"

奇普想最后再尝试一次绕过海角。他们就差那么一点点了，要是他们成功了，奇普肯定他的计划也会成功。然而人们再也受不了他那份痴迷，决定回到他们这么久以来一直想要逃离的地方：韦杰岛。坎贝尔写道："现在我们全都对回到我们的祖国不抱任何希望了。"他们只想在岛上度过最后的时光，那里已经成了"某种意义上的家"。

奇普勉强同意了。他们花了快两个星期才绕回韦杰岛，到这时，这一趟灾难般的尝试已经持续了两个月。在路上，他们耗尽了所有食物，拜伦甚至把裹在脚上已经腐臭难闻的海豹皮都吃掉了。他还听到有几个人在悄悄议论抓阄"决定让一个人去死，好支撑其他人活下去"的事情。这跟之前有人以同伴的死尸为食可不是一回事。这是为了能有口吃的而杀死一个同伴——后来诗人拜伦勋爵就设想了这样一个令人毛骨悚然的仪式：

阄做好了，写上名字，混合起来，
每人在沉默的恐怖中抓了一个，
这邪恶的勾当本来由饥火引起，

人们因此反忘了那啮人的饥饿。

不过他们最终没有走到这一步,反倒是跌跌撞撞地爬上苦难山,找到他们那个同伴已经腐烂的尸体。他们相信,就是这个人的鬼魂一直阴魂不散,纠缠着他们。他们挖了个坑把他埋了。然后他们回到前哨站,挤成一团,静静听着大海的吟唱。

第二十章
得救的日子

优速号上的巴尔克利和另外58人回到路线上,在麦哲伦海峡里朝大西洋慢慢漂着。破损、漏水的优速号已经无法迎风而行,巴尔克利费力地维持着航向。巴尔克利写道:"看到这条船不会转到迎风方向航行,任何能思考的人都会感到很沮丧。"随后又补充说,这条船一直"在海上游得叫人那么心酸"。

巴尔克利同时也肩负着首席领航员的责任。这片地方并没有详尽的地图,他只能根据纳伯勒的叙述,再结合自己的观察,把地形信息一点点拼凑起来。到了晚上,他又是头昏眼花,又是心力交瘁,但还是要通过读取星星的位置来确定船的纬度;白天的时候则通过航位推算法来估计所在经度。接下来就是用这些坐标值跟纳伯勒写下的数据作比对,这是信息拼图里的另一块。他日记里的条目通常都这样写道:"八点看到两个暗礁,从一块陆地延伸出去有两里格,看着就像一座古老的城堡。"

巴尔克利和手下人在海峡里前进,有时借助风帆,有时下力划行,有时经过长了树、灰扑扑的山丘,有时经过蓝色的冰川。安第斯山脉在远处若隐若现,上面是终年的积雪。查尔斯·达尔文后来写道,就是这条海岸线让"旱鸭子连着一星期都在梦见船只失事遇险,梦见危险和死亡"。他们划着船经过一座悬崖,看到两个土著男人,戴着上面插着白色羽毛的帽子,肚皮朝下趴在地上,俯视着他们,后来不见了。他们经过了弗罗厄德角(Cape Froward),这是南美大陆的最南端,麦哲伦海峡的两段水道——一段从太平洋延伸过来,一段往大西洋延伸出去——也是在这里交汇。

航道在这个交汇点有个急转弯,转向东北。拐过去之后再走20英里,巴尔克利和手下人就到了饥荒港——老大帝国的又一处演习场所。1584年,西班牙人决心控制进入海峡的这个咽喉要道,于是打算在这里建立一个殖民地,送了大概三百人来此定居,有士兵,有方济各会牧师,还有妇孺。然而到了滴水成冰的冬天,他们的食品开始耗尽。将近三年后才有另一支探险队来到这里,这时大部分殖民者都已经(用一个目击者的话来说)"在屋里像狗一样死掉了",整个村子都"满是死人的味道和气息"。

巴尔克利一行经过饥荒港废墟是在1741年12月7日,距离他们离开韦杰岛已经快两个月了。如果没有更多吃的和淡水,他们也很快就会步那些殖民者后尘。

两天后,他们在长着树的海岸上看到一群南美野生羊驼。巴尔克利用猎食者的眼光描述说,美洲驼这种的野生近亲"跟英国的鹿一样大,脖子很长;脑袋、嘴巴和耳朵像羊"。随后又补充说,这种生灵"四腿修长,像鹿一样脚是分瓣的,短尾巴毛茸茸的,呈淡红色"。尽管他也记载道,这种动物极为"灵敏,视觉敏锐,非常怕人,很难射杀",他还是试着把优速号开到离岸边尽可能近的地方,让一些人拿着枪涉水上岸。但是,从山上刮下来的威利瓦飑逼得他只能后退。那群羊驼轻捷地离开了,他们也只能继续前进。

纳伯勒也描述到,海峡会开始收缩。巴尔克利意识到,他们进入了所谓的"第一关"(the First Narrow)。麦哲伦海峡最宽的地方能有20英里,但这里逐渐变窄,收缩到只有两英里。航行通过水道最窄的地方非常危险。潮水起伏的高差能有40英尺,还经常有逆风,以及流速达到八节的洋流。他们是在晚上开始进入这道长达9英里的急流的,他们集中全副精力,才能勉强在黑夜里看见点东西。好几个小时里,他们在影影绰绰的两岸之间操纵着船只,努力避开浅滩,控制着船不往下风方向漂移,直到天亮的时候,他们才驶出这段急流。

12月11日,他们划着桨,巴尔克利注意到远处有一堵峭壁,还有几座看起来很雄伟的白色悬崖。他感到一阵战栗,因为他认出了这个地方。这是"一万一千处女"海角,将近一年前,他跟着安森的分遣舰队一起路过这里,前往合恩角。巴尔克利一行来到了麦哲伦海峡最东端,正在进入大西洋。他们不只是靠着这么一条临时拼凑出来的小船就越过了这350英里的海峡,而且尽管刚开始他们走错了,也仍然只花了31天就穿了过来,比费迪南德·麦哲伦和他的西班牙舰队还快了一个星期——全靠巴尔克利杰出的领航工作。

然而,巴西境内离他们最近的定居点格兰德河港,还在他们北边一千六百多英里。要抵达那里,他们必须穿过西班牙控制下的一段海岸线(今属阿根廷),这就意味着他们还要面对被俘的危险。而除了一点点生面粉以外,他们也没有吃的了。

他们认定没有别的办法了,只能冒险让一队狩猎的人登陆。纳伯勒报告说,曾经看到过有个海湾里有个小岛,上面有海豹,他们便决定去那里看看。12月16日,他们驶进这个叫作"渴望港"的海湾①。巴尔克利看到,岸上有一块"尖耸的岩石,很像一座塔,看着就像是建起来当作地标的艺术品"。他没有看到任何有西班牙人在此居住的迹象,便领着大家继续深入港口。很快他们就发现了那个小岛:无数海豹懒洋洋地躺在上面,就好像从纳伯勒那时候到现在一直就没挪过窝一样。巴尔克利尽量靠近岸边下了锚,随后他们所有人,包括不会水的那些,都带着枪

---

① Port Desire,即今阿根廷德塞阿多港(Puerto Deseado)。

跳进齐脖深的水里，涉水登岸。一上岛，他们就疯了一样抓海豹。他们在火上把肉熏熟，一顿狼吞虎咽——用巴尔克利的话来说就是："这些人的吃相特别贪婪。"

没过多久就有很多人病倒了。最有可能的原因是他们患上了现在所谓的"再喂养综合征"，也就是饿了很久的人突然吃进大量食物后，可能会进入休克状态甚至死掉。（科学家后来会注意到这种病，是因为"二战"后从集中营里放出来的人身上出现了这些病征。）事务长托马斯·哈维就在吃下几份海豹肉后死了，还有至少一人也是在饱食一顿后很快死掉的，而他自觉这是吃下便能得到解放的大餐。

剩下的人沿着海岸线继续北进。过后没多久，他们带的海豹肉也渐渐吃完了，巴尔克利怎么也制止不了很多人为了最后剩下的口粮大打出手。很快，所有的食物都没有了。巴尔克利写道："从现在开始，没有肉，也没有水了，我们肯定会走向死亡。"

他们再次决定派一支狩猎队尝试登陆。但现在海面上波涛汹涌，他们只能在距离海岸有一段距离的地方下锚。必须游过碎浪才能登陆。然而他们大部分人都不会游泳，而且也因为力气耗尽没法动弹了。巴尔克利也不会游泳，因此被留下来掌舵。但水手长约翰·金，木匠卡明斯和另一个人跳进水里，推动他们的也许是勇气，也许是绝望，也许是兼而有之。看到这一幕，又有11个人激动起来，也跟着他们跳了下去，这里面有自由身的黑人海员约翰·达克和见习官艾萨克·莫里斯。有个海军陆战队员累了,开始乱扑腾,莫里斯想去够他,但那个海军陆战队员在离沙滩还有20英尺的地方溺水了。

其他游水的人跌跌撞撞地走上沙滩,巴尔克利扔了四个空桶下去,由海浪带到岸上。这些桶是用来装淡水的。巴尔克利在这几个桶上还绑了几条枪,有几个人把枪解下来,开始打猎。他们发现了一匹马,身上印着AR两个字母。西班牙人肯定就在附近。这群劫后余生的人越来越紧张,打死了这匹马和几只海豹,切开,把肉烤好。卡明斯、约翰·金和另外四个人游回船上,带了些吃的和淡水回去。然而风暴一直把优速号往海上推,剩下的八个人,包括达克和莫里斯在内,都被困在岸上了。巴尔克利写道:"我们仍然能看到他们在岸上,但就是没办法接他们上来。"

那天晚上,船在海浪中颠来簸去,舵也断了一部分,这让船操纵起来更困难了。巴尔克利跟贝恩斯、卡明斯和另一些人讨论了一下接下来该怎么办。在又一份大家签署的文件中,他们总结了他们的决定。在"南美洲海岸线,南纬37度25分,经度为从伦敦的子午线算起向西65度,1月14日"签署于优速号上的这份文件写明,舵断了以后,他们"感觉船随时都有可能沉没","所有人都一致认为,我们必须出海,否则都会死"。他们把一些枪和弹药以及一封解释他们为什么这么决定的信放进一只桶里,然后丢进海里,由海浪冲到岸上。他们一直等着,直到达克、莫里斯和另外六个人捡起这只桶。读完信,他们跪了下来,目送优速号远离。

他们在这里的所作所为,上帝都在看着吗?巴尔克利仍然在从《基督徒的典范》里寻求安慰,但里面有一段警告说:"如果问心无愧,你就会无惧死亡。逃避罪过好过逃避死亡。"然而,想活下去算是一种罪过吗?

坏了的舵让船游移不定,就好像在沿着自己选定的神秘路径前进一样。没过几天,他们就吃完了所有食物,水也所剩无几。几乎没有谁还能动弹。巴尔克利写道:"我们当中身体健康的人不超过15个(如果但凡能爬得动一点的都算健康的话)。大家都认为我是现在船上最强壮的人之一,但是我甚至都几乎没法连续站上十分钟……我们这些状态最好的人,都在尽最大努力给另外那些人打气。"

贝恩斯上尉也病倒了,他写道:"我们那些可怜的同胞,每天都有人死去,他们用病恹恹的表情看着我,希望我能帮他们一把,但我实在是做不到。"1月23日,托马斯·克拉克,一直在全力保护年幼儿子的那位航海官,死了。第二天,他的儿子也死了。厨师托马斯·麦克莱恩,船上年纪最大的人,挺过了飓风、坏血病和韦杰号失事,但也没有挺过这一关,在两天后咽下了最后一口气,享年82岁。

巴尔克利仍然在日记里潦草地记录着。如果他写的时候是在想着未来,那他肯定相信无论如何这本日记总有一天会回到陆地上。但他的神志也在衰退。有一次，他感觉自己看到了蝴蝶像雪片一样从天上飘落。

1742年1月28日，这条船被风吹向岸边，巴尔克利看到了一幅奇怪的景象。难道又是海市蜃楼？他又看了一眼。他很确定，自己看到的是木质建筑——房子，就坐落在一条大河边上。肯定是巴西最南边的格兰德河港。巴尔克利叫起其他船员，那些仍然有点意识的人抓起绳子，试图把剩下的一点船帆升起来，好起些作用。这群劫后余生的人，用了三个半月，跨过将近三千英里，终于来到了安全的巴西。

优速号漂进港口时，镇上有一些人也围拢过来。他们张口结舌地看着这艘浸透水的破船，船帆已经晒褪色，也早就破烂不堪了。随后，他们看到几乎无法辨认的人形，或散落在甲板上，或堆叠在货舱里，衣不蔽体，形销骨立，也全都晒脱了皮，就仿佛是从熊熊烈火中走出来的一般。他们浓密的头发里满是盐粒，垂落在他们的肩背上。巴尔克利在日记里写道："我相信，没有哪个凡俗之人，经历过的艰辛和痛苦比我们还多。"

很多人都已经无法动弹，但巴尔克利还是摇摇晃晃地站了起来。他告诉大家，他们是英国皇家海军韦杰号船员中的幸存者，而他们的船八个月前在智利海岸外沉没了。听到这些，围观群众更震惊了。巴尔克利写道："他们非常惊讶，三十个人，也就是现在还活着的人数，居然能塞在这么小的船里。但这条船甚至能塞下的人,是当初我们一起登船时的那么多,这对他们来说太惊人了,他们无论如何都无法相信。"

镇长也跑来迎接他们,在听说了他们的悲惨经历后,镇长在自己身上画了个十字,说他们能来到这里是个奇迹。他说,只要是这个国家能提供的,他都保证提供。病人被送去医院,但木匠的助手威廉·奥拉姆(帮助他们建好优速号,也走完了整个旅程的人)很快就死了。这一行人,从韦杰岛出发时有81人,现在只剩下29人了。

在巴尔克利看来,他们当中就算只有一个人幸存下来,也足以证明上帝存在,而且他相信,任何仍然胆敢怀疑这个真理的人"都活该好好感受一下上帝在极其愤怒时的雷霆之怒"。他在日记里写道,他们抵达巴西的那天应该叫"我们得救的日子,也应当就这么记住这一天"。

镇上给巴尔克利和另一些人提供了一间温暖、舒适的房子让他们休养,还给他们拿来装着新鲜面包和烤好的一块块牛肉的盘子。巴尔克利写道:"我们感觉自己恢复得相当好,非常开心。"

巴西各地都有人前来向他们致敬——这群海员,在一名炮长指挥下,完成了船只失事后航程最远的海上漂流。优速号被拖上岸,也成了朝圣的对象——用巴尔克利的话说,"这个奇迹……不断有人蜂拥而来,就为了看上一眼"。

巴尔克利得知,詹金斯耳朵之战一直还在拖着。他给里约热内卢的一名英国海军军官写了封信,告诉他他们这群人抵达的消息。在信里,他还提到了另一件事:奇普船长"应他自己的要求,留在了那里"。

第五部
审　判

第二十一章
纸上反叛

一天晚上,约翰·巴尔克利跟一个同伴去巴西乡间散步,好好享受着他们刚刚得到的自由。回到住处,他们发现门上的锁被弄坏了。他俩轻手轻脚地走进屋子,看到巴尔克利的卧室里东西扔得到处都是,看起来是有人在这里四处翻找什么东西。

巴尔克利听到一声响动,一转身就看到两个侵入者朝他们扑过来。其中一个打了巴尔克利一下,巴尔克利也开始回击。经过一番激烈的搏斗,袭击者遁入夜色不见了。巴尔克利认出了其中一人,是他们这群劫后余生的人里面的,也知道了他是在执行水手长约翰·金的命令 —— 在韦杰岛叛变的时候,这个水手长给了奇普船长脸上一拳。侵入者明显是在搜查巴尔克利的住处,但他们是想从这个如今一贫如洗的炮长身上得到什么呢?

巴尔克利感到非常不安,便和几个最亲密的同伴搬到了另一个寄宿的地方,是在一个渔村里。他说:"在这里,我们感觉很牢靠,很安全。"

几天后的晚上,有一伙人跑来砸门。巴尔克利拒绝开门,声称"晚上这个时候不合适"。但他们一直在那儿猛敲,还威胁说不开门就破门而入。巴尔克利他们在房子里到处搜寻,看看有没有武器,但他们找不到任何可以用来自卫的东西。于是他们偷偷从后面溜了出去,翻墙逃走了。

那伙人里有一个跟巴尔克利讲了他们是来找什么的:他的日记。在韦杰岛上,巴尔克利是唯一对正在发生的事情做同步记述的人。约翰·金和几个盟友看来是在担心,这份记录会透露他们在推翻奇普的时候起到了什么作用。这群之前在海上漂流的人,他们的生命再次受到了威胁,只是现在危险并非来自大自然,而是来自他们将要跟海军部讲述的故事。奇普那一拨人到现在仍然没有任何消息,似乎也不太可能突然出现并讲出他们那一边的说法。但是,要是他们真的出现了呢? 而且,就算他们不会回来,巴尔克利这边可能也会有人给出跟他们相冲突的说法 —— 为了撇清自己而指出同胞犯下某些罪行的说法。

随着相互之间的无端疑惧不断加深,巴尔克利写道,他听到约翰·金发誓"要么强迫我们交出日记,要么就要了我们的命"。巴西的一名官员表示,"一起经历过那么多艰辛和困难的人,却无法相亲相爱、和平共处",实在是太奇怪了。韦杰岛上释放出来的力量就像潘多拉魔盒里的邪祟:一旦放出来,就再也关不回去了。

作为队伍里的高级军官，贝恩斯上尉尤其担心。巴尔克利听到传言，说是上尉悄悄告诉巴西官员，发生在奇普船长身上的事情全怪巴尔克利和卡明斯。作为回应，巴尔克利跟往常一样，拿起羽毛笔，写下一张便条。在派人送给贝恩斯的信息里，巴尔克利指责他散布虚假、卑鄙的指控，还指出只要他们回到英国，他们所有人就都必须"对自己的行为负责，正义也会得到伸张"。

1742年3月，贝恩斯乘船逃回英国。他想赶在其他人之前回到英国，这样他的说法就可以最先被记录在案。巴尔克利和卡明斯过了好几个月才找到另一艘船踏上旅程，途中，他们在葡萄牙停留时，港口的几个英国商人告诉他们，贝恩斯已经对他们提出了严厉的指控。巴尔克利写道："我们有些朋友甚至建议我们不要回国，免得我们因为叛变而被处死。"

他告诉那些商人，贝恩斯的消息不可靠，一个有力证据就是他在岛上从来没记过日记。随后巴尔克利郑重其事地拿出自己的大部头日记，那派头跟拿出一本圣经一样。巴尔克利宣称，商人们查看了日记，"他们发现，这里面要是说有什么叛乱情事的话，领头为非作歹的人就正是指控我们的那个"。

巴尔克利和卡明斯继续踏上回家的航程。巴尔克利也仍然不由自主地往日记里添加新的内容。他写道："我们对自己的清白充满信心，也决心无论如何都要亲眼见到我们的祖国。"

1743年1月1日，他们的船在朴次茅斯下了锚。他们能看到自己家的房子就在远处。巴尔克利有两年多没有见到妻子和五个孩子了。他写道："我们一心只想赶紧上岸，跟家人团聚。"然而海军拦住了他们，不许他们下船。

在他们回来之前，贝恩斯就已经向海军部提交了一份书面陈述，声称奇普船长被巴尔克利和卡明斯领导下的一群叛变者推翻，他们把船长绑了起来，扔在韦杰岛上。海军部下令将两人收监，等待军事法庭审判。现在，他们在自己的国家成了俘虏。

巴尔克利称，贝恩斯的说法并非"完美叙述"，指出根据记忆讲出来的故事（贝恩斯自己也承认确实如此），可资验证的价值没有在事情发生时同期写下来的记录大。而在海军部要求巴尔克利提交自己的陈述时，他决定交出整本日记——他说这是自己拼死都要保护好的东西。尽管日记是用第一人称写的，巴尔克利还是把卡明斯也列为合著者，这样也许会让这份叙述更加可信，同时也保护这位最亲密的朋友免受惩罚。

这本日记从他们的角度阐述了导致他们揭竿而起的各起事件，包括对奇普船长精神崩溃、开枪击中科曾斯头部使之毙命的指控。巴尔克利写道："如果事情没有严格按照海军恪守的秩序和规定进行，我们就有必要偏离共同道路。我们的情形很独特：自从船只失事以后，我们最关心的首要问题，就是保护我们的生命和自由。"最后，他们别无选择，只能"根据理性"行事。

巴尔克利不但提交了日记，一起交上去作为证据的还有他们在岛上起草的法律文件——贝恩斯本人明明也在这些文件上签了字。海军部似乎被这么多材料吓到了,所有人命运攸关的那本日记就在海军部办公室里搁置了一段时间。巴尔克利写道,最终办公室把日记发还给他,还附了一道命令:"以叙述的方式撰写一份摘要,这样大人先生们读起来不会那么沉闷。"

巴尔克利和卡明斯立即行动起来,从他们的叙述里提炼出摘要,跟着一份说明递交了上去:"我们严格遵循了不幸的奇普船长的愿望,他给我们的最后一道指令是,一定要向大人先生们如实陈述。"

海军部的大佬们对这些事件互相冲突的叙述版本感到困惑不已,于是决定推迟调查,至少也要等到奇普被正式宣告死亡为止。与此同时,巴尔克利和卡明斯在收监两周后获释。巴尔克利写道:"我们的家人早就以为我们失踪了,已经放弃了,而现在,他们把我们看成是奇迹般回到他们生活中的儿子、丈夫和父亲。"

然而在司法问题得到解决之前,巴尔克利和他这一伙人仍然要受苦受罪一段时间。海军部拒绝为这次远征付他们工钱,也禁止他们受雇为国王陛下服务。巴尔克利写道:"船没了,我们挺过来了,经历了那么多饥荒、那么多困难,我们也挺过来了,我们剩下这些人终于回到了自己的祖国。然而就算回到这里,我们仍要遭遇百般不幸,不得受雇工作,也几乎得不到任何支持。"

巴尔克利急需用钱,他收到一份工作邀请,是要带一艘商船从普利茅斯（Plymouth）开往伦敦。他给海军部写了封信，请求他们允许他出门执行这趟任务。他写道，尽管他认为接受这份工作是自己的职责所在，但没有海军部批准，他不会那么做——"以免大人们认为我是畏罪潜逃。"他又补充道："我很愿意，甚至是渴望，就我对奇普船长的所作所为经受最严格的审判，也希望自己能活到有机会跟他面对面的时候，但同时我也希望自己不会被晾在这里就这么死了。"海军部批准了他的申请，但他仍然穷得叮当响。他也一直生活在恐惧中，担心自己和其他在漂流中幸存下来的人可能随时被传唤受审，判处死刑。

自从成为失事船员以后，巴尔克利就不再等着其他当权者对自己发号施令。现在回到故乡已经好几个月，他决心发起另一种反叛——纸上反叛。他开始谋划出版自己的日记。巴尔克利将深刻影响公众对这件事情的看法，并像他在韦杰岛的时候一样，把人民团结到自己身边。

他估计，有些人会觉得出版这么一份日记很不像话——高级军官公开他们的航行经历很常见，但只是个炮长有啥好出版的——他写了一篇序言，免得有人对他这个决定说三道四。他在序言里指出，鉴于他和卡明斯的地位，如果有人认为他们不可能创作出这么严格可信的作品，那是十分不公平的。他写道："我们不是博物学家，也不是饱学之士，但是，具备一般理解能力的人，就有能力每天对值得他们关注的事情发表评论，特别是对他们自己来说关系甚深的事情。我们只会讲述我们不敢稍忘的那些事情，以及我们知道绝对真实的事情。"他还估计会有人说，他和卡明斯无权披露他们和船员们身上发生的秘密，对此他驳斥道："有人暗示我们，出版这本日记可能会冒犯某些大人物。我们怎么也想不到，任何跟韦杰号有关的事情，既然都已经这么公开了，怎么会冒犯到国内的任何伟人。我们乘坐韦杰号遭遇了海难，这件事全世界都已经知道了，我们来讲一遍会有任何冒犯之处吗？……他们不是也已经知道，我们怀着获得巨额财富的希望前往海外，归来时却穷得跟乞丐一样？"他接着说道："如果人们克服了巨大的困难，那么他们会很高兴讲出自己的故事；而如果我们也让自己这样满足一下，有谁有任何理由说自己被冒犯了？我们，曾经在那么多情形下面对死亡的人，需要为了免得冒犯到谁——天知道是谁——而裹足不前吗？"

在为自己和卡明斯在韦杰岛做的事情辩护时，巴尔克利也采用了类似的平民主义口吻。他写道，很多人都谴责他们，说"对于身陷我们这种处境下的人来说，我们太忙碌、太活跃了"，但正是因为他们做了这些事情，才使每一个人都回到了英国。他认为，读完这本日记，人们就能自行评判他和卡明斯是否应该受到任何惩罚："我们把船长关起来，被认为是胆大包天也是史无前例的行动，而我们没带他回家，被认为是更加糟糕的行径。但读者自然会发现，我们这么做，完全是不得已而为之。"

巴尔克利承认，那些讲述海洋事件的人喜欢编造一些神奇的故事来博人眼球，但他坚持说，他和卡明斯"完全尊重事实，从而小心翼翼地与这些人有了差别"。

用英文写成的这段叙述震惊了世人。这本日记很难算得上是文学作品,但跟传统的航海日志比起来,里面多了很多故事,充满了个人化的细节。而且,这个故事是由一个令人精神一振的新声音——一个铁面无私的海员——来讲述的。跟当时辞藻华丽、晦涩难懂的文章不同,这本日记的行文简单干脆,反映了巴尔克利的性格,从很多方面来讲都可以说很现代。炮长宣称,这本日记属于"朴素的海事风格"。

到巴尔克利和卡明斯准备好售出他们的原稿时,他们那一拨有很多人都已经回到英国,对于跟这次海难和所谓叛变有关的任何信息,公众也都非常渴望一探究竟。通过出版这本日记,他们从伦敦一家书商那里拿到了据他们说相当可观的一笔钱。金额并未披露,也并没有让他们觉得经济方面可以就此高枕无忧了,然而对于处于他们这种困境里的人来说,仍然是很大的一笔奖赏。巴尔克利承认:"对于我们这种情况的人来说,金钱是很大的诱惑。"

这本书在巴尔克利和卡明斯回到英国六个月后出版,书名简单直接,就叫《1740—1741年南海航行记》(*A Voyage to the South-Seas, in the Years 1740-1*),不过,书名后还跟了一个长长的副标题来吸引读者:

忠实叙述了英国皇家海军战舰韦杰号在南纬47度、西经81度40分的一座荒岛上失事的故事：内有军官和船员的所作所为，以及他们在该岛五个月为争取生存空间所经历的艰辛困苦；在广阔的巴塔哥尼亚地区南部沿海，他们对自由的大胆追求；从该岛出发时，船上多达八十人；损失小快艇；穿过麦哲伦海峡；为了找到任何能吃的东西，他们经常要经历无法想象的困难……

这本书卖三先令六便士一本，同时也在《伦敦杂志》(The London Magazine)上连载。海军部的部分成员以及一些贵族都极为愤怒，因为在他们看来，这是一个炮长和一个木匠向他们的指挥官发动双重攻击：他们先是把奇普绑了起来，现在又在纸面上抨击他。有位海军大臣对巴尔克利说："谁给你的胆子，以这么公开的方式质疑一位绅士的品格？"还有一名海军军官告诉畅销周刊《寰宇观察》(Universal Spectator)："我们也早就准备好了，完全可以同样怪罪韦杰号船员，为船长辩护……我们甚至倾向于认为，奇普船长如果能回来，他会消除谴责他顽固不化的所有说法，并把一切恶果都归咎于手下没有服从他。"巴尔克利承认，他出版那份日记会让人觉得意在挑衅，甚至在某些群体里面只会让处决他的呼声更高。

然而这本书（后来有位历史学家称赞说，"每一页都带着真正的海洋光晕"）很快再版，而且让大部分公众都站到了巴尔克利这群人一边。这位历史学家也指出，这本书体现出的"无比英勇、敢于斗争"的精神,似乎还赢得了"金辫绅士(gold-braided gentry)一些不情不愿的敬重"。

巴尔克利还担心会有人写书反驳,给出一个相反的故事,但并没有出现。他不但出版了关于这段历史的第一份书稿,而且似乎也改写了未来。他和跟随他的人也许会被海军放逐,也可能会仍然一贫如洗,但他们还活着,也是自由身。

然而巴尔克利在航海中已经知道,缓刑很少会持续很久——一定会发生什么无法预见的事情来打破局面。没过多久,令人振奋的报道就开始在媒体上出现:领导这次出征的海军准将乔治·安森,正在开辟一条横跨太平洋的道路。

第二十二章
奖　赏

　　安森站在百夫长号的上层后甲板上，凝视着中国东南沿海的广阔水域。这是1743年4月，从他最后一次看到韦杰号算起，已经两年过去了。他仍然不知道韦杰号上发生了什么，只知道这条船消失了。至于说珍珠号和塞弗恩号，他知道这两条船上的军官已经因为饱受坏血病和风暴的折磨，在合恩角掉头回去了——这个决定让珍珠号船长认为自己"丢尽了脸面"。百夫长号上的教师和另一些人有时候会嘀咕，说这些军官抛弃了安森，但指挥官本人从来没有谴责过那些人：他也经历过"盲目合恩之恨意"，也似乎相信那些军官之所以选择撤退，是为了避免全军尽殁。

　　安森这支分遣舰队的另外三艘船——格洛斯特号、寻踪号和小型货船安娜号——竟然奇迹般地绕过了合恩角，在传说中的胡安·费尔南德斯群岛的会合点跟安森成功会师。尽管如此，现在这些船也已经全都不在了。安娜号被恶劣的天气啃咬得七零八落，早就成了碎片。然后是寻踪号，人员短缺，也不再适合航海，所以被放弃了。最后是格洛斯特号开始严重漏水，安森别无选择，只能把百夫长号身侧仅剩的这艘船沉入海底。

格洛斯特号原本载有约四百人，这时有四分之三已经死亡，剩下的人被转移到百夫长号上，其中大部分都是重病号，只能用木栅吊上去。随后安森把格洛斯特号船身付之一炬，免得落入敌手。他眼看着这艘船的木制天地变成一团火焰，他手下一个名叫菲利普·索马里兹的上尉说："自从我加入海军以来，这是我看到过的最让人忧伤的场景。"寻踪号以前的事务长劳伦斯·米勒钱普现在也在百夫长号上，他这样写道格洛斯特号："这艘船烧了一整晚，呈现出最宏伟，同时也最可怕的样子。船上的火炮全都装了弹，非常有规律地发射着……听起来就像是在鸣炮志哀一样。"第二天，火烧到弹药舱，船体爆炸了："格洛斯特号就这样终结了，这艘船，得体地向英国海军表达了自己的敬意。"

尽管经历了这些灾难，安森仍然决心让这支远征队至少能有一部分在海上漂浮，完成他的命令，用这艘仅剩的船继续环球航行。在横跨太平洋之前，他还曾试图通过俘获几艘西班牙商船，奇袭秘鲁的一个殖民小镇来削弱西班牙人的力量。然而这些胜利在军事方面的意义微乎其微，而在前往亚洲途中，他们一行又一次被坏血病找上门来——这次暴发造成的痛苦比上次还大，因为他们已经知道会发生什么（疼痛，肿胀，牙齿脱落，发狂），也因为死掉的人实在是太多了。有个军官写道，尸体闻起来"像腐烂的绵羊"，还回忆说"每天要把六具、八具、十具甚至十二具尸体丢到海里去"。因为死了这么多人，任务也失败了，安森痛苦不堪，他承认："在为祖国服务的过程中，我经历了那么多疲惫，那么多次危险，在经历这一切以后回到祖国，我如果认为自己已经失去了公众的敬重，我会感到极为沉痛。"他手下官兵已经从两千人左右缩减到只有227人，其中很多还是孩子。要使百夫长号这个级别的战舰操作良好，他的人手远远不够，他只有所需人数的三分之一。

尽管船员们承受了那么多痛苦，还是对指挥官非常忠诚。他们隔三岔五地嘟哝着抱怨起来时，安森会向他们大声宣读那些规章制度，让他们明明白白知道违抗命令会受到什么惩罚，但他一直没动过鞭子。百夫长号上的一名军官这么评价安森："我们有了一个勇敢、仁慈、平等、审慎的指挥官的榜样。"随后又补充道："他的脾性那么稳定、从容，我们所有官兵都用惊叹而愉快的目光看着他，即使是面对最急迫的危险，我们也羞于流露出丝毫的沮丧。"

有一次，百夫长号在太平洋一个无人居住的岛上停泊，安森和很多海员一起去了岸上。一场风暴袭来，百夫长号消失了。安森一行就像他们在韦杰号上的同胞一样，发现自己在一个与世隔绝的岛上遭了海难。米勒钱普写道："我们感受到的悲伤和痛苦，几乎无法形诸笔墨。在我们所有人脸上，悲伤、不满、恐惧和绝望似乎都清晰可见。"

几天过去了，安森担心百夫长号永远不会回来了，于是计划把他们上岛用的一艘非常小的运输艇扩建成足够大的船，把他们运送到最近的安全地带，也就是一千五百英里以外的中国海岸。安森告诉大家："除非我们想死在这个荒凉的地方，否则就必须全力以赴投入眼前的工作，所有的劳动，既是为自己，也是为同船的人。"

准将自己也投身到辛勤的劳作中，一个海员后来回忆道，准将把自己放到了跟"全体船员中出身最卑贱的水手"一个水平上。米勒钱普写道，看到安森和所有高级军官都身先士卒，一起分担最艰巨的任务，所有人都"拼了命地你追我赶，实际上我们也很快发现，我们的工作在以极大的精神和活力进行着"。

百夫长号消失三个星期后又出现了。在被风暴裹挟到海里时，船受损了。在消失的这段时间里，船上剩下的船员一直在拼命往回赶。大家兴高采烈地重聚之后，安森再次出发，继续环球航行。

现在他们是在中国南海航行。安森把手下人都召集到甲板上，他爬上船长室的屋顶，跟大家讲话。这支队伍前不久在广州港停留，在那里修好了百夫长号，得到了补给，安森也在那里宣布，他终于打算返回英国了，结束他们这趟注定失败的征程。菲律宾马尼拉总督向西班牙国王递交了一份报告，说"英国人厌倦了冒险，也什么都没做成"。

安森从上层后甲板往下望去，喊道："先生们，所有人，我英勇的小伙子们，向前！现在我们又离开海岸了，我把你们叫来，是要……跟你们宣布我们要去哪里。"他顿了顿，又高喊道："不是英国！"

安森这个老奸巨猾的牌手透露道，之前他跟大家讲要回家，不过是虚晃一枪。他研究了西班牙大帆船以前在海路上的时间和规律，又在中国搜集了更多情报，把所有信息汇总起来，他猜测那艘西班牙大帆船很快就会离开菲律宾海岸。他打算尝试拦截。他们浪费了那么多鲜血，现在终于有机会去打击敌人，获得传闻中船上运载的大量金银财宝。传说西班牙大帆船的船身特别厚，火炮根本打不透，他对这种可怕的传言嗤之以鼻。不过他也承认，他们的对手非常强大。看着船员们，他宣称，一直引领着他们走到这一步、一路上帮助他们栉风沐雨、挺过合恩角的狂风和太平洋的蹂躏的那种精神——"你们身上的精神，我的小伙子们"——足以确保他们取得胜利。有位海军历史学家后来把安森的这一招说成是"一个职业生涯即将毁于一旦的指挥官的绝望之举，一个输得精光的赌徒的最后一搏"。船员们挥起帽子，高呼三声，保证会跟船长同进退，不成功，便成仁。

* * *

安森把百夫长号转向萨马岛（Samar Island）。这是菲律宾第三大岛屿,在他们东南方向大概一千英里的地方。他让船员不停地训练——用滑膛枪射击像是被砍下的脑袋一样挂在帆桁顶端的东西,把火炮推进推出,还要练习用短弯刀和剑,以防万一需要登上敌舰近身肉搏。所有训练都完成后,安森会命令所有人再来一遍——而且要更快。他的命令很简单:要么做好准备,要么去见阎王。

5月20日,瞭望员发现了圣埃斯皮里图角(Cape Espiritu Santo),那是萨马岛最北端。安森马上命令船员收起顶桅帆,这样他们的船从远处就没那么容易看到了。他希望越出人意料越好。

安森和手下人好几个星期都在烈日下来回巡行,希望看到那艘西班牙大帆船。有个军官在自己的航海日志里写道:"在我们海员的住处训练他们,满怀期待。"随后又补充说:"各自坚守岗位,四处张望。"然而,经过一个月精疲力竭的训练,在又闷又热的天气里来回搜寻,他们不再指望还能看到自己的猎物了。索马里兹上尉在航海日志里写道:"所有人看起来都一脸忧郁的样子。"

6月20日那天,他们在5点40分迎来了破晓。太阳升上海面时,有个瞭望员喊道,他看到东南方远处有什么东西。站在上层后甲板上的安森拿起望远镜,观察起海平线来。在锯齿一样的海面上,他看到几个白点,是顶桅帆。数英里以外的那条船没有悬挂西班牙旗帜,但在它进一步进入焦距,看得更清晰之后,安森非常确定,就是那艘西班牙大帆船。而且形单影只,没有别的船。

安森命令所有人清理甲板准备行动，并开始追击。米勒钱普写道："我们的船马上骚动起来。所有人都做好了协助他人的准备，所有人也都想着，要是没有自己搭把手，事情就不可能做好。就我看来，我感觉他们全都高兴得发了疯。"

他们拆掉船舱隔板，为操作火炮的海员腾出更多空间；把挡在路上的所有牲畜都扔进海里；还把所有不需要的木材都扔掉了，免得会在交火时炸碎，变成四处飞溅置人死命的碎片。甲板上撒了一层沙子，免得太滑。操作火炮的人拿到了推弹器、炮刷、扎火药桶的锥子、牛角和弹塞，还有一桶桶水，以防失火。下面的军械库里，炮长和助手们把火药发给火药猴，随后火药猴跑上梯子，跑过甲板，一路上还要保证自己不会跌倒，免得让船在开始交火前就炸了。提灯都吹灭了，厨房里的炉子也灭了。在最下层甲板的船腹内，乔治·艾伦（George Allen），当年起航的时候只是医生的25岁助手，现在因为自然减员已成为首席医生，他也和手下的稠麦片粥男孩为即将到来的伤亡做好了准备——用水手柜搭好手术台，整理好骨锯和绷带，在地板上铺上帆布，免得他们滑倒在血泊里。

* * *

西班牙人管这艘大帆船叫"科瓦东加圣母"（Our Lady of Covadonga）。船里的人肯定发现了有人在追他们。但他们没有打算逃跑,也许因为浑身是胆,也许因为他们不觉得百夫长号的状态还能战斗。指挥他们的是一名经验丰富的军官,名叫赫罗尼莫·蒙特罗(Gerónimo Montero),在科瓦东加号上已经十四年了。他奉命誓死保卫这艘装满金银财宝的船,必要时可以将其炸毁,以免落入敌手。

蒙特罗掉转科瓦东加号船头,大胆地迎着百夫长号驶去。两艘船以即将相撞的航线彼此接近。安森用望远镜观察着,评估着敌人的实力。西班牙帆船的炮列甲板长124英尺,比百夫长号的短20英尺;百夫长号有60门火炮,其中很多都可以装填24磅的炮弹,而西班牙帆船只有32门炮,最大也只能发射12磅的炮弹。从火力上讲,百夫长号明显占了上风。

但蒙特罗有一个至关重要的优势。他船上有530人,比百夫长号多出整整三百人,而且科瓦东加号上的人大都生龙活虎。安森这边尽管火力强大,但先要保证有足够人手操作这艘船,这样就没有那么多人能去操作火炮了。他决定百夫长号上的火炮只部署一半,就是右舷那些,现在这么做没什么问题,因为他知道不会有第二艘敌船来攻击他的另一翼。

尽管如此,他还是没有足够的人手来操作右舷所有火炮。因此,他没有按照惯例给每门炮安排至少8个人来操作,而是只派了两个人。这两个人只负责给炮筒装弹,用炮刷清洁炮筒。与此同时还有几支小队,每队有十来人,负责在火炮之间来回冲刺——把火炮一门门推出去并点燃引线。安森希望,这样安排能让船上一直有火炮在发射。准将还做了另一项战术决定。安森注意到，敌船舷缘上边的木质壁板出奇地矮，让军官和船员都无遮无挡地暴露在甲板上，便安排了十几个最好的神枪手爬到桅杆顶上。他们居高临下，占据着明显的地利，可以挨个瞄准射杀敌人。

随着两条船互相逼近，准备决一死战的两位指挥官也开始互相照搬起对方的行动来。安森的手下清理完甲板后，蒙特罗的船员也如法炮制，把吱哇乱叫的各种牲口都扔进海里；跟安森一样，蒙特罗安排了一些人带着小型武器爬上桅杆顶端。蒙特罗升起深红色的西班牙皇室旗帜，上面绣着城堡和狮子，安森也升起了自己这边的英国旗。

两名指挥官都打开了炮门，伸出黑色的炮筒。蒙特罗发了一炮，安森也予以回敬。这两声炮响都只不过意在吓唬对方：火炮的准头不高，两条船现在仍然太远，无法真正交战。

中午刚过，两艘船相距约三英里时，来了一场风暴。大雨倾盆，狂风呼啸，海面也笼罩着一层水雾——这里也是上帝的战场。安森和手下人有时候会看不到那艘大帆船，尽管他们知道敌船就在那里，正全副武装向他们逼近。他们担心会遭到偷袭，因此一直紧盯着海面。这时传来一声大喊——在那儿！——大家看见了那艘船，但转眼又不见了。每次看到那艘大帆船，距离都在靠近。两英里远，然后是一英里，半英里。安森想等到敌人进入手枪射程再跟他们开战，因此下令大家不要开火:每一炮都必须顶到一炮的作用。

经过此前激动人心的追逐,现在的寂静也很让人紧张。船员们知道,他们中的一些人很快就会缺胳膊少腿,甚至更糟。索马里兹上尉说,只要是职责所在,他会很愿意"笑对死亡"。安森有些手下紧张得胃都抽搐起来。

雨停了,安森和船员们可以清楚地看到西班牙大帆船上的火炮黑色的炮口。那艘船距离不到一百码了。风势减弱了,安森要有足够多的帆来操纵这艘船,同时又要保证不会因为船帆太多而让船变得难以控制,或者让船成为太大的靶子,若是因此被敌船击中,就会让百夫长号动弹不得。

安森引领百夫长号穿过西班牙帆船的尾流,然后轻捷地一转身,变成在下风方向与科瓦东加号并肩而行的态势,这样蒙特罗就很难往下风方向逃窜了。

距离五十码……二十五码……

安森的手下从船头到船尾都静默着,等待着安森准将的命令。到下午一点,两条船已经靠得好近,两边的帆桁顶端都快碰到了。安森终于发出信号:开火!

桅杆顶上的人开始射击。他们的滑膛枪噼啪作响,冒出火花,烟幕刺痛了他们的眼睛。枪管因后坐力后退,百夫长号的桅杆随着摇晃的船只摆来摆去时,他们就靠绳子稳住身形,免得一跤跌死,那样就太不光彩了。滑膛枪里的子弹打出去后,射手会抓起另一颗包装好的子弹,从顶上咬掉一点纸,并把少量黑火药倒进枪上的火药池里。然后他们会用一根推弹杆把新子弹连同更多火药推进枪管（子弹包装里有更多火药，以及大概弹珠大小的一粒铅弹），然后再次发射。刚开始，这些神枪手的目标是那些攀在敌船索具上的对手，他们也正在试图一个个点杀百夫长号上的军官和船员。两边都展开了空中的战斗；子弹在空中呼啸来去，撕破船帆、打断绳索，有时还会撕去一块血肉。

安森和蒙特罗也都发动了火炮。蒙特罗这边的人能做到舷炮齐射——同时让所有火炮连续发射，而安森这边则是凭着他部署的非常规发射方式，让火炮快速地一门接一门发射。百夫长号上，一支小队发射完一门火炮后，这些人就把炮拉回来，关上炮门，免得对面的枪弹不长眼伤到他们。随后那两个负责装弹的会开始擦拭还在滋滋作响的炮筒，准备下一轮发射。与此同时，那支小队冲刺般跑到另一门已经装好炮弹的火炮那里，装进火药，瞄准敌船，点燃导火线，然后跳到一边，免得因为这尊重达两吨的武器往后一坐造成伤亡。火炮轰鸣着、怒吼着，后膛被驻退索牢牢拴住，甲板颤动着。杀气腾腾的鸣响震得他们耳朵生疼，脸上也被火药涂黑了。米勒钱普写道："只看得到火光和烟幕，只听得见火炮的雷鸣。火炮发射特别迅速，声音都连成一线了。"

安森站在上层后甲板上，手里拿着剑，看着这场战斗在眼前展开。透过令人窒息的烟幕，他看到西班牙帆船尾部有火光在摇曳：有一片绳网着火了。火势蔓延，后桅都已经烧着了一半。

蒙特罗那边的人一时惶惑起来。而且两艘船现在靠得特别近,大火也有吞噬百夫长号的危险。蒙特罗那边的人拿起斧头,对着着了火的大片绳网和木头一通乱砍,直到完全砍断掉进海里。

战斗还在继续。噪声震耳欲聋,安森只能打手势发出命令。西班牙帆船的火炮向百夫长号喷撒着钉子、石块和铅弹混杂在一起的恶毒炮火,里面甚至还有用铁链连起来的铁块——用随船教师帕斯科·托马斯的话来说,是"精心谋划的死亡和谋杀"的大杂烩。

百夫长号的船帆和左右支索都开始碎裂,还有几颗炮弹砸进了船身。只要有炮弹命中吃水线以下的地方,木匠和他手下的队伍就会赶紧用木塞把砸出来的洞填上,免得海水灌进来。有个九磅的铸铁球正好命中了安森手下一个叫托马斯·里士满(Thomas Richmond)的海员的脑袋,砸得他身首异处。还有个海员被砸到了腿,动脉喷出血来,他的同伴赶紧把他送到最下层甲板,让他躺在手术台上。船在轰炸中震动着,医生艾伦拿起手术刀,也没有麻醉,就直接开始切除这个伤员的腿。有个海军医生描述过在这种条件下做手术是多么具有挑战性:"就在我为其中一名受伤的海员截肢的那一刻,他的同伴们仍然接二连三被送来,我几乎一直被干扰,他们的不幸处境也都跟手术台上这个人很相似。有些人撕心裂肺地哭喊着,希望有人看顾一二,另一些人则紧紧抓住我的手臂,极为真诚地希望能得到解脱。他们可不分时候场合,就连我正用穿着结扎线的针缝合裂开的血管时，也躲不开。"艾伦工作的时候，船体因为大炮的后坐力不断摇来晃去。医生还是成功从膝盖上面一点的地方把腿锯了下来，还用烧烫的柏油烙了一遍伤口，然而那个人还是很快就死了。

* * *

战斗继续激烈地进行着。安森发现敌舰的炮门非常窄，限制了炮管的移动，于是掉转百夫长号，使之与西班牙大帆船几乎垂直，从而让敌舰的炮火失去了很多准确命中的机会。科瓦东加号的炮弹从百夫长号上空高高飞过落进海里，只能溅起一些无伤大雅的水龙卷。百夫长号的炮门要大一些，安森的那些小队用上了炮脚架铁柄和撬棍来调整方位，让火炮正直对准敌船。准将下令向敌人的船身发射最重的炮弹——24磅。与此同时，安森的人连珠炮一样向科瓦东加号的船帆和索具扫射，让这艘大帆船在海上动弹不得。在金属冰雹的无情风暴中，西班牙大帆船瑟瑟发抖。安森安排在桅杆顶上的那些神枪手已经干掉了西班牙大帆船索具上的那些对手，现在正挨个消灭甲板上的西班牙人。

蒙特罗敦促自己的手下为国王和祖国而战，高喊着：没有荣誉，生命就没有意义。一颗滑膛枪子弹从他胸口擦过，他惊了一下，但仍然留在上层后甲板上，直到一块不知道从哪儿飞来的碎片扎穿了他的脚。随后他被带往船舱下面，跟其他伤员待在一起。他让军士长接着负责指挥，但军士长也很快大腿中弹了。船上士兵的领队试图让大家都振作起来，但是他的腿也被炸飞了。教师托马斯记录道，西班牙人"每时每刻都能看到那么多人在他们眼前毙命，都吓坏了……开始从他们的舱室里跑出来，一堆一堆地摔下舱口，疲于奔命。"

经过一个半小时无情的炮火摧残，西班牙大帆船再也不能动了：桅杆断了，船帆成了碎片，船身也千疮百孔。这艘来自神话的船到底还是肉体凡胎。在横七竖八的尸体和缭绕的烟幕中，人们看到甲板上有一个人摇摇晃晃地走向主桅，上面挂着的西班牙皇室旗帜已经残破不堪。安森示意手下停火。一时间，世界安静下来，安森这边的人看到西班牙大帆船上的人开始降下旗子表示投降，这才精疲力竭地松了一口气。

蒙特罗这时仍在甲板下面，不知道上面发生了什么。他告诉一名军官快去引爆军械库，把船炸沉。军官答道："太迟了。"

安森派索马里兹上尉带一队人去接收西班牙大帆船。索马里兹登上科瓦东加号，看到甲板上"遍地污秽，到处都是尸体、内脏和断下来的手脚"，不禁倒退一步。安森手下有个人承认，战争对于任何具备"人道主义倾向"的人来说都极为可怕。英国人只损失了三个人；西班牙人这边有近七十人死亡，还有八十多人受伤。安森把医生也派了过去帮忙照顾伤员，其中也有蒙特罗。

索马里兹一行向成为俘虏的这些人担保，说保证会好好对待他们，因为他们都是在为荣誉而战。随后，他们拿起提灯，下到西班牙大帆船还在冒烟的船身里。一个个口袋、木箱子和别的容器堆在一起，在战斗中变得杂乱无章，水也从船身上的破洞里渗了进来。

他们打开一个袋子，但发现里面只有奶酪。然而有个人把手深深插进柔软的高脂食品里，却感觉到了坚硬的东西：财宝！他们检查了一个巨大的瓷瓶，发现里面装满了金粉。有些袋子里装满了银币，有好几万枚——不对，几十万枚！箱子里也满满的都是银子，有手工制作的银碗和银铃，还有至少一吨纯银。他们无论往哪里看，都会发现更多财宝。珠宝和钱藏在木地板条下面，藏在水手柜的假底下面。西班牙从殖民地掠夺来的赃物，现在属于英国了。这是英国海军指挥官有史以来缴获的最大一笔财宝，放在今天几乎相当于八千万美元。安森这支队伍，得到了所有海洋最伟大的奖赏。

* * *

一年后的1744年6月15日，安森一行乘坐百夫长号完成环球航行，终于回到英国，并移交了这笔财宝。詹金斯耳朵之战中，英国的其他军事行动基本上都是一败涂地，两国之间的冲突也陷入了僵局。夺取这艘西班牙大帆船并不会改变战局。但现在终于有了胜利的消息——有份报纸头条标题写的就是《大不列颠大获全胜》。安森这支队伍抵达伦敦时受到了热烈欢迎，一时观者如堵。军官和船员列队前进,身后跟着32辆戒备森严、满载金银的马车。这笔奖赏中的一部分奖给了海员,每人得到了大约三百英镑,相当于他们二十年左右的工资。安森后来很快晋升为海军少将,也得到了约九万英镑的奖励——相当于今天的两千万美元。

乐队奏响圆号、小号和定音鼓,队伍一路行进,穿过富勒姆桥,穿过大街小巷,也经过了皮卡迪利街和圣詹姆斯广场。在蓓尔美尔街,安森站在威尔士亲王和王妃身边,看着疯狂的人群——有个旁观者甚至把这个场景跟罗马斗兽场的盛况相提并论。历史学家尼古拉斯·罗杰指出:"是西班牙大帆船上的财宝大张旗鼓、招摇过市地穿过伦敦街头,为恢复曾遭受重创的民族自尊做出了贡献。"后来还有人创作了一首海上民谣,歌里唱道:"满载金钱的马车来了,/全被勇敢的安森拿走了。"

在这样沸沸扬扬的声浪中,丑闻般的韦杰号事件似乎再也无人问津,很多人也乐得如此。然而将近两年后,1746年3月的一天,一艘船抵达多佛,带来了一个瘦削、坚毅、眼神像刺刀一样凌厉的人。他就是好久以来一直杳无音信的大卫·奇普船长,跟他一起的还有海军陆战队中尉托马斯·汉密尔顿,以及见习官约翰·拜伦。

第二十三章
格拉布街小文人

五年半。从这三个人离开英国到现在,五年半了。人们以为他们已经不在人世,还曾为他们哀悼,但现在他们却出现了,就像三个拉撒路①。

他们开始竹筒倒豆子,把这些年来发生的事情事无巨细和盘托出。尝试离开但是失败后,他们回到韦杰岛,埋葬了他们那个被谋杀的同伴。几天后,一小队巴塔哥尼亚土著坐着两只小划子出现了。这时候,困在韦杰岛上的有奇普、拜伦、汉密尔顿和另外十个人,包括见习官坎贝尔和埃利奥特医生。一个巴塔哥尼亚人朝他们走过来,用西班牙语跟他们打招呼,而埃利奥特能听懂西班牙语。这个人说他叫马丁,属于一个叫作乔诺(Chono)的海上民族。他们生活的地方比之前来过的卡维斯卡

---

① 拉撒路(Lazarus):耶稣好友、门徒。据《新约·约翰福音》,拉撒路病死后埋葬在一个洞穴中,四天后耶稣前来,奇迹般使之复活。

尔人更靠北。马丁说，他之前去过奇洛埃岛那个离这里最近的西班牙人定居点，这群劫后余生的人便恳求他带他们乘坐仅剩下的那艘船——将官专用艇——去那里。到那里之后，他们会把这条船给他作为感谢。

马丁同意了。1742年3月6日，他们跟另一个乔诺人一起出发，沿着海岸朝北边划去。之后没多久，当他们一行很多人都忙着在海岸上寻找食物时，奇普手下的六个人带着那艘专用艇逃走了，从此再也没有听到过他们的消息。奇普在自己的叙述中回忆道："促使这些恶棍做出这么恶心的事情来的，除了他们的怯懦，我想不出来还能有什么。"不过，见习官坎贝尔曾无意中听到这几个脱离者窃窃私语，说想要摆脱他们这个偏执狂船长。

乔诺人继续领着他们穿过佩纳斯湾，前往奇洛埃岛。没了专用艇，他们只能坐在乔诺人的小划子里，定期停船上岸寻找食物。在路上，奇普这边有个人死了，用他们当中一个人的话说，只剩下"五个可怜虫"：奇普、拜伦、坎贝尔、汉密尔顿和埃利奥特。

拜伦一直觉得埃利奥特是他们当中最有可能活下来的人，但这个曾经不屈不挠的人如今也越来越虚弱，最后躺倒在一段贫瘠的海岸线上，再也起不来了。他已经消瘦得只剩下一把骨头，声音也越来越有气无力。他摸索着拿出自己的一件贵重物品（一块怀表），交给坎贝尔。坎贝尔记录道，随后他便"撒手人寰"。拜伦无比悲痛,他们"在沙滩上给他挖了个坑",似乎因为他们只能听天由命而感到心情沉重。为什么那么多同伴都死了,为什么让他活下来了?

剩下四个劫后余生的人继续穿过海湾,一路上都遵照乔诺向导的建议,按他们说的时间划船和休息,在他们说的地方找避难所和帽贝。就算这样,他们几个人的叙述里,还是会流露出他们根深蒂固的种族主义。拜伦经常管巴塔哥尼亚人叫"野蛮人",坎贝尔则抱怨说:"对他们的行为,我们一点儿毛病都不敢挑,他们把自己看成是我们的师父,而我们发现,在任何事情上我们都必须服从他们。"然而这几个英国人的优越感每天都会被踩翻在地。有一天拜伦摘了些浆果准备吃,乔诺人从他手里一把夺过,告诉他这些果子有毒。拜伦写道:"就这样,他们现在恐怕是救了我一命。"

走了大概七十英里后,他们能看到西北方向他们没绕过去的那个海角了。然而向导并没有带他们往那个方向走,让他们大感意外。他们看到,乔诺人把两只小划子拖到岸上,然后拆开,每只小划子都拆成五部分,这样搬运起来就更容易了。除了奇普,每个人都负责搬运其中一部分。奇普不再有梦想支撑,他身体上、精神上看起来都已经崩溃瓦解。他悄悄囤积了一点点食物,低声喃喃自语,从长途跋涉一开始,就需要有人扶着他才能往前走。

这几个英国人跟着马丁一行,沿着一条密道在陆地上行进——荒野中一条八英里的陆上运输路线——这样他们就可以避开海角周围危机四伏的海面了。他们步履艰难,慢慢穿过一片沼泽,一脚踩下去经常陷到膝盖,有时候还会没腰。拜伦意识到,专用艇被盗让事情变简单了:他们绝对不可能拖着那条专用艇穿过陆地。即便没有专用艇,拜伦也累得精疲力竭,走了几英里后,他倒在一棵树下,用他自己的话说,"陷入了沉郁的忧思"。他见过那么多人最终放弃,融入了另一个世界,那幅前景好像是很诱人。至少,去另一个世界不用花那么多力气。但拜伦还是强迫自己站了起来:"这样的忧思一点用处都没有。"

走完这条运输路线,乔诺人把小划子重新组装起来,放进一条航道,随后他们便沿着航道,在智利海岸线外犬牙交错的岛屿间蜿蜒前行。他们一路向北慢慢走了好几个星期,从一条航道划到另一条航道,从一个峡湾划到另一个峡湾。直到1742年6月的一天,他们瞥见远处有一个岬角。马丁说,那就是奇洛埃岛。

要抵达那里,他们还需要穿过一个面对太平洋无遮无挡的海湾,这片海湾非常凶险,甚至成了天然屏障,阻挡了西班牙人南下入侵的步伐。拜伦记录道:"那里有一片对所有敞口船只来说都最为可怕的深海,非常危险,真的。"而对他们的小划子来说,还要凶险"一千倍"。汉密尔顿决定跟其中一个乔诺人多等几天再尝试下海,但另外三人跟马丁一起坐上小划子立即出发了,马丁还用几块破毯子做了个小小的船帆当作动力。开始下雪了，船也开始漏水。拜伦疯狂地往外舀水，奇普则在风中喃喃自语。他们日夜兼程，小划子摇摇晃晃，但总归还在前进。太阳升起来的时候，他们成功穿过了那个海湾，抵达奇洛埃岛最南端。他们离开韦杰岛已经三个月，从韦杰号在那里搁浅算起则已经将近一年了。拜伦写道，他和另外几个一起劫后余生的人"几乎都不成人形了"。奇普的情形最糟糕。拜伦记录道："他的身体，我只能拿蚂蚁窝来比拟，上面爬满了成千上万只昆虫。现在他完全不再尝试摆脱这种折磨，看起来他已经完全魂不守舍，他想不起来我们这些人的名字，连自己叫什么都不记得了。他的胡子像隐修的人一样长……腿跟磨坊柱子一样粗，尽管身体只剩下皮包骨。"

他们冒着大雪艰辛跋涉了几英里，来到一个土著村落，那里的居民给他们提供了食物和住处。拜伦写道："他们在篝火旁用羊皮给奇普船长铺了张床，把他放在上面。实际上，要不是得到了现在这些善意的帮助，他肯定活不下来。"

拜伦和坎贝尔尽管早就厌倦了奇普狂风暴雨式的领导，但他们还是坚持认为，如果巴尔克利那伙人没有抛弃他们，奇普原本的计划说不定已经成功了。奇洛埃岛这片区域并没有看到哪里藏着西班牙舰队，说不定他们可以神不知鬼不觉地偷偷潜入一个海湾，缴获一艘没有武装的商船——用坎贝尔的话来说就是，"为祖国做出巨大贡献"。不过也有可能这只是个幻想，能让他们更容易接受自己做的选择。

汉密尔顿也很快跟他们会合了。他们已经开始康复，就连奇普都有所好转。一天晚上，他们大块吃着肉，大碗喝着大麦酿的酒，坎贝尔写道："我们都在尽情欢乐……感觉自己又回到了人间。"拜伦从离开英国以来已经过了两个生日，现在18岁了。

几天后，他们出发前往另一个村子。路上，突然有一队西班牙士兵出现在他们面前。他们挺过了暴风雨、坏血病和船只失事，忍饥挨饿那么久，还经历了被抛弃的命运，而现在，这几个大难不死的人成了俘虏。

* * *

奇普记录道："我现在沦落到了要被迫投降的地步，简直是奇耻大辱。"他称为"任何人可能面临的最大不幸"。一开始，他收到一份文件，要求他承认臣服于西班牙王室，并被告知要签了这份文件才会给他吃的。他愤怒地把文件扔在地上，说："英国国王手下的军官就算饿死也不会乞食。"

然而他签不签字都无所谓了。他什么办法也没有。奇普一行最后被一艘船运到了智利大陆上的一个城市，叫瓦尔帕莱索（Valparaíso）。他们被扔进所谓的"死牢"，里面非常黑，互相都看不见脸。拜伦写道："除了光秃秃的四面墙，什么都没有。"还有好多跳蚤。那个地方的人跑来想要一睹这些重要囚犯的风采时，守卫就会把他们从死牢里带出去游街示众，就像马戏团里的动物一样。拜伦记录道:"那些士兵可挣了不少钱,因为任何人想看我们都得给他们钱。"

四人被捕七个月后被再次转移,这次是去了圣地亚哥,还在那里见到了总督。他把他们当成是战俘,但同时也是绅士,因此对他们要友善一些。他说,只要他们不会尝试跟英国的任何人联系,他就准许他们假释,住在监狱外面。

一天晚上,他们受邀跟西班牙海军上将唐何塞·皮萨罗共进晚餐。安森的分遣舰队离开英国后的几个月里,皮萨罗一直在追赶他们。现在他们知道了,皮萨罗的舰队曾尝试在英国舰队前面绕过合恩角,因为想在太平洋拦截他们。但他这支舰队也几乎全毁在暴风雨里了。一艘载有五百人的战船消失了,还有一艘载有七百人的船沉了。由于天气造成的延误,剩下三艘战舰吃光了所有食物,水手们开始抓老鼠,还互相卖来卖去,价钱是四美元一只。大部分海员最后都饿死了。皮萨罗镇压了一场叛变,处决了三个密谋叛变的人,然后命令剩下这些为数不多的手下打道回府。安森和皮萨罗的舰队都遭受了灭顶之灾,很难说谁的更严重。

现在,尽管奇普等人不再被监禁,但他们无法离开智利,他们的生活也几乎一成不变。奇普感叹道:"对我来说,这里的每一天都像一个世纪一样长。"成为俘虏两年半以后,他们终于被告知可以回家了。尽管詹金斯耳朵之战一直没有正式停战,但英国和西班牙之间的所有重大军事行动都已经停止,两国也达成协议，交换所有战俘。奇普登船上路，跟他一起的还有拜伦和汉密尔顿，他称他们俩为"我的忠实伙伴，两个患难之交"。然而，坎贝尔留下了。被俘这些年来，他跟俘虏他的西班牙人关系越来越密切，奇普指责他转投了天主教，效忠对象也从英国变成了西班牙。要是真可以这么说，那么韦杰号船员到现在已经犯下了军法规定的几乎所有严重罪行，甚至包括叛国罪。

奇普、拜伦和汉密尔顿回家路上航行经过了韦杰岛，又绕过合恩角，就好像穿越回他们饱经摧残的过去。然而大海永远叫人捉摸不透，这一次的航程相对还算平静。他们抵达多佛后，拜伦马上租了匹马前往伦敦。现在22岁的他穿得像个乞丐，身无分文，只能加速闯过收费口。后来回忆起这些，他说他"不得不行骗，骑着马拼命穿过他们所有人，完全不去理会那些大喊着要把我拦下来的人"。飞扬的马蹄嗒嗒嗒踏过泥泞的鹅卵石路面，飞快地穿过田野和村庄，穿过伦敦郊外延展出来的郊区。这时的伦敦是欧洲最大的城市，人口逼近70万。笛福说这座城市"巨大而丑陋"，在拜伦不在的这几年里，这座城也一直在不断发展，古老的房屋、教堂和铺子现在挤在新的砖砌建筑、公寓楼和商店之间；街上满是四轮马车，载着贵族、商人和店主。对于这个以海员、奴隶和殖民主义为代价建立起来的岛屿帝国来说，伦敦就是跳动的心脏。

拜伦来到位于伦敦市中心时尚区的大马尔伯勒街，去了他几个最亲密的朋友以前住的一个地方，结果那地方拿木板封了起来。拜伦写道："离开了那么多年，而且这么长时间里没有听到过家里的任何消息，我也不知道有没有谁过世了，有谁还活着，也不知道接下来该去哪里。"他在他们家以前经常光顾的一家干货店停下来，问起家里兄弟姐妹的情况，得知他姐姐伊莎贝拉嫁给了一位勋爵，就住在旁边不远的苏荷广场。那里是一个贵族社区，有高大的石头房子，房子周围都是田园诗一样的花园。拜伦以最快速度走到那里，敲响了姐姐的家门，但那个门房只是斜眼看着这个跟这里格格不入的人。拜伦说服门房让他进去，正看到伊莎贝拉站在那里。这是个瘦削、优雅的女人，后来写了一本讲礼仪的书。她一脸困惑地看着这个访客，随后才意识到来者不是别人，正是她以为已经死了的弟弟。拜伦写道："我姐姐以那么惊讶、那么喜悦的心情迎接了我。"上次分别时，拜伦还是个16岁的孩子，现在已经成长为饱经风霜的海员。

* * *

大卫·奇普也去了伦敦。他已年近五旬，被困在智利的漫长岁月里，他似乎一直在回想每一起灾难事件，每一次惨痛遭遇。现在他发现约翰·巴尔克利对他进行了严厉控诉，说他是个又无能又凶残的指挥官，而且还是通过一本书发出的指控；这样的指控不但会终结他的军事生涯，就连他的生命都可能因此而终结。奇普给海军部官员写了封信，反指巴尔克利那伙人是骗子："他们以最灭绝人性的方式抛弃了我们，在离开的时候还摧毁了他们认为或许对我们有用的所有东西……对于干了这么多坏事的懦夫，还能指望他们说得出来什么？"

奇普怒火中烧，也讲述了自己的版本。但他可不会玩巴尔克利那一套，比如出版一本书什么的。实际上，他打算把自己的证词——还有怒火——留在一个更有决定意义的公共论坛上，也就是军事法庭，担任法庭法官的都是像他这样的指挥官。他准备了一份宣过誓的证词，详细列出了他的指控，还在写给海军部大臣助理的信中坚称，只要完成司法审讯，"我敢大言不惭地说……我的所作所为，无论是在船只失事之前还是之后，都会显得无可指摘"。他发表的公开评论为数不多，不过有一次他说："在审判日之前，对于这些恶棍，我既没有什么话要支持他们，也没有什么话要反对他们。"——随后他又补充说，到了那一天，就再也没有什么能阻止这些人被绞死了。

*　*　*

关于这次远征的故事——或许更应该说，那么多个众说纷纭的故事——继续深深吸引着公众的想象力。当时，出版物呈指数增长，既因为政府审查制度很宽松，也得益于老百姓的识字率在不断提高。公众对新闻的渴求越来越强烈，为了满足这种渴求，出现了一个专门的蹩脚文人阶层，他们卖文为生，而不是靠贵族供养,老牌文学家经常嘲笑他们是"格拉布街小文人"。(格拉布街以前在伦敦的一个贫民区,有廉价旅馆、妓院和唯利是图的出版商。)现在格拉布街发现了一个好故事,便紧紧抓住所谓的韦杰号事件再也不肯撒手。

据《卡利多尼亚水星报》(*Caledonian Mercury*)报道,巴尔克利和那些叛变船员攻击的不只是奇普和汉密尔顿,而且还包括跟奇普一伙的所有人——"把他们手脚都捆了起来",然后把他们留给"更仁慈的野蛮人处置"。另一个故事带来了汉密尔顿的视角,说奇普的行为"往往很神秘,而且总是很高傲";不过现在回想起来,汉密尔顿清楚地看到,船长"始终是在世事洞明的远见指引下行事"。

大型报纸和期刊上连篇累牍的报道让人喘不过气来,图书出版商也没闲着,争相出版这些度尽劫波的人带来的一手资料。奇普回到英国后不久,坎贝尔也从智利乘坐另一艘船回来了。他出版了自己长达一百多页的叙述,题为《巴尔克利和卡明斯南海航行记续篇》(*The Sequel to Bulkeley and Cummins's Voyage to the South-Seas*),为自己遭到的叛国指控辩护。不过后来没多久,他逃离英国,加入了西班牙军队。

约翰·拜伦认为,巴尔克利试图为之辩护的那些行为,"只能看成是叛变,无从他想"。尽管拜伦可能也发表了自己的版本,但他似乎不愿意说自己上级军官的坏话,而且沉迷于他所谓的"自我主义"。与此同时,还有更多叙述也都纷纷现身。有个格拉布街小文人写了本小册子,题为《英国皇家船只韦杰号的不幸航行和灾难的动人叙述》(*An Affecting Narrative of the Unfortunate Voyage and Catastrophe of His Majesty's Ship Wager*),声称该书"根据真实的日记编写,并通过邮寄转递给伦敦一名商人,来自一个目睹了所有事件的人"。然而学者菲利普·爱德华兹(Philip Edwards)指出,这份叙述只是把巴尔克利的日记稍微改动了一下,而且改得很不合情理,有时候还是逐字照搬,把所有细节都改成了支持奇普说法的样子,也是在维护长期以来的权威体系。在口诛笔伐中,炮长的日记被改头换面,成了针对他自己的武器。

各式各样的叙述简直汗牛充栋——其中有些叙述的来源还相当可疑——因此,对韦杰号事件的看法因读者而异。巴尔克利的日记一直在被各路小文人剽窃,最后巴尔克利发现人们越来越怀疑他这本日记的真实性,就仿佛那里面的记载也有可能是假的,这让他怒火中烧。

* * *

奇普回到英国没几天,海军部就在报纸上发出一份传唤,要求韦杰号所有幸存下来的军官、士官和海员都到朴次茅斯报到,接受军事法庭审判。将在几周后开始的这场审判,必须穿透众说纷纭的迷雾——那些互相冲突、疑点重重乃至向壁虚构的说法——分辨出到底发生了什么,从而伸张正义。作家珍妮特·马尔科姆(Janet Malcolm)指出:"法律是守护者,守护着理想的、没有受过任何影响的真相,去除了讲述中的矫饰的真相……最能经受住证据规则检验的故事,就是会胜出的故事。"然而,无论哪个说法最后占了上风,这场审判都肯定会让世人看到,军官和海员——大英帝国先头部队的一部分——是怎么陷入无政府状态、变成野蛮人的。这个令人悲伤的前景,甚至可能足以取代安森俘获西班牙大帆船的恢宏叙事。

第二十四章
备　审

巴尔克利在报纸上读到军事法庭的传唤后，又有个律师告诉他，海军部还签发了一张他的拘捕令。这时巴尔克利身在伦敦，于是跑去找那个正在到处找他的执法官。找到这个人以后，巴尔克利假装自己是从韦杰岛坐大艇到巴西的一个漂流者的亲戚。他问执法官，现在奇普船长回来了，他们会拿那些人怎么办。

"绞死他们。"执法官答道。

巴尔克利大喊起来："我的天哪，为什么啊？因为他们没给淹死？一个杀人犯，终于回到家了，竟然变成了他们的原告？"

"这位先生，他们把奇普船长当成囚犯，对他犯下了那么多罪行，我相信就算别人没事，那个炮长和那个木匠肯定是会被绞死的。"

巴尔克利终于承认，他就是"韦杰号上那个倒霉的炮长"。

执法官大感震惊，但也别无他法，说自己只能把巴尔克利拘禁起来。巴尔克利一直被关押到韦杰号上的另外几名军官也都归了案，才被一起转移。他和贝恩斯上尉、木匠卡明斯和水手长约翰·金一起被送到了朴次茅斯——执法官专门提醒"要特别小心，以防炮长和木匠脱逃"。港口的一艘运输艇把他们送到皇家海军乔治王子号（Prince George）上，这是一艘有九十门火炮的战舰，就停在港口外面。他们被隔离在船上，再次成为海洋上的囚徒。巴尔克利抗议说，他跟亲友的通信都被禁止了。

拜伦和其他船员也都接到了传唤。奇普出于自愿也来到这艘船上，但同样必须交出佩剑。从开始这次远征以来，他一直患有痛风和呼吸系统疾病，但现在他穿着优雅的军官马甲，眼神凌厉、嘴唇坚毅，已经恢复了些许威严。

这是离开韦杰岛以后，这些人头一回又聚在一起。用巴尔克利的话来说，现在他们所有人都必须"对自己的所作所为负责"，让"正义得到伸张"。十八世纪英国的海军法律以严苛著称，但实际执行中往往要宽和一些。根据军法，很多违法行为（包括值班的时候打瞌睡）都会被处以极刑，但通常都有一个很重要的限制条款：法院如果认为合适，可以判处较轻的刑罚。尽管推翻船长是严重罪行，但"叛变"行为往往会被看成是可以大事化小的较轻微罪行，不需要处以多么严厉的惩罚。

然而针对韦杰号所有成员的诉讼似乎无力回天。他们被指控的并不是什么微不足道的不当行为，而是完全破坏了从最高指挥层级到普通士兵的整个海军秩序。尽管他们所有人都不遗余力地炮制了能让自己的行为看起来合情合理的故事，但法律体系就是用来对这些叙述抽丝剥茧，把一个个故事还原成赤裸裸、冷冰冰、没有情感的事实。约瑟夫·康拉德在《吉姆爷》里就曾这样写道海军的一次官方调查："他们想要事实。事实！他们只要事实。"而所有这些曾在海上漂泊的人的叙述里，都有某些无可争辩的事实作为内核。任何一方都并不否认，巴尔克利、贝恩斯他们那伙人曾把他们的船长捆起来，把他遗弃在那个岛上，也都承认奇普开枪击中了一个手无寸铁的人，没有经过任何法律程序，甚至都没有给出任何警告。这些就是事实！

巴尔克利及其党羽看起来触犯了好多条军法：第19条，禁止"以任何借口举行叛变性质的集会，违者处以死刑"；第20条，说的是任何人"不得隐瞒任何卖国、叛变的行为、计划和言论"；第21条，禁止与上级军官发生口角，更不能殴打军官；还有第17条，规定当了逃兵的任何海员都"应处以死刑"。检察官要是奉行严刑峻法，还能提出更多指控，比如怯懦，因为他们违抗了奇普追击西班牙敌人、支援安森的命令；偷盗，因为他们带走了运输艇和其他物资；乃至"背离上帝荣誉的可耻行为，以及举止失仪"。此外，奇普还指控巴尔克利这伙人不但全面叛变，而且曾试图谋杀，因为他们把他和支持他的人遗弃在那个荒岛上。

然而奇普本人还是需要面对最严厉的指控：蓄意杀人罪。对违反者不得宽赦的罪行为数不多，但这就是其中一条。军法第28条明确规定："凡谋杀、蓄意杀害船上人员的，处以死刑。"

就连拜伦也无法全身而退。他刚开始也短暂参与了叛变，把奇普扔在那个岛上，准备跟巴尔克利那伙人一起离开。后来他又回去了，但那样就够了吗？

尽管很多被告为了洗脱罪名都写下了书面陈述，但全都有明显的遗漏。奇普的报告从未明确承认他枪杀了科曾斯——只说了他们的争吵导致他走了"极端"。巴尔克利的日记里写到他把奇普遗弃在那座荒岛上时，写得就好像他是在尽职尽责地满足船长的意愿一样。

更糟糕的是，被告们在这次远征期间炮制出来的多份法律文件都恰恰表明他们觉得自己有罪。这些人很了解法律法规，也都相当清楚他们是在做什么，于是每次违法之后都要弄一份书面记录出来，好帮助他们洗脱罪责。

海军军事法庭的目标并非只是宣判受审者是有罪还是无罪，更是意在通过这些程序维护和加强制度原则。有一位专家指出，这个体系"旨在传达国家的威权和力量"，并确保少数几个犯下严重罪行的人可以成为杀鸡儆猴的例子："背后的理论是，普通海员在目睹了这样的情景后，就会知道要是有一天他们违反了法律，这个巨大的力量——能决定人生死的力量——就有可能被用来对付他们。"

英国皇家海军邦蒂号（Bounty）于1789年发生著名叛变事件后，英国海军部派了一条船万里迢迢远赴太平洋抓捕嫌疑人，并把他们带回英国绳之以法。经过军事法庭审判，其中三人被判处死刑。在停泊在朴次茅斯的一艘船上,他们被带到艉楼,那里的帆桁顶端在脖子的高度挂着三根绞索。那条船的船员站在甲板上,表情肃穆地看着。一面黄旗升起,代表死亡的意思;港口里其他船只也都围拢过来,那些船上的船员也都被要求观看行刑。还有成群的人围在岸上看,里面还有小孩子。

在被判死刑的人祈祷过后,他们被问到还有什么遗言。据围观群众记录,其中一个人说:"海员兄弟们啊,你们也看到了,你们面前这三个年纪轻轻、身强力壮的小伙子,就要因为叛变和当逃兵的可怕罪行而不光彩地死去了。从我们身上,希望你们记取,绝对不要抛弃你们的长官。就算他们对你态度恶劣,也一定要记住,你必须拥护的并不是他们,而是你的祖国。"

每个叛变者头上都套了一个袋子,然后又在脖子上套了一根编织成的绞索。正午前不久,随着一声炮响,几名船员开始拉动绳子,把叛变者在海面上高高吊起。绞索收紧了。那三个人拼命捯气,双臂双腿不断抽搐,直到终于窒息而死。他们的尸首在那里挂了两个钟头。

* * *

韦杰号船员还在乔治王子号上等待审判开始时,有个星期天他们参加了一个在甲板上举行的宗教仪式。牧师指出,出海的人往往会堕落到他的"灵魂被融化"的深渊。他警告那些忧心忡忡的会众，他们不应"白费心机"，抱有"得到缓刑和赦免的想法或期望"。韦杰号上幸存下来的这些人，完全有理由觉得自己会被绞死——或者用巴尔克利的话来说，"死于暴虐的权力"。

第二十五章
军事法庭

1746年4月15日,一面米字旗在乔治王子号的桅杆上升起,一门大炮随之鸣响。军事法庭开庭了。海洋小说家弗雷德里克·马里亚特(Frederick Marryat)在1806年18岁的时候就加入了英国皇家海军,后来一路晋升当上了船长。他曾经写道,这种盛大仪式旨在"让人——包括船长本人——心生敬畏"。又补充说:"这艘船安排得极为精致。甲板一尘不染,洁白如雪;吊床都小心收好了;绳索都收紧了;帆桁都整整齐齐;大炮轰鸣。海军陆战队的一名守卫在中尉命令下做好准备,用符合各人身份的规格来接待法庭所有成员……船长室做好了布置,里面有一张铺着绿布的长桌。笔、墨、纸、祈祷书和军法手册都人手一份。"

负责审判韦杰号案件的十三名法官穿着正式服装出现在甲板上。他们全都是高级军官:有船长,有准将,而那位首席法官,人们称为主席的,是年近七旬的海军中将詹姆斯·斯图尔特爵士（Sir James Steuart），也是朴次茅斯所有皇家海军舰艇的总指挥官。这些人看起来更像奇普那边的人，而不是跟巴尔克利他们一拨的。但是大家都知道，法官对于同僚也会铁面无私。1757年，海军上将约翰·宾（John Byng）因在战斗中未能"拼死一战"而被判有罪，后来被处决。就因为这事，伏尔泰在《老实人》中评论道，英国"这个国家每隔多少时候总得杀掉个把海军提督，鼓励一下别的海军提督"。

斯图尔特坐在桌子上首，其他法官则按照资历从高到低分列两侧。法官们宣誓将恪尽职守，不偏不倚、铁面无私地主持正义。在场的还有一名检察官，一名法务军官，这位军官会协助法庭审判顺利进行，并为法庭成员提供法律意见。

乔治·安森不在这里。但一年前，就在他节节高升的过程中，他被任命为海军部委员会成员，负责监管海军法规的总体政策，这个委员会可是相当强大。毫无疑问，他对涉及麾下旧部的诉讼程序非常感兴趣，尤其是当中还有他的得意门生奇普。多年来，安森已经多次证明自己看人非常准，分遣舰队中很多人经他提拔，后来都成了海军系统里最杰出的指挥官，包括百夫长号的上尉查尔斯·桑德斯（Charles Saunders）、见习官奥古斯塔斯·凯佩尔和塞弗恩号上的见习官理查德·豪（Richard Howe）。但是，经安森选中来指挥韦杰号的那个人，现在却面临着谋杀罪名成立的危险。

此前奇普给安森写了封信，祝贺他成功俘获科瓦东加号并得到晋升。他说,这胜利和晋升"在全体人类看来都是实至名归……我不揣冒昧向您保证,世界上没有人比我更热心地希望您飞黄腾达……我不得不乞望得到您的青睐和保护,甚至不惮于厚着脸皮表现得就像自己理应享有您的青睐和保护一样,如果我的表现有所不同,我也不会这样期待。"安森对奇普的一个亲戚说,他仍然支持昔日自己手底下的这位上尉。

奇普和其他被告被带到庭上。按照当时的惯例,他们没有辩护律师,只能自己给自己辩护。但他们可以从法院或同事那里获取法律建议。最重要的是,他们可以传唤并盘问证人。

审讯之前,所有被告都被要求提供事实陈述,之后这些陈述也都作为证据提交了上去。巴尔克利被叫去记录他的陈述时,他抗议说到现在他都不知道到底要指控他什么。他很清楚自己的权利,因此说道:"我一直以为,或者至少是我们国家的法律这么告诉我的:谁要是成了囚犯,他肯定得是受到了什么指控的。"巴尔克利发牢骚说,他没办法好好准备辩护。结果他被告知,现在只需要他提供关于海难原因的证词。只要有国王陛下的船只失事,就必须调查有没有哪个军官或船员的责任。

现在,随着审判开始,第一个被问到的是奇普。在局限于韦杰号失事的问题上,他只提出了一项指控:贝恩斯上尉玩忽职守。贝恩斯没有告诉他,木匠卡明斯在事故发生前一天曾报告看见了陆地,此外还有些别的事情。

有位法官问奇普:"除了贝恩斯上尉以外,你是否还会指控其他任何军官也在某种程度上导致了韦杰号失事?"

"不会,法官大人。我宣布他们所有人对此都没有责任。"奇普答道。

他并没有因为其他指控而继续遭到审问。没多久,轮到巴尔克利了。对他也只问到了韦杰号怎么失事的问题。有位法官问他,在船只搁浅前,他为什么没跟别人一块试试把锚放下去。

"缆绳缠住了。"巴尔克利答道。

"对于船长或其他军官的行为,对于他为了保护船只和船员的利益而采取的各种行动,你有什么不同意见吗?"

巴尔克利已经在他公开出版的日记里回答了这个问题——在书中,他旗帜鲜明地把韦杰号失事归咎于奇普,宣称船长因为固执和盲目服从安森的命令而拒绝改变航向。巴尔克利认为,这些性格缺陷在他们困居岛上的时候只会更恶劣,对岛上的混乱局面不啻火上浇油,最后导致奇普犯下蓄意谋杀罪,并被赶下台。而现在,巴尔克利在十三名法官面前慷慨陈词时,似乎感觉到法律程序中有什么根本性的问题。他并没有被指控叛变——实际上没有人控告他任何罪名。就好像有人给他提供了一桩双方没有明言的交易。因此,尽管巴尔克利也曾发誓要说出全部真相,而且他也不是个守口如瓶的人,他还是认定有些事情还是不说出来为好。他说:"对其他军官,我无法提出任何指控。"

这事儿就这么过去了。一般也认为木匠卡明斯是这次叛变的头目之一,他被问到的是:"就保护船只有没有疏忽来说,对于船长和其他军官,你有任何需要指控的吗?"

"没有。"他答道。尽管之前有一次他曾当面指责奇普,说海难都是他造成的,而且还曾白纸黑字地说奇普是杀人犯,但现在他都绝口不提了。

水手长约翰·金也被传唤上庭。他之前是最无法无天的那群人里的一个,偷酒,偷军官们的衣物,叛变期间还对奇普发起过人身攻击。但他没有受到任何指控,只是被问道:"对于韦杰号失事的重大损失,你对你们船长有任何要指控的吗?"

"没有。船长表现得很好。无论是对他还是其他军官,我都没有任何要指控的。"

轮到约翰·拜伦了,但法官也没有就他目睹过的任何恐怖场景发出提问:他从这些场景中得到的教训是,人(所谓的绅士)竟然有能力做出那么禽兽不如的事情。在问了几个技术问题后,法官就让他离开了。

贝恩斯上尉是唯一有指控需要面对的人。他坚称自己没有向奇普报告看到陆地的事情,是因为他以为那不过是地平线上的一团云。"否则我肯定会告诉船长的。"他说。

短暂休庭后又重新开庭了。法官们达成了一致裁决。一份文件交到法务军官手上,他大声宣读了他们的判决:"大卫·奇普船长认真履行职责,运用了他职权范围内的所有手段,发出命令保护了英国皇家海军舰艇韦杰号。"其他所有军官和船员也都被当庭宣告无罪，只有贝恩斯是个例外，但他也只是被口头申斥了一番。

巴尔克利对判决结果兴高采烈。他夸口说自己"被光荣地无罪释放"，并宣称："在今天的诉讼程序中，我们看到了全知全能的上帝伟大而光辉的力量，是他在法庭上为我们申辩，保护我们没有落入人类暴虐的手中。"事先肯定有人告诉奇普法庭关注的问题会很有限，因为他一直没有提出对巴尔克利一伙的指控。尽管这么久以来奇普一直想要的报复到头来落了空，但他自己也没有受到任何惩罚。就连他极为珍视的船长头衔，也没有给他夺走。

* * *

接下来并没有任何进一步的诉讼——对于奇普是否犯有蓄意杀人罪，对于巴尔克利及其追随者有没有叛变并试图杀死指挥官，都没有做出裁决。甚至对于有没有任何人擅离职守、与上级军官争吵，都没有进行任何审讯。英国当局似乎不希望任何一方的说法胜出。为了给这个结果一个合理的说法，他们援引了法律法规中一个很模糊的问题：海军法律规定，遭遇海难后，海军部不会继续给船上的海员发薪水，所以那些劫后余生的人也许是认为他们在韦杰岛上已经不再受海军法规约束了。历史学家格林杜尔·威廉姆斯（Glyndwr Williams）管这种官僚主义理论叫"免责条款"，然而这个说法公然忽略了这条法规的一则补遗：如果海员仍能从失事船只上得到补给，就可以认为他们仍然在海军的工资支付名单上。英国海军少将克里斯托弗·莱曼（C. H. Layman）也是研究韦杰号案件的权威专家，他后来推断说，海军部决定对叛变阴谋不予起诉，这里面有"一丝让人不安的合理性"。

我们不可能准确知道幕后发生了什么，但海军部肯定有理由希望此案就此消失。大英帝国试图证明自己对其他地方人民的统治有其合理性，而查清并记录韦杰岛上发生过的所有无可争辩的事实——抢劫、偷盗、鞭打、谋杀——会削弱这种合理性的核心主张：其帝国力量及文明，从根本上讲比其他地方的更加优越。帝国官员都是温文尔雅的绅士，不是野蛮人。

而且，完完整整的审判相当于是在提醒人们，詹金斯耳朵之战是一场灾难，这也是英国当局不愿看到的。这场战争，是两国在考虑不周、资金不足的情况下，却还是各派军队进行的一系列拙劣的军事行动，是这段漫长而恐怖的历史上他们宁愿忘记的另一篇章。这场军事法庭审判的五年前，海军上将爱德华·弗农曾按计划率领近两百艘英国战舰向南美洲城市卡塔赫纳大举进攻，但由于管理不善，军队领导人之间发生内讧，再加上黄热病一直肆虐，这场围城攻坚战最后以损失一万余人告终。弗农围困了67天但仍然没有拿下这座城市，他对活下来的船员宣布，他们"死伤惨重，无以为继"，随后下令撤退，成为这场战争中耻辱的一笔。

韦杰岛

这幅1805年的版画描绘了韦杰号遇难后船员在韦杰岛上搭建营地的情景。

在这幅18世纪的插图中,能看到苦难山在人们头上隐现。

这些劫后余生的人发现韦杰岛到处都是山（上图），几乎找不到能吃的东西。他们只能吃点海藻（右图）和野芹（下图）。

卡维斯卡尔人猎取海狮的照片，人类学家马丁·古辛德（Martin Gusinde）摄于二十世纪初年。

该地区的土著居民大部分时间都在小划子上度过，几乎完全靠海洋资源生存。

卡维斯卡尔人在海边的营地,人类学家古辛德摄。

1745年的一幅版画,描绘了爆发于韦杰号幸存者中的杀气腾腾的暴力事件。

十八世纪的一幅画作,描绘了百夫长号与敌船交战的情景,船帆和英国国旗都被炮火撕裂了。

乔治·安森,韦杰号就在他率领下的英国分遣舰队里。

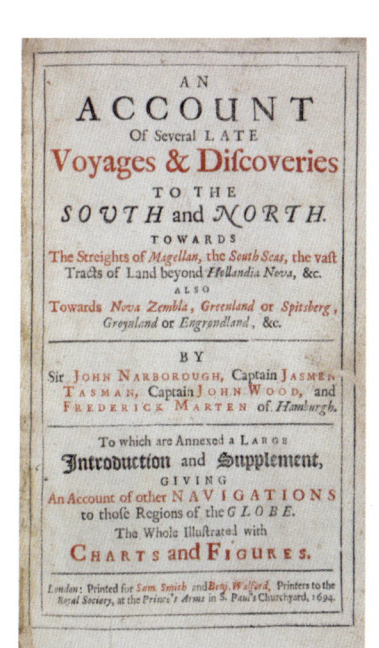

上图：2006年发现的韦杰号沉船残骸。

左图及下图：韦杰号幸存者有一本约翰·纳伯勒率领英国人远征帕塔哥尼亚地区的记述，他们也认真研究了纳伯勒绘制的麦哲伦海峡地图。

十八世纪的一幅画作,人们挤在一艘小型运输艇上,与韦杰岛上的幸存者使用的运输艇类似。

要离开韦杰岛,这些劫后余生的人必须沿着智利巴塔哥尼亚海岸,在波涛汹涌的大海里航行。

就算是安森那场自吹俘获了大笔财富的远征,很大程度上也仍然是一场灾难。这支分遣舰队出海时将近两千人,远征中有一千三百余人死亡——就算航程遥远漫长,死亡率也仍是惊人的。此外,尽管安森带回了价值约40万英镑的战利品,但这场战争消耗了纳税人4300万英镑。有家英国报纸就曾刊登过一首诗,对于欢庆安森的胜利表示异议:

> 受骗的英国人!何必自吹
> 花三倍的价钱才买到的宝贝?
> 这笔钱只会留在私人手里,
> 哪能让一贫如洗的你站上财富高地?
> 想想为了这批宝藏消耗了多少资财,
> 想想这件事造成了多大危害……
> 英格兰的子民失去了那么多却一无所得。
> 想想这些,你的自吹就会变成悲伤。

不只是英国男丁和男孩子被送上战场马革裹尸,而且战争本身的由头,也至少有一部分是源于欺骗。商船船长罗伯特·詹金斯确实曾受到西班牙人袭击,但那事儿发生在1731年,到战争爆发时都已经八年了。那件事情刚开始并没有引起多少关注,直到英国政界和商业利益集团在为战争鼓与呼的时候,才把这桩陈年旧事给挖出来,否则早就没人记得了。1738年,詹金斯被传唤到下议院做证,后来很多报道都说他把被削掉的耳朵泡在一罐盐水里,还发表了一通激动人心的演说,说自己是在为国牺牲云云。然而,尽管他确实收到了去做证的传唤,却没有任何记录表明发生了什么,还有些历史学家提出,当时他压根儿就不在英国。

英国政界和商业利益集团执意发动战争,自有其不可告人的动机。尽管英国商人被广泛禁止在西班牙控制下的拉丁美洲港口做生意,他们还是找到了一个铤而走险的办法。1713年,英国南海公司从西班牙搞到了所谓的"进口黑人许可证"(Asiento),准许他们每年把将近五千名非洲人以奴隶身份卖到西班牙的拉丁美洲殖民地。有了这纸令人憎恶的新协议,英国商人便能够用他们的船来走私蔗糖、羊毛等商品了。但是西班牙人会查扣这些销售违禁品的船只以示打击报复,这样的事情越来越多以后,英国商人以及他们在政界的盟友便开始寻找借口煽动公众,争取与西班牙开战,好扩张英国殖民地,扩大贸易垄断权。而埃德蒙·伯克(Edmund Burke)后来所称的"詹金斯耳朵的无稽之谈",也刚好为他们的计划增添了正义之光。[历史学家戴维·奥卢索加(David Olusoga)指出,这场战争的起因中,那些不得体的部分基本上都已经"从英国历史的主流叙事中删削得一干二净"。]

韦杰号案件在军事法庭审理期间,陷入僵局的詹金斯耳朵之战已经成了另一场帝国战争的一部分,也就是牵涉面更广的奥地利王位继承战争,所有欧洲列强都卷了进来,千方百计想要谋取主导地位。接下来数十年间,英国海军的胜利让这个小小岛国变成了一个在海上称王称霸的帝国——诗人詹姆斯·汤姆森(James Thomson)称为"深海帝国"。到二十世纪初,英国已经成为有史以来最大的帝国,统治着四亿多人口,以及全球四分之一的陆地。然而在1746年,经历了那么多噩梦般损失的英国政府,还在忙着想办法让公众继续支持他们。

叛变,尤其是战争期间的叛变,可能会对既定秩序造成巨大威胁,因此官方甚至都不肯承认这是叛变。第一次世界大战期间,法国军队西线各部队拒绝投入战斗,这是历史上规模最大的叛变之一。但法国政府的官方叙述中却只是把这件事情描述为"士气萎靡不振,提振了一下士气"。军方记录被封存了五十年,直到1967年,法国才发布了一份权威记录。

对韦杰号事件的官方调查永远结束了。奇普详细陈述其指控的证词,最终在军事法庭的档案里消失了。用格林杜尔·威廉姆斯的话来说,韦杰岛上的动乱,成了"从未发生过的叛变"。

第二十六章
胜出的版本

在围绕韦杰号事件的众说纷纭中,还有一起叛变的故事被遗忘了——由最后一批艰辛备尝终于回到祖国的漂泊者目睹的一起叛变。军事法庭审判三个月后,巴尔克利一行中很久没有音讯的三名船员坐着船出现在朴次茅斯,又一次引起轰动,其中就有见习官艾萨克·莫里斯。

四年多以前,这些人在巴塔哥尼亚和另外几个人一起从优速号跳下去游到岸上寻找食物,结果却被留在海滩上。关于当时的情形,巴尔克利和船上其他幸存者讲述过他们的版本:海面上波涛汹涌,舵也坏了,他们根本没办法让优速号靠近海岸,把他们接上船来。巴尔克利他们往一只桶里装了些弹药,还写了封信解释他们的决定,把信也放在桶里,然后把这只桶送到岸上。莫里斯他们收到东西和信后,在海滩上跪下来,目送优速号驶离。后来回忆起这副情形,莫里斯说,他们就这样遗弃了他们,是"最残忍的行为"。当时莫里斯这边除了他还有另外七个人。他们已经遭遇海难漂泊无寄八个月了,而现在,用莫里斯的话说,他们发现自己身在"这个世界的一个荒凉的角落,憔悴、虚弱、没有任何食物"。

其中四个人后来死掉了,但莫里斯和另外三人靠着打猎和采集食物保住了性命。他们想动身去北边几百英里以外的布宜诺斯艾利斯,但因为精疲力竭而放弃了。他们被遗弃在荒野中八个月后,有一天,莫里斯看到一群人骑着马朝他疾驰而来:"我只能想到死亡即将降临,也准备好以我能鼓起的全部勇气来迎接死亡。"然而他们并没有遭到袭击,反倒是受到了这群巴塔哥尼亚土著的热情欢迎。莫里斯回忆道:"他们极为人道地招待我们,为我们杀了一匹马,点起篝火,烤马肉给我们吃。还给了我们每人一条旧毯子,让我们不用裸着身子。"

这些劫后余生的人在巴塔哥尼亚土著带领下从一个村庄来到另一个村庄,往往会在一个地方停留数月。1744年5月,也就是优速号抛下他们两年半后,他们有三个人安全抵达首都,因为西班牙人要把他们当成囚犯。他们被关押了一年多。后来西班牙人终于允许他们回国了,他们仍然以囚犯身份被运往西班牙,坐的是一艘有66门火炮的军舰,指挥官是曾追击安森分遣舰队的唐何塞·皮萨罗。船上除了将近五百名船员,还有十一个土著男人,其中还有一位名叫奥雷利亚纳(Orellana)的酋长,他们在西班牙人的淫威下成为奴隶,在船上还要被迫干活。

关于这些被迫成为奴隶的人如何生活,详细记录非常少,就算是留存下来的那些也经过了欧洲人视角的过滤。有一份最深入的报告以莫里斯以及跟他同行的两个漂泊者的目击证词为基础，这份报告称，这些土著来自布宜诺斯艾利斯附近的一个部落，该部落长期抵制殖民统治。就在皮萨罗回航西班牙三个月前，他们被西班牙士兵俘虏了。报告称，他们在船上受到了"傲慢无礼、惨无人道"的对待。

有一天，有人命令奥雷利亚纳爬上桅杆。他拒绝了，有个军官便狠狠地揍了他一顿，揍得他晕头转向，浑身是血。那份报告里说，那些军官经常鞭打酋长和他的手下："以最残忍的方式，以最微不足道的借口，往往完全只是为了展现他们的优越感。"

起航后第三天晚上，莫里斯在下面听到甲板上传来一阵骚动。他的一个同伴猜测是不是有根桅杆倒了，便冲上梯子想看看是什么情形。结果他一冒头，就有人在他后脑勺猛击一记，令他摔倒在甲板上。随后有个人倒在他旁边，是一个已经死了的西班牙士兵。船上到处都在高喊："叛变了！叛变了！"

莫里斯也来到甲板上，看到眼前的景象，他大吃一惊：奥雷利亚纳和他的十个手下正暴风一般冲向上层后甲板。他们在数量上处于绝对劣势，也没有滑膛枪和手枪，只有他们悄悄藏起来的几把小刀，以及用木头和细绳做的几把弹弓。然而他们还是用各个击破的方式跟西班牙人战斗起来，直到皮萨罗和几个军官躲进一间船舱，他们把提灯也弄灭了，藏在黑暗里。有些西班牙人藏身在船上被关起来的牛群中，还有一些人飞速爬上索具，把桅杆顶端当作藏身之处。报告写道："这十一个印第安人，他们的决心恐怕史无前例，让他们转瞬之间就占领了上层后甲板，尽管这条战舰有66门火炮，近五百名船员。"

美洲发生的奴隶起义和土著叛乱，记录在案的有数百起，这是其中一起。这些都是真正的暴动。历史学家吉尔·莱波雷（Jill Lepore）指出，被奴役的人们"一次、一次又一次地反抗"，"不屈不挠地提出同一个问题：你们有什么权利统治我们？"

在这艘西班牙战舰上，奥雷利亚纳和手下人继续控制着指挥中心，封锁了跳板，抵抗着西班牙人的袭击。但是他们没有能力操控船只，也没有别的地方可以去。一个多小时后，皮萨罗手下的部队开始重新集结起来。在他们躲着的那间船舱里，有几个人找到一只桶，绑在一根长绳上，从舷窗放下去放到军械库里，炮长给里面装满弹药，上面的军官再悄悄把这只桶提上去。全副武装之后，他们破开舱门，看到奥雷利亚纳就在外面。他脱掉了西班牙人强迫他穿上的西方服饰，和他的手下站在一起，几乎不着寸缕，呼吸着夜晚的空气。军官们举起手枪，开始射击，黑暗中突然冒出火花。一颗子弹击中了奥雷利亚纳。他一个趔趄，摔倒在地，他的血在甲板上奔涌。报告中写道："暴动就这样平息了。上层后甲板被这位伟大、勇敢的酋长，和他英勇而悲伤的同胞占据了整整两个小时，现在又被夺了回去。"奥雷利亚纳被杀。他剩下的部众不愿被再次奴役，他们爬上栏杆，发出反抗的呐喊，纵身一跃，跃向自己的死亡。

* * *

回到英国后，莫里斯发表了一份48页的叙述，给韦杰号事件不断增长的记录文献增添了新的内容。这些文献的作者很少把自己和同袍描述成帝国主义体系的代表。光是每一天的个人奋斗和抱负就消耗了他们的全副身心——要在船上工作，要获得晋升，要给家里挣钱，还有最根本的，要活下去。然而，正是这种无暇思考的同心协力让帝国的千秋大业得以延续。实际上，这正是老大帝国需要的：成千上万这样的普通人，一无所知也好，心知肚明也好，奋力为这个少有人质疑的体系服务，甚至献出自己的生命。

韦杰号事件还有一个引人注目的地方，那就是有一个度尽劫波幸存下来的人从来没有机会以任何形式留下自己的证词。他没有写书，没有上法庭做证，甚至一个字都没有写过。这个人就是约翰·达克，那个自由黑人海员，他当初和莫里斯他们一起被遗弃在巴塔哥尼亚海岸上。

那么多年缺吃少穿、食不果腹的日子达克都挺过来了，他也跟莫里斯和另外两个人经过艰辛跋涉，终于来到布宜诺斯艾利斯郊外。但到了那里，他曾经的刚毅再也无法帮他继续前进，他遭受了所有自由黑人海员都极为恐惧的事情：他被劫走，被卖掉，成了奴隶。莫里斯不知道这位朋友去了哪里，是被带去了矿山,还是种植园——没有人知道达克的命运,就像其他许多人,他们的故事也永远不会有人知道。莫里斯写道:"我相信,他会在奴役中结束自己的一生,再也没有回到英国的希望。"那些老大帝国用他们讲述的故事来维持自己的强权,但他们没有讲出来的故事也同等重要——他们强加的阴森森的沉默,以及他们撕掉的书页。

* * *

与此同时,英国已经展开了一场竞赛,很多人都在争相出版安森环球探险的终极权威叙述。百夫长号牧师理查德·沃尔特公开表示自己正在撰写这样一部按时间顺序记录的大事记,而百夫长号上的教师帕斯科·托马斯则抱怨称,沃尔特想劝阻别人印制他们各自的版本,这样他就可以"垄断这次远航"。1745年,托马斯抢在沃尔特前面出版了《乔治·安森准将指挥下英国皇家海军船只百夫长号上真实、公正的南海及环球航行日志》(*A True and Impartial Journal of a Voyage to the South-Seas, and Round the Globe, in His Majesty's Ship the Centurion, Under the Command of Commodore George Anson*)。还有一部很可能经过格拉布街小文人润色的大事记则称赞安森的远航"无疑具有极大价值,极为重要"。

1748年,在军事法庭审判过去两年后,沃尔特牧师终于出版了他的记录,题为《1740—1744年乔治·安森的环球航行》

(*A Voyage Round the World in the Years 1740—1744*)。这本书将近四百页,在五花八门的记录中是篇幅最长,细节也最翔实的,还附有百夫长号一名上尉在远征期间绘制的精美手稿作为插图。跟当时的很多游记一样,书中也有很多文笔生硬的描写和来自航海日志的乏味的细枝末节,但这本书还是成功传达了安森及其部下面对一场又一场灾难时激动人心的戏剧场面。书中简短探讨了韦杰号事件,并对奇普表示同情,认为他"尽了最大努力"挽救船员,而奇普开枪击中科曾斯,不过是因为科曾斯是一群被煽动起来的暴徒"头目"。韦杰号幸存者没有一人被起诉,沃尔特也给出了可信的原因,声称"人们相信,船只一旦损毁,军官的权威就自然结束了"。最终在沃尔特笔下,韦杰号失事沉没的事情只不过是百夫长号追击捕获西班牙大帆船过程中的又一阻碍而已。该书结尾有一段感人至深的话:"就算谨慎、勇敢和毅力一样不缺,也并非就能逃脱厄运的打击。"不过他们终究"很少会遭遇失败"。

但这本书也有些让人觉得奇怪的地方。这是一位牧师的作品,却明显很少提及上帝。此外,叙述者在描写百夫长号与西班牙大帆船之间的遭遇战时用的是第一人称,然而这场战争发生时沃尔特却并不在场——交战前不久,沃尔特牧师在中国离船登岸回英国了。后来调查这件事情的历史学家发现,沃尔特并非该书唯一作者,书中有很大一部分,是由一位名叫本杰明·罗宾斯(Benjamin Robins)的数学家,也是个爱写小册子的人代笔的。

实际上,这本书背后还有一个隐藏人物,不是别人,正是海军上将安森本人。他承认自己"讨厌动笔",在俘获西班牙大帆船后的报告中,他基本上只写了一句"我看到那条船,就追了上去"。然而,正是安森策划了沃尔特这本书——提供原材料,选中牧师来编纂内容,据说还付了罗宾斯一千英镑来让本书生动起来,并确保书中一字一句都反映了他的观点。

这次远征被吹捧为"性质最为独特的事业",安森本人也从头到尾都被描述为"一直在尽最大努力""一如既往始终保持镇定"的指挥官,一个"极为宽厚仁慈",也具备"非凡的决心和勇气"的人。此外,这看起来也是深刻意识到大英帝国利益所在的少数叙述之一,第一页就对英国不吝赞美之词,称英国再次展现了在"贸易和荣耀这两方面"相对敌人的"明显优势"。这份叙述暗度陈仓,实际上是安森对这些事件的叙述,它被策划出来不但是为了增加安森的声望,也是为了提升大英帝国的信誉。就连书中描述百夫长号与西班牙大帆船交战的插图(成了英国公众趋之若鹜的圣像),也改变了两条船的尺寸,让西班牙大帆船看起来比百夫长号更大、更坚固,尽管实际情形刚好相反。

这本书一次又一次重印,还翻译到了全球各地,用今天的话来说,是一本现象级畅销书。英国海军部一名官员称:"《安森的环球航行》妇孺皆知,很多人也都读过。"在这本书影响下,卢梭在一本小说里把安森描述成"船长、士兵、领航员、圣人和伟人"。孟德斯鸠为这本书撰写了一篇四十多页带评注的摘要。詹姆斯·库克（James Cook）船长说沃尔特是"安森勋爵远航记事足智多谋的作者"。库克率领奋进号（Endeavour）首次环球远征期间他就是带着这本书上路的，达尔文乘坐小猎犬号环球航行途中也同样带了一本。评论家和历史学家对这本书青眼有加，将其誉为"关于冒险的经典之作"，是"世界上所有图书中最令人愉快的小书之一"，也是"那个年代最受欢迎的游记文字"。

人会为了自身利益剪裁故事——重写、删改、润饰——国家也同样如此。在韦杰号灾难所有那些阴暗凄惨、令人不安的叙述之后，在所有的死亡和毁灭之后，大英帝国终于找到了自己的海洋神话。

尾 声

韦杰号上的人又在英国重新开始了自己的生活,就好像这桩丑事从来没发生过一样。在安森上将支持下,大卫·奇普被任命为一艘有44门火炮的战舰的船长。那场军事法庭审判八个月后,1746年圣诞节那天,他正跟另一艘英国船只从马德拉岛离开,这时他发现了一艘有32门火炮的西班牙船。奇普和另外那艘英国船对其紧追不舍,这时他也成了自己一直想成为的领袖:站在上层后甲板上,向手下大声下令,船上的火炮蓄势待发。后来他对海军部说,他很"荣幸"地报告,他的部队"大约半小时"就追上了敌人。他还报告说,在敌船上发现了一百多箱银币。奇普终于俘获了他所谓的"价值连城的奖赏"。这笔战利品有很大一部分都奖给了他,随后他从海军退役,在苏格兰买了一处大庄园,结了婚,安了家。然而就算有这样的胜利,也无法完全清除韦杰号留给他的污点。他于1752年59岁时去世,有一份讣告还写到,韦杰号失事后他射杀了一名男子,令其"当场死亡"。

约翰·巴尔克利离开英国，去了一个背井离乡者可以抛却不堪重负的过去、重新找到自我的地方：美国。他来到宾夕法尼亚殖民地（未来的叛乱正在这里酝酿），并在1757年给自己的书又出了个美国版。他摘录了一部分艾萨克·莫里斯写的记录到自己书里，但是删去了莫里斯指责他残忍地抛弃他们一行的部分。美国版出来以后，巴尔克利就此在历史记录中消失，就像他在历史中出现一样突然。他的声音最后一次出现，是在他新书的献词中：他提到，希望能在美国找到"天主的园子"。

约翰·拜伦结了婚，生了六个孩子，又在海军服役了二十多年，后来一路晋升为海军中将。1764年，他受命率领一支远征队环球航行，同时接到的命令还有一条是密切关注巴塔哥尼亚海岸，看看还有没有韦杰号幸存者，尽管这样的事情极不可能。他带着整个船队完成了环球航行，一条船都没有损失，但在海上，无论他到哪里，都有可怕的风暴如影随形，他的绰号也成了"坏天气杰克"。有位十八世纪的海军传记作家写道，拜伦是"大家公认的勇敢、杰出的军官，然而也是个极其倒霉的人"。尽管如此，在遗世独立的木制世界中，他似乎找到了自己渴求的对象——一种归属感。有个军官说他对部下亲切和善、关怀备至，他也因此受到广泛赞誉。

因为受到海军传统的约束，他只能对韦杰号事件讳莫如深，然而回忆起来总是充满痛苦：他的朋友科曾斯在被枪击后如何握着他的手；他发现的那条狗如何被他们宰杀、吃掉；还有他的一些同伴，最后如何沦落到同类相食的地步。1768年，也就是那场军事法庭审判过去二十多年后——这时奇普也已经辞世多年——拜伦才终于把自己对那些事件的描述付梓，题为《约翰·拜伦阁下的记述……讲述了他自己和同伴从1740年开始到1746年终于回到英国之前在巴塔哥尼亚海岸遭受的巨大苦难》(Narrative of the Honourable John Byron...Containing an Account of the Great Distresses Suffered by Himself and His Companions on the Coast of Patagonia, from the Year 1740, Till Their Arrival in England, 1746)。奇普已经不在人世，他也因此可以直言不讳，谈起这个船长的所作所为有多"鲁莽、草率"。海军陆战队中尉汉密尔顿仍然在为奇普的行为极力辩护，指责拜伦对船长的评价"极不公正"。

但评论家对这本书大为赞赏。有人说，这本书"简单、有趣、感人、浪漫"。这本书在读者的记忆中并没有停留多久，却对拜伦没来得及见上一面的孙子产生了魔力。在《唐璜》中，诗人拜伦写道，主人公受过的那种灾难，"也许只有我祖父的《航海纪述》／历数过他所受到的那些困苦"。在另一首诗里他还这样写道：

我的遭逢正好和我们祖父的相反：
他是在海上，我却在陆上没一刻安然。

乔治·安森上将后来又赢得了很多军事上的胜利。在奥地利王位继承战争期间，有一次他俘获了一整支法国舰队。但他发挥最大影响的时候不是身为指挥官，而是当上海军大臣以后。他在海军部委员会任职二十年，协助改革了英国海军，解决了詹金斯耳朵之战期间造成了那么多灾难的诸多问题。他带来的改变包括军种专业化，建立了一支由海军部管辖的常设海军陆战队，让海军再也不需要把动弹不得的伤残人员送往海上，导致韦杰岛上混乱不堪的那种模糊不清的指挥结构也不复存在。安森被誉为"英国海军之父"，有多条街道、多个城镇以他的名字命名，其中就有南卡罗来纳州的安森伯勒（Ansonborough）。约翰·拜伦还给次子起名为乔治·安森·拜伦。

然而就算是拜伦的老指挥官，他的名声也经不起时光冲刷。数十年后，安森的名头开始衰落，詹姆斯·库克、霍拉肖·纳尔逊等新一代指挥官作为后起之秀带着他们自己神话般的海洋故事掩盖了安森的光辉。1769年，百夫长号退役后被拆除，船头上那尊十六英尺的木制狮头送给了里士满公爵（Duke of Richmond），他在当地一家旅馆建了个基座把狮头放上去，还装了块牌匾，上面写道：

行者啊，请你在此稍稍驻足，

> 看看我，我比你多行上万里路：
> 我环游过世界，见过每一道风浪，
> 我和安森，丈量过整个海洋。

后来在国王要求下，狮头被转移到位于伦敦的格林威治医院，放在以安森命名的一个海员病房前。但随后一百年间，这件文物的重要性也逐渐减退，最终这个狮头被扔进一间棚屋，在那里烂成了碎片。

有时候，还是有伟大的海洋故事讲述者被韦杰号的传奇故事吸引。赫尔曼·梅尔维尔在1850年写就的小说《白夹克》里指出，那些劫后余生的人，他们那些"最非同凡响、最引人入胜的故事"，非常适合在"充满活力的三月的夜晚"阅读，那时"窗子在你耳边吱嘎作响，高大的烟囱被吹倒在人行道上，雨滴也噼噼啪啪在窗外奏响"。1959年，帕特里克·奥布莱恩出版了以韦杰号经历的灾难为原型写成的小说《未知海岸》(*The Unknown Shore*)。尽管这部作品稍显稚嫩也欠缺打磨，但还是为奥布莱恩提供了一个模板，让他后来得以写出以拿破仑战争为背景的系列杰作。

然而，尽管偶尔泛起这些浪花，韦杰号事件到现在基本上已经无人记起。佩纳斯湾地图里的一些地名，往往让现在的很多海员感到困惑。佩纳斯湾最北边的岬角附近是奇普一行拼尽全力想要划过去，最后却还是无功而返的地方，那里有四座小岛，分别叫史密斯岛、赫特福德岛、克罗斯莱特岛和霍布斯岛。这些名称，就是运输艇只剩下一艘，没有足够空间运送所有人时，只能留在那里的四名海军陆战队员的名字。他们曾高喊着"上帝保佑吾王！"目送奇普他们远去，之后再也没有人见过他们。还有奇普海峡（Canal Cheap）和拜伦岛——拜伦就是在那里做出了命运攸关的选择，决定离开巴尔克利一行，回到船长身边。

海上游牧民在沿海水域消失了。到十九世纪末，乔诺人因为欧洲人的入侵而被扫除净尽。到二十世纪初，卡维斯卡尔人只剩下几十人，定居在佩纳斯湾以南约一百英里的一个小小村落。

韦杰岛仍然是一个荒凉的地方。今天，这个地方看起来仍叫人不寒而栗，这里的海岸也仍然无时无刻不在接受风浪的侵袭。岛上的树弯弯绕绕、盘根错节，很多都被雷电烧黑了。因为雨和雨夹雪，地面浸透了水。安森山的山顶和其他山峰几乎永远笼罩着一层薄雾，有时这层薄雾还会沿着斜坡爬下来，降到海边的岩石上，贪婪地吞下整座岛屿。很少能看到有什么生灵在这层薄雾中移动，只有一两只白颌海燕或别的海鸟在海浪上穿行。

苦难山旁边是当年那些劫后余生的人建立前哨站的地方，那里有几丛野芹菜仍在抽芽，还能找到一些零零落落的帽贝，当年那些幸存者就是靠着这些活了下来。往内陆走上几步，能看到几块已经腐烂的木板半埋在冰冷的溪涧里,还是几百年前由海浪冲上来的。这些船板大概五码长,上面敲着木钉,原来是一艘船的船身。这艘船就是英国皇家海军战舰韦杰号。那场曾经发生在这里的激烈的奋战,那些老大帝国摧枯拉朽的遥远梦想,到今天只剩下了这些遗迹,其他都早已烟消云散。

致 谢

写一本书有时候感觉就像在永无止境、暴风骤雨的航程中驾船。借着那么多人的帮助我才没有翻船,对他们我需要一一表示感谢。

杰出的英国海军历史学家布赖恩·莱弗里(Brian Lavery)很有耐心,给我从十八世纪造船术一路讲到航海术,对一切细节都给我提供了悉心指导,还在出版前拨冗审读了本书全部手稿,提出了大量真知灼见。丹尼尔·鲍(Daniel A. Baugh)也是顶尖的海军历史学家,在我的研究过程中提供了大量见解和指导。还有很多历史学家和专家也都热心回应了我纠缠不休的电话,其中就有丹佛·布伦斯曼(Denver Brunsman)和道格拉斯·皮尔斯(Douglas Peers)。海军少将克里斯托弗·莱曼对韦杰号事件进行过大量深入研究,他巨细靡遗地回答了我的诸多疑问,还让我用了几幅他收藏的图片。

2006年,科学探索协会(Scientific Exploration Society)负责人约翰·布拉什福德-斯内尔(John Blushford-Snell)上校组织

了一支英国智利联合探险队，去发掘韦杰号残骸。他跟我分享了一些至关重要的信息，探险队另一名领导人克里斯·霍尔特（Chris Holt）也同样如此，还让我在书中用了几张他拍的照片。

约利马·西帕加塔·罗德里格斯（Yolima Cipagauta Rodríguez）是一个风火轮一样的探险家，探险协会的发掘活动他也曾帮忙安排，还为我组织了一次为期三周的韦杰岛之旅。我们从奇洛埃岛坐着一艘小船出发，路上用木制火炉取暖。开船的有三个人，船长叫诺埃尔·维达尔·兰德罗斯（Noel Vidal Landeros），操船极为娴熟而且见多识广，还有两名船员也能力超群，分别是埃尔南·魏地拉（Hernán Videla）和索莱达·纳韦尔·阿拉蒂亚（Soledad Nahuel Arratia）。因为他们杰出的能力，加上罗德里格斯的帮助，我才得以抵达韦杰岛，找到那几片沉船残骸，并对那些幸存者的经历有了更好的理解。

我还需要感谢多家单位的众多图书档案管理员，没有他们的帮助，本书不可能面世。这些管理员来自大英图书馆、英国国家档案馆、苏格兰国家图书馆、俄勒冈州历史学会、圣安德鲁斯大学图书馆特藏部，以及位于格林威治的英国国家海事博物馆。

有几个人对本书的帮助无法估量。莱恩·巴尼特（Len Barnett）废寝忘食地帮我寻找、复印海军记录。卡罗尔·麦金文（Carol McKinven）是研究家谱的青年才俊。塞西莉亚·麦凯（Cecilia Mackay）找到了大量照片和插图。亚伦·汤姆林森（Aaron Tomlinson）处理了我在韦杰岛拍的几张照片，使之更清晰。斯特拉·赫伯特（Stella Herbert）是罗伯特·贝恩斯的后人，她好心跟我分享了这位先辈的相关信息。还有雅各布·斯特恩（Jacob Stern）、杰拉德·亚历山大（Jerad W. Alexander）和玛德琳·巴韦斯坦（Madeleine Baverstam），他们都是很有天赋的年轻记者，帮我找来了大量图书和文章。

对戴维·科尔塔瓦（David Kortava），我再怎么感谢都不为过。他是杰出的记者，不但不眠不休地核查本书事实，也一直在为我提供见解和支持。跟以前一样，我对朋友们和作家同行提出了太多要求，他们也都不吝援手。这些人包括布克哈德·比尔格（Burkhard Bilger）、乔纳森·科恩（Jonathan Cohn）、泰德·弗兰德（Tad Friend）、埃隆·格林（Elon Green）、戴维·格林伯格（David Greenberg）、帕特里克·拉登·基夫（Patrick Radden Keefe）、拉菲·卡查度里安（Raffi Khatchadourian）、斯蒂芬·梅特卡夫（Stephen Metcalf）和尼克·鲍姆加滕（Nick Paumgarten）。

本书每一页都得益于约翰·贝内特（John Bennet）的智慧，他是当编辑的，也是我朋友，但是于2022年不幸去世了。我永远不会忘记他作为作家传授给我的经验教训，在他留下的巨大遗产中，我希望本书也能占据一席之地。

自从2003年加入《纽约客》（*The New Yorker*），我就有幸与丹尼尔·察莱夫斯基（Daniel Zalewski）共事，他是备受作家尊敬的编辑，没有他的建议和帮助，我肯定会陷入孤立无援的境地。而在他的金手指加持下，本书词句得到了润色，不恰当的言辞消失了，我的思路也得到了澄清。

图书行业经常乱象丛生，但我的版权经纪人，罗宾斯办公室的凯西·罗宾斯（Kathy Robbins）和戴维·哈尔彭（David Halpern），以及创新艺人经纪公司（CAA）的马修·斯奈德（Matthew Snyder），总能让我定下心来。几十年来，他们一直在我身边，指导我、支持我。也是因为我足够幸运，我才能得到利演讲局（Leigh Bureau）的南希·艾伦森（Nancy Aaronson）和妮科尔·克勒特－安格尔（Nicole Klett-Angel）的支持。

再没有比比尔·托马斯（Bill Thomas）更值得追随的伟大领袖了，很久以来他都一直是我在道布尔戴出版社（Doubleday）的出版商和编辑。不仅本书，我以前的所有作品也都是因为他才成为可能。他非常聪明，而且坚定不移地支持我，不但帮助我找到最值得书写的故事，而且帮我找到了最好的讲述方式。他和克诺夫道布尔戴（Knopf Doubleday）出版集团总裁玛雅·马维吉（Maya Mavjee），我的不同凡响的宣传员托德·道蒂（Todd Doughty），以及道布尔戴出版社的整个团队，都是作家们梦寐以求的合作者。我特别想感谢设计本书封面的约翰·丰塔纳（John Fontana），设计本书内页的玛利亚·卡雷拉（Maria Carella），文字编辑帕特里克·狄伦（Patrick Dillon），责任编辑维米·桑托希（Vimi Santokhi）和凯西·胡里根（Kathy Hourigan），制作编辑凯文·伯克（Kevin Bourke），助理编辑哈里·道金斯（Khari Dawkins），制作地图的杰弗里·沃德（Jeffrey L. Ward），此外还有克莉丝汀·法斯勒（Kristin Fassler）、米莱娜·布朗（Milena Brown）、安妮·雅各尼特（Anne Jaconette）和朱迪·雅各比（Judy Jacoby）难以置信的营销能力。

我的岳父母妮娜和约翰·达恩顿（Nina & John Darnton）仍然是我最慈爱的长辈。他们认真阅读了每一个草草写成的章节，告诉我怎么提升，还鼓励我继续前进。约翰的哥哥罗伯特·达恩顿（Robert Darnton）是最伟大的历史学家之一，他也挤出时间阅读了本书手稿，并给出了非常棒的建议。我妹妹艾莉森（Alison）和弟弟爱德华（Edward）是我的精神支柱，我妈妈菲利斯（Phyllis）也是，正是她激发了我对阅读和写作的热爱。我父亲维克多（Victor）已经去世，但本书也受到了我们一起经历的很多奇妙航海冒险的启发。身为我的船长，他始终仁慈、善良。

最后要说的是这三个人，他们就是我的全世界：凯拉（Kyra）、扎卡里（Zachary）和埃拉（Ella）。任何言语都无法表达我对他们的感激之情，而这一次，身为作家的我，只能以充满敬畏的沉默结束此篇。

注　释

关于资料来源的说明

　　几年前的一天,我前往位于伦敦郊区邱区(Kew)的英国国家档案馆,请求调阅一份档案。几个小时后,我拿到了一个盒子,里面是一份布满灰尘、正在霉烂的手稿。为了避免进一步损坏这部手稿,我用一支记号笔轻轻挑开封面。每一页都分成了好几栏,顶上写着"年月"、船的"航线",以及"值得记录的观察和事件"。这些条目用羽毛笔蘸着墨水写成,现在已经满是污痕,字写得非常小,还龙飞凤舞,我费了好大劲才能辨认出来。

　　1741年4月6日,这条船尝试绕过合恩角时,一名军官在"观察"中写道:"所有船帆和索具都坏了,船员也都病得很厉害。"几天后,这名军官又写道:"看不到准将了,整个分遣舰队也都看不到了。"日子一天天过去,上面的记录也越来越黯淡无光——船开始四分五裂,饮用水也快喝完了。4月21日这个条目下面写着:"蒂莫西·皮卡兹(Timothy Picaz),海员,去世……托马斯·史密斯,伤残,去世……约翰·佩特森(John

Paterson），伤残，以及约翰·菲德斯（John Fiddies），海员，去世。"

这只是乔治·安森率领的那次远征中幸存下来的诸多令人痛苦的日志中的一本。即便已经过去了两个半世纪之久，留下来的一手资料的数量仍然相当惊人，包括详细记录韦杰号在巴塔哥尼亚海岸附近一座荒岛上发生的灾难性的海难。这些记录里不但有航海日志，还包括信件、日记、点名册、军事法庭证词、海军部报告，以及其他政府记录。除此之外，还有大量同时期的报刊报道，海上叙事诗，以及航行途中绘成的草图等。当然，还有大量亲身经历这次远征的人发表的娓娓动人的海洋故事。

您手上的这本书就广泛取材于这些丰富的史料。我还花了三周时间前往韦杰岛及周边海域，这趟旅程至少让我管窥到这些劫后余生的人经历过的奇迹和恐怖，对那片地方的描述也因此得到了进一步充实。

为了描写十八世纪木制天地里的生活，我还参考了另一些海员已公开或未公开的日记。还有几位卓越的历史学家的著作也令我受益匪浅。格林杜尔·威廉姆斯的著作《所有海洋的奖赏》（The Prize of All the Oceans）一直是无价之宝，他编纂的文集《安森环球航行相关文件》（Documents Relating to Anson's Voyage Round the World）里收集了与这次远征有关的主要记录，价值同样不可估量。另一些不可或缺的资料来源还包括丹尼尔·鲍开创性的《沃波尔时代的英国海军部》（British Naval

Administration in the Age of Walpole）；丹佛·布伦斯曼关于强征入伍的让人大开眼界的历史著作《邪恶的迫切需求》（*The Evil Necessity*）；布赖恩·莱弗里关于造船和海军生涯的杰出研究，其中包括《1600—1815年间英国战舰的武器和设备》（*The Arming and Fitting of English Ships of War, 1600–1815*）以及他把重要文件编辑成集的《1731—1815年间海上生活与组织》（*Shipboard Life and Organisation,1731–1815*）；还有尼古拉斯·罗杰令人高山仰止的《木制天地》（*The Wooden World*）。海军少将克里斯托弗·莱曼也在他编辑的重要文件集成《韦杰号灾难》（*The Wager Disaster*）里收录了一些极为关键的记录。此外，我还对上述和其他专家进行了多次全面采访。

本书相关资料的所有重要来源都已经在参考书目中列出。如果某本书或某篇文章令我受益良多，我也会在注释中提及。书中只要是出现在引号里的内容，全都直接来自日记、航海日志、信件或其他来源。为便于读者阅读，我把两个半世纪前的拼写和标点改成了现在的样子。注释中给出了所有引文出处。

档案及未公开资料来源

BL	大英图书馆（British Library）
ADD MSS	附加手稿
ERALS	约克郡东区档案及地方研究
HALS	赫特福德郡档案及地方研究

JS		耶鲁大学拜内克古籍善本图书馆（Beinecke Rare Book and Manuscript Library），詹姆斯·马歇尔与玛丽-路易斯·奥斯本藏品（James Marshall and Marie-Louise Osborn Collection）中的约瑟夫·斯彭斯文件（Joseph Spence papers）
LOC		华盛顿特区，国会图书馆（Library of Congress）
NMM		伦敦格林威治，英国国家海事博物馆（National Maritime Museum）
	ADM B	海军委员会致海军部信函
	ADM L	海军部：上尉航海日志
	HER	赫仑-艾伦藏品，包括海军军官的信件和版画肖像
	HSR	手稿文件
	JOD	日记
	LBK	海军军官信函书籍
	PAR/162/1	海军上将、舰队司令威廉·帕克爵士（Sir William Parker, 1781—1866年）的私人收藏
	POR	朴次茅斯造船厂信函及报告
NLS		爱丁堡，苏格兰国家图书馆（National Library of Scotland）
NRS		爱丁堡，苏格兰国家记录馆（National Records

		of Scotland)
	CC 8	遗嘱
	JC 26/135	法庭记录
	SIG 1	土地记录
OHS	波特兰,俄勒冈州历史学会(Oregon Historical Society)	
TNA	萨里郡邱区,英国国家档案馆(The National Archives)	
	ADM 1	海军部官方信函及文件
	ADM 1/5288	海军部军事法庭记录
	ADM 3	海军部委员会会议记录
	ADM 6	海军部服役记录、登记表、报告及证书
	ADM 8	海军部汇总名录
	ADM 30	海军委员会:海军薪资办公室
	ADM 33	海军委员会船舶工资簿
	ADM 36	海军部船舶点名册
	ADM 51	海军部船长日志
	ADM 52	海军部航海官日志
	ADM 55	海军部补给日志及远征船只日记
	ADM 106	海军委员会:字母顺序
	HCA	海军部高等法院记录

PROB 11	坎特伯雷皇家特权法庭遗嘱副本
SP	国家文件办公室收集的记录，包括内阁大臣的文件
RLSA	英国罗奇代尔，罗奇代尔地方研究及档案
SL	澳大利亚新南威尔士州立图书馆
USASC	苏格兰圣安德鲁斯大学特藏
WSRO	英国西萨塞克斯记录办公室

引子

003 "这个奇怪的东西"：我对这艘小船抵达巴西的描述主要来自幸存者的日记、报告、公开报道和私人信件。更多信息可参阅约翰·巴尔克利和约翰·卡明斯的《南海航行记》、约翰·拜伦的《约翰·拜伦阁下的记述》、亚历山大·坎贝尔的《巴尔克利和卡明斯南海航行记续篇》、克里斯托弗·莱曼的《韦杰号灾难》，以及 TNA-ADM 1 和 JS 中的记录。

005 "人类本性……"：巴尔克利和卡明斯，《南海航行记》，xxxi．韦杰号木匠约翰·卡明斯也被列为这本日记的合著者，但巴尔克利才是真正写下这本日记的人。

005 "完全魂不守舍"：拜伦，《约翰·拜伦阁下的记述》，170。

006 "黑暗而复杂"：巴尔克利和卡明斯，《南海航行记》，xxiv。

006 "忠实叙述"：坎贝尔，《巴尔克利和卡明斯南海航行记续篇》，封面。

006 "我一直都 ……": 同上，vii-viii。

006 "不完美叙述": 巴尔克利和卡明斯，《南海航行记》，72。

006 "极力污蔑、抹黑我们": 同上。

006 "我们是死是活 ……": 同上，xxiv。

第一章

011 大卫·奇普：关于奇普的背景，之前已经出版的资料很少，而我对他的刻画主要来自未公开出版过的记录，包括他的家族文件、私人信件、航海日志和公文报告。也有部分内容来自他的朋友和敌人撰写的日记和报告。更多信息可参阅以下资料：JS，TNA，NMM，USASC，NLS，以及 NRS。亦可参见巴尔克利和卡明斯的《南海航行记》、拜伦的《约翰·拜伦阁下的记述》、坎贝尔的《巴尔克利和卡明斯南海航行记续篇》以及 Alexander Carlyle 的 *Anecdotes and Chracters of the Times*。

011 Cheap：大卫·奇普姓氏的传统拼写方式为 Cheape，但在当时和现代对这次航行的记述中都通常拼写为 Cheap。为避免混淆，本书从始至终都只使用 Cheap 这一种拼写。

012 乔治·安森：我对安森的刻画来自他留下的未出版的书面记录，包括他写给海军部的信件以及他的航海日志，还参考了他的家人、海员同事和一些同时代人在信件、日记和其他著作中对他的描述。此外也还有一部分取材于一些已出版的记述,包括沃尔特·弗农·安森(Walter Vernon Anson)的《英国海军之父、海军上将、安森勋爵生平,1697—1762》(*The Life of Admiral Lord Anson: The Father of the British Nav, 1697-1762*);约翰·巴罗(John Barrow)的《乔治·安森勋爵生平》(*The Life of Lord George Anson*);尼古拉斯·罗杰在《牛津国家传记词典》(*Oxford Dictionary of National Biography*)和 Peter Le Fevre、Richard Harding 编辑的 *Precursors of Nelson* 中撰写的关于安森的条目;Andrew D. Lambert 的 *Admirals: The Naval Commanders Who Made Britain Great*;布赖恩·莱弗里的 *Anson's Navy: Building a Fleet for Empire 1744-1763*;理查德·沃尔特的《环球航行》;S. W. C. Pack 的 *Admiral Lord Anson: The Story of Anson's Voyage and Naval Events of His Day*;以及格林杜尔·威廉姆斯的《所有海洋的奖赏》。最后,我需要对历史学家莱弗里特别表示感谢,因为他把自己撰写的一篇关于安森的未发表文章分享给了我。

013 没有能力:安森尽管缺乏让很多军官得到大力拔擢的裙带关系,但也并非完全没有。他的姨妈嫁给了第一代迈克尔斯菲尔德伯爵。后来由于在海军服役时功勋卓著,他也得到了几个影响力超群的支持者,包括第一代哈德威克伯爵菲利普·约克(Philip Yorke)。

013 像其他很多军官一样:一位船长写给一名同事的信完美诠释

了这种赞助支持或"影响力"在海军系统里的运作方式。船长在信中写道:"现在我必须请求您,将您所有的影响力运用到您伟大、高贵的朋友身上,让我接下来也许可以得到提升,成为将官。"

013 "安森跟以前一样":引自巴罗《乔治·安森勋爵生平》,241。

013 "他不怎么爱读书……":引自罗杰在 Peter Le Fevre、Richard Harding 编辑的 *Precursors of Nelson* 中撰写的文章"George, Lord Anson",198。

013 "环游世界……":同上,181。

013 "对于诚信和荣誉……":同上,198。

014 "为了得到您的好感":Thomas Keppel, *The Life of Augustus, Viscount Keppel, Admiral of the White, and First Lord of the Admiralty in 1782−3*, vol. 1, 172。

014 "一个人但凡……":引自 James Boswell, *The Life of Samuel Johnson*, 338。

015 "他离开得越早……":Andrew Massie 的未出版自传,由我自拉丁文翻译为英文,见 NLS。

015 "不幸的命运":奇普写给理查德·林赛(Richard Lindsey)的报告,Feb. 26, 1744, JS。

015 几个海盗:奇普曾在一位船长麾下服役,这位船长在一份报告里描述过加勒比海的一群海盗如何袭击自己的船只:"敌人拿着长矛和弯刀,气势汹汹地冲了上来,极其野蛮地砍倒了我和我的手下。……交战中我右腿中了两颗滑膛枪子弹,此外头上还被砍了三刀。"

015 "浮夸的举止": Carlyle, *Anecdotes and Characters of the Times*, 100。

015 "一个有理智……": 同上,99。

016 这场冲突:关于这场战争的更多信息,可参阅 Craig S. Chapman, Disaster on the Spanish Main, and Robert Gaudi, *The War of Jenkins' Ear: The Forgotten War for North and South America*。

016 腌在一个罐子里:诗人亚历山大·蒲柏(Alexander Pope)把这个故事进一步神话了,在他笔下,"西班牙人做了件俏皮的事情",他们"割下我们的耳朵,派人送给国王"。

016 "我的事业……":引自 Philip Stanhope Mahon, *History of England: From the Peace of Utrecht to the Peace of Versailles*, vol. 2, 268。

017 绕过合恩角:命令中也提到了穿过麦哲伦海峡的替代方案,那是南美大陆南端与火地群岛之间一条险象环生的航线。但安森准将计划绕过合恩角。

017 "夺取、击沉、烧毁……":给安森准将的命令,1740年,收录于格林杜尔·威廉姆斯编《安森环球航行相关文件》,35。

017 编写了一份记录:为简单起见,下文在提到这份记录时我都会简称为"沃尔特牧师的记录"。

018 "在全球所有地方……":沃尔特,《环球航行》,246。这句引文在其中一个版本中的表述有所不同,此处依标准版引用。

018 "如果上帝愿意……":同上,37。

018 "最秘密……":摘自约翰·诺里斯爵士文章 *A Journal of My Proceedings, 1739–1740*,收录于威廉姆斯编《安森环球航行相关文件》,12。

018 "基本原理":沃尔特,《环球航行》,95—96。

019 "谁控制了海洋……":引自 Luc Cuyvers, Sea Power, xiv。

020 "毫无胜算":Keppel, *The Life of Augustus, Viscount Keppel, Admiral of the White, and First Lord of the Admiralty in 1782–3*, vol. 1, 155。

020 皇家造船厂:对这一时期海军部的研究,当数丹尼尔·鲍的著作《沃波尔时代的英国海军部》最为重要。这部分叙述同样参照了他编辑的重要文件辑录 *Naval Administration, 1715–1750*。此外还受益于我对鲍进行的多次采访。

020 主要由简单……:关于战舰如何制造、装配的更多信息,可参阅布赖恩·莱弗里的极具价值的多部著作,尤其是 *Building the Wooden Walls: The Design and Construction of the 74-Gun Ship Valiant*,以及《1600—1815年间英国战舰的武器和设备》。莱弗里也极为大方地接受了我无数次采访,并为本书相关部分做了事实核查。

020 森林夷为平地：建造船体所需那么厚实粗壮的橡树——包括天然弯曲成船体所需弧度、造船人都梦寐以求的弧形橡木——需要一百年左右的时间才能长成。造船人在全球到处寻找木材。很多桅杆（"大棍子"）伐自松树等更柔韧的木材，需要从美洲殖民地进口。1727年，新英格兰的海军承包商报告，仅仅一个冬天，"砍伐了不少于三万棵松树"，而如果按照这个速度砍伐下去，不出七年，"所有省份剩下的能做桅杆的树不会超过一千棵"。这是早期森林滥伐景象的一角。

020 吃透船体：还要再过几十年，海军才开始主要用铜而非木材覆盖船只底部。

021 "停在船坞上……"：塞缪尔·佩皮斯，*Pepys' Memoires of the Royal Navy, 1679—1688*, ed. J. R. Tanner，11。

021 "木材大面积腐烂"：Julian Slight，*A Narrative of the Loss of the Royal George at Spithead*，79。

021 "虫蛀得太厉害了"：Jacob Acworth 致海军部大臣助理 Josiah Burchett 的信，August 15，1739，NMM-ADM B。

021 "好多都被老鼠吃掉了"：安森在百夫长号上的航海日志，NMM-ADM L。

022 "不喜欢水"：Anselm John Griffiths，*Observations on Some Points of Seamanship,* 158。

022 "如此怪异的理论":奇普致海军部,June 17,1740,TNA-ADM 1/1439。

023 "对于那些幸存……":摘自约翰·诺里斯爵士文章 A Journal of My Proceedings,1739—1740,收录于威廉姆斯编《安森环球航行相关文件》,12。

023 "我跟码头上……":引自 Sarah Kinkel, *Disciplining the Empire, Politics, Governance, and the Rise of the British Navy*, 98—99。

023 "翻倒":丹迪·基德船长在韦杰号上的航海日志,TNA-ADM 51/1082。

024 沿着泰晤士河航行:关于沿泰晤士河航行的情形,更多信息可参阅优秀著作:G. J. Marcus, *Heart of Oak*。

024 不留情面地指出:百夫长号见习官奥古斯塔斯·凯佩尔(后来晋升为海军上将)在谈到一条路过的船时说:"这条船的屁股还是肥得很啊。"

025 用光了志愿兵:关于这一时期人员配备陷入严重危机的情形,以及海军部的更多信息,可参阅丹尼尔·鲍《沃波尔时代的英国海军部》,以及他编辑的文件辑录 *Naval Administration*,1715—1750。

025 英国首相:尽管当时还没有开始用"首相"一词,今天的历史学家还是普遍当他是当时的英国首相。

025 "啊!海员……":引自丹尼尔·鲍《沃波尔时代的英国海

军部》，186。

026 "在空气中……"：Thomas Gibbons Hutchings，*The Medical Pilot, or, New System*，73。

026 "健康状况极为不良"：奇普写给林赛的报告，Feb. 26, 1744，JS。

026 破坏力极强的传染病：关于斑疹伤寒对皇家海军造成的影响，更多信息可参阅丹尼尔·鲍《沃波尔时代的英国海军部》。亦可参阅詹姆斯·林德（James Lind）：*An Essay on the Most Effectual Means of Preserving the Health of Seamen in the Royal Navy*。

026 新招募来的水手：海军医生詹姆斯·林德彻底变革了海军部队中使用的卫生方法。他曾写道，一个生病的新兵可能会传染整条船，使之成为"整支舰队的害群之马"。

026 "在这么悲惨……"：引自丹尼尔·鲍《沃波尔时代的英国海军部》，181。

026 "更暴力"：同上，148。

027 "逮捕所有……"：海军部致国王会同枢密院的备忘录，1740年1月23日，收录于丹尼尔·鲍编 *Naval Administration, 1715—1750*，118。

027 "哪条船上的？"：Robert Hay，*Landsman Hay: The Memoirs of Robert Hay*，ed. Vincent McInerney，195。

027 抓丁团也会……：百夫长号上的一名军官在日志里写道：

"二级上尉和27个人坐船出去了,要去抓海员。"

027 "比起一个……":引自 Marcus, *Heart of Oak*, 80。

028 用尽所有招数:有时在抓丁过程中会发生流血事件。有名船长报告,在他和抓丁团试图登上一艘船时,船上的人奋起抵抗,向他们开火。船长写道:"我只好命令手下持短刀登船。"有五人被杀。

028 "一位老贵妇……":引自丹佛·布伦斯曼, *The Evil Necessity: British Naval Impressment in the Eighteenth-Century Atlantic World*, 184。

028 "在这个地方……": William Robinson, *Jack Nastyface: Memoirs of an English Seaman*, 25–26。

028 "我这辈子……":佩皮斯, *Everybody's Pepys: The Diary of Samuel Pepys*, ed. O. F. Morshead, 345。

029 一有机会就会逃跑:逃兵被抓到的话可能会被绞死——甚至有个船长还曾向海军部申请,处以"比死亡更可怕的刑罚"。不过很少有逃兵被处决。海军对海员的需求那么急切,承担不起处死那么多海员的代价。被抓回来的只是少数人,他们通常会被送回原来的船上。但安森的分遣舰队里有个例子,是一名军官报告的,说有个逃兵"诱骗了我们的几个人逃跑,还竭尽全力阻止其他人回到船上",因为开小差和其他罪行把他抓回来后,不得不把他绑在一个带环螺栓上——"对他来说是个很严厉的惩罚"。

029 "但凡爬得动……"：引自丹尼尔·鲍《沃波尔时代的英国海军部》，184。

029 一共有二百四十多……：这个数字由我通过对分遣舰队五艘战舰和寻踪号侦察船的点名册的分析得出。

029 "我就算有100……"：引自 Peter Kemp, *The British Sailor: A Social History of the Lower Deck*，186。

030 "正义感、勇气……"：奇普写给林赛的报告，Feb. 26, 1744, JS。

030 "染了梅毒……"：引自丹尼尔·鲍《沃波尔时代的英国海军部》，165。

030 政府往安森的舰队：我对海军陆战队员和伤残人员的描述借鉴了远征队成员的一手资料，同时还受益于格林杜尔·威廉姆斯精彩的历史著作《所有海洋的奖赏》。根据他发现的医院记录，伤残人员中有一个之前"右侧大腿受伤"，左腿和腹部还"被炸弹炸伤"了。另一个则被列为"瘫痪且极度虚弱"。

030 这些人"毫无用处"：引自威廉姆斯《所有海洋的奖赏》，22。

030 "老弱病残"：Michael Roper, *The Records of the War Office and Related Departments*，71。

031 "最老朽、最可怜"：沃尔特，《环球航行》，7—8。

031 "只要是有手有脚……"：同上。

031 "他们全都可能会……": 同上。

031 "一切准备就绪……": Anon., *A Voyage to the South-Seas, and to Many Other Parts of the World, Performed from the Month of September in the Year 1740, to June 1744, by Commodore Anson*, 12。

031 寻踪号: 这条船的名字早期经常拼写为 Tryal 或 Tryall, 但我一直用的是现代拼写 Trial.

032 "等待有利风向": *London Daily Post*, September 5, 1740。

032 "人们满心都是……": 巴尔克利和卡明斯,《南海航行记》, 1。

第二章

034 约翰·拜伦: 我对约翰·拜伦的研究主要来自他的日记、他与亲友的通信、他多年来写给海军部的报告、他曾服役的多艘船只保存下来的航海日志、他的军官同僚和海员同伴写下的一手记录以及同时代的新闻报道。此外, 我还参考了关于拜伦及其家族史的部分图书, 包括: Emily Brand, *The Fall of the House of Byron: Scandal and Seduction in Georgian England*; Fiona MacCarthy, *Byron: Life and Legend*; 以及 A. L. Rowse, *The Byrons and Trevanions*。

035 "盘子、玻璃杯……": Doris Leslie, *Royal William: The Story of a Democrat*, 10。

036 "不通情理……": 巴尔克利和卡明斯,《南海航行记》, 135。

036 纽斯特德修道院：在华盛顿·欧文（Washington Irving）笔下，拜伦家族的这座庄园是"古雅、浪漫的建筑群现存于世的最佳典范，半是城堡，半是修院，至今仍是英格兰古老时代的纪念碑。"

036 "宅邸本身……"：George Gordon Byron, *The Poetical Works of Lord Byron*, 732。

037 "我祖祖辈辈的殿堂……"：同上，378。

037 "光荣服役"：Pepys, *The Diary of Samuel Pepys*, ed. Robert Latham and William Matthews, vol. 2, 114。

038 "反常行为"：引自尼古拉斯·罗杰，*The Wooden World: An Anatomy of the Georgian Navy*, 115。

038 "上帝啊，……"：Frederick Chamier, *The Life of a Sailor*, 10。

038 "有损健康的恶臭"：引自尼古拉斯·罗杰，*The Safeguard of the Sea*, 408。

039 "他这个风格……"：John Bulloch, *Scottish Notes and Queries*, 29。

039 他们这些人：女人禁止在海军服役，尽管有些人会尝试女扮男装；偶尔还会有军官把家眷带上船。

040 招募自由黑人：关于这一时期黑人海员的更多信息，可参阅：W. Jeffrey Bolster, *Black Jacks: African American Seamen in the Age of Sail*, 以及 Olaudah Equiano 的文集，*The Interesting Narrative and Other Writings*。

040 "一艘战舰完全……": 引自 Henry Baynham, *From the Lower Deck*, 116。

041 "对于麾下部众……": Dudley Pope, *Life in Nelson's Navy*, 62。

041 罗伯特·贝恩斯: 韦杰号上尉贝恩斯留下的信件和证词很少,我们对贝恩斯其人的了解主要来自船上其他人的叙述。关于他的家庭有很多信息,包括 Derek Hirst 的文章 "The Fracturing of the Cromwellian Alliance: Leeds and Adam Baynes"; John Yonge Akerman, *Letters from Roundhead Officers Written from Scotland and Chiefly Addressed to Captain Adam Baynes, July MDCL–June MDCLX*; 以及 Henry Reece, *The Army in Cromwellian England, 1649−1660*。为深入了解贝恩斯家族,我还采访了德里克·赫斯特(Derek Hirst),并与贝恩斯的后人斯特拉·赫伯特(Stella Herbert)谈过话,关于罗伯特·贝恩斯她搜集了很多信息,也都好心分享给了我。

042 最底下那层: 还有第三组海员,可以称他们为上层后甲板执勤人员(afterguard man)。尽管他们的岗位是在上层后甲板区,但他们不是发号施令的,而是执行命令的。他们会执行一些基本任务,比如拉紧后桅帆,用甲板磨石(holystone)打磨甲板。这种有点像砖块的石头之所以冠以圣名(holy),是因为他们要跪在地上磨,就好像在祈祷一样。

043 "一套人类机器……": Samuel Leech, *Thirty Years from Home, or, A Voice from the Main Deck*, 40。

043 一种神秘的文明：我对船上生活的描写来自大量已公开和未公开资料。此处特别需要感谢尼古拉斯·罗杰的开创性历史著作《木制天地》；Adkins and Adkins, *Jack Tar*；莱弗里的《1731—1815年间海上生活与组织》，这是一部出类拔萃的重要文献辑录；还有很多海员的一手记录、日记和航海日志，其中有参与了安森这次远征的人。与这个领域多位专家的采访也令我受益良多，其中包括莱弗里、罗杰、鲍和布伦斯曼。

044 "总是在睡梦中"：引自罗杰《木制天地》，37。

044 "认为无论多笨……"：Edward Thompson, *Sailor's Letters*, vol. 1，155-156。

045 像水手一样爆粗口：1702年有一篇文章，作者抱怨称，军官们会骂他们的部下"婊子养的""母狗生的"之类，还说他们会"用主耶稣基督骂人……还有很多别的亵渎神灵的说法，此处不宜照录"。

046 食物：要到十九世纪，堪称奇迹发明的制冷机器才会出现，在此之前，只能通过烘干晒干、加盐腌制等办法保存食物。

046 "我从来没见过……"：拜伦，《约翰·拜伦阁下的记述》，39。

047 小提琴手：拜伦曾回忆，有一次航行中，有个军官"拉起小提琴,我们还有几个人跳起舞来"。

047 他们割掉他的耳朵:Charles Harding Firth, *Naval Songs and Ballads*, 172。

047 "最出乎意料":Robert E. Gallagher, ed., *Byron's Journal of His Circumnavigation, 1764-1766*, 35。

048 "他们的脑袋撞在……":Thompson, *Sailor's Letters*, vol. 2, 166。

048 "我跟你们当中……":巴尔克利和卡明斯,《南海航行记》, 77。

050 "我们头一回……":赫尔曼·梅尔维尔, *Redburn: His First Voyage: Being the Sailor-Boy Confession and Reminiscences of the Son-of-a-Gentleman, in the Merchant Service*, 132-133。

051 现在拜伦站在……:多次在主桅上爬上爬下后,拜伦波澜不惊地写到,自己如何"马上爬上去"。

051 "是由上天为了给……":沃尔特,《环球航行》, 17。

052 "我们满脑子……":同上, 11。

052 "自从离开英国……":诺里斯船长致安森, Nov. 2, 1740, TNA-ADM 1/1439。

052 "胆小如鼠……":尼古拉斯·罗杰, *Articles of War: The Statutes Which Governed Our Fighting Navies, 1661, 1749, and 1886*, 24。

052 "一个瘦小、虚弱……":John Nichols, *Literary Anecdotes*

351

of the Eighteenth Century，782。

052 "强烈赞成……"：Berkenhout，"A Volume of Letters from Dr. Berkenhout to His Son, at the University of Cambridge"，116。

052 诺里斯"放弃"了：沃尔特，《环球航行》，18。

052 "害怕的最大迹象"："An Appendix to the Minutes Taken at a Court-Martial, Appointed to Enquire into the Conduct of Captain Richard Norris"，24。

052 "消除恶意和谎言……"：诺里斯船长致海军部，Sept.18，1744，TNA-ADM 1/2217。

052 "值得尊敬……"：Anon.，*A Voyage to the South-Seas, and to Many Other Parts of the World, Performed from the Month of September in the Year 1740, to June 1744, by Commodore Anson…by an Officer of the Squadron*，18。

053 "全力博取暴君……"：W. H. Long, ed.，*Naval Yarns of Sea Fights and Wrecks, Pirates and Privateers from 1616–1831 as Told by Men of Wars' Men*，86。

054 所有"情报"：Andrew Stone 致安森，1740年8月7日，收录于威廉姆斯编辑的《安森环球航行相关文件》，53。

054 "意在阻止我们……"：沃尔特，《环球航行》，19。

054 "从武力上讲……"：同上，20。

第三章

055 "以前从来没见过 ……"：引自 Adkins and Adkins，*Jack Tar*, 270。

055 船上的大炮：关于英国海军战舰上的人如何备战，更多信息可参阅：Adkins and Adkins，*Jack Tar*；帕特里克·奥布莱恩，*Men-of-War: Life in Nelson's Navy*；Tim Clayton, *Tars: The Men Who Made Britain Rule the Waves*；G. J. Marcus, *Heart of Oak*；莱弗里的《1731—1815年间海上生活与组织》；以及罗杰的《木制天地》。亦可参见海员的众多一手资料，其中包括 William Dillon 和 Samuel Leech 撰写的。

057 大炮在轰鸣：在练习时，很多大炮都会打空炮以节省弹药。

058 "笑对别人 ……"：Chamier, *The Life of a Sailor*, 93。

058 "海上的炮长 ……"：William Monson, *Sir William Monson's Naval Tracts: In Six Books*, 342。

058 "天主的园子"：巴尔克利和卡明斯，《南海航行记》，xxi。

058 "船上的礼拜 ……"：同上，45。

059 "让一个人进入自我"：Thomas à Kempis，《基督徒的典范，又名，论模仿耶稣基督》，19。

059 "人的一生 ……"：同上，20。

059 "让所有敌人 ……"：巴尔克利和卡明斯，《南海航行记》，xxi。

059 "清醒、小心 ……"：William Mountaine, *The Practical Sea-*

Gunner's Companion, or, *An Introduction to the Art of Gunnery*, ii。

059 "船上地位最低……": 同上。

059 "尽管我是……": 巴尔克利和卡明斯,《南海航行记》, 5。

060 "堕落": 同上, xxiii。

060 "按照历史悠久……": 罗杰,《木制天地》, 20。

060 "他迫使我……": 巴尔克利和卡明斯,《南海航行记》, 136。

061 这些卷册: 在了解航海日志和海洋故事的过程中, 我特别需要感谢两个优秀的资料来源, 即: 菲利普·爱德华兹, *The Story of the Voyage: Sea-Narratives in Eighteenth-Century England*, 以及 Paul A. Gilje, *To Swear Like a Sailor: Maritime Culture in America, 1750—1850*。

061 "乏味的记录……": 丹尼尔·笛福, *The Novels and Miscellaneous Works of Daniel Defoe*, 194。

062 最早浮于海……: 巴尔克利和卡明斯,《南海航行记》, 扉页。

062 "航海记忆日志": Gilje, *To Swear Like a Sailor*, 66。

062 "细心记录……": R. H. Dana, *The Seaman's Friend: A Treatise on Practical Seamanship*, 200。

062 这些航海日志: 关于这一时期公众对航海故事兴趣日益浓厚的情形, 可参阅: 爱德华兹, *The Story of the Voyage*。

063 "在我们这个时代……":引自爱德华兹,*The Story of the Voyage*,3。

063 "不公平":劳伦斯·米勒钱普,*A Narrative of Commodore Anson's Voyage into the Great South Sea and Round the World, NMM-JOD/36*。

063 战线:关于海军战术的更多信息,可参阅 Sam Willis 颇有见地的著作 *Fighting at Sea in the Eighteenth Century: The Art of Sailing Warfare*。

064 这样的编队:海军历史学家 Sam Willis 写道,这种战斗队形被看作"舰队能力表现的终极梦想"。

064 "出其不意……":引自 Willis,*Fighting at Sea in the Eighteenth Century*,137。

064 "桅顶!":Leech,*Thirty Years from Home*,83。

065 无形的围攻:斑疹伤寒疫情让远征队不堪其忧的情形,可参阅:Heaps,*Log of the Centurion*;Keppel,*The Life of Augustus, Viscount Keppel, Admiral of the White, and First Lord of the Admiralty in 1782-3*, vol.1;帕斯科·托马斯,*A True and Impartial Journal of a Voyage to the South-Seas*;Boyle Somerville,*Commodore Anson's Voyage into the South Seas and Around the World*;沃尔特的《环球航行》;以及威廉姆斯的《所有海洋的奖赏》。亦可参阅安森分遣舰队中各舰船的航海日志及点名册,这些文件详细记录了巨大伤亡,令

人触目惊心。

065 "我们的人变得……": Keppel, *The Life of Augustus, Viscount Keppel, Admiral of the White, and First Lord of the Admiralty in 1782-3*, vol. 1, 24。

066 "降低大腿骨折风险": 亨利·埃特里克, "The Description and Draught of a Machine for Reducing Fractures of the Thigh", *Philosophical Transactions* 459, XLI (1741), 562。

067 "文字流……": 帕斯科·托马斯,《真实、公正的南海航行日志》,142。

067 "谁要是张开嘴……": 米勒钱普, *A Narrative of Commodore Anson's Voyage into the Great South Sea and Round the World*, NMM-JOD/36。

067 "有那么一些人……": *The Spectator*, August 25 and September 1, 1744。

068 "人们会死在海上……": Tobias Smollett, *The Works of Tobias Smollett: The Adventures of Roderick Random*, vol. 2, 54。

068 "在他身边默默垂泪……": 引自 H. G. Thursfield, ed., *Five Naval Journals, 1789-1817*, 35。

068 按照传统……: 关于海葬仪式的更多信息,可参阅: Adkins and Adkins, *Jack Tar*; Baynham, *From the Lower Deck*; Joan Druett, *Rough Medicine: Surgeons at Sea in the*

Age of Sail；Pope 的 *Life in Nelson's Navy*；Rex Hickox，*18th Century Royal Navy*；以及 Thursfield，*Five Naval Journals, 1789—1817*。

069 "死亡在任何时候……"：Dana，*Two Years Before the Mast, and Twenty-Four Years After*，37。

070 "从地球上消灭罪人"：John Woodall，*De Peste, or the Plague*，preface。

071 "工业号储存船……"：巴尔克利和卡明斯，《南海航行记》，2。

071 超过65人：死亡人数根据我对珍珠号、百夫长号、塞弗恩号和格洛斯特号点名册的研究得出。由于韦杰号的很多记录都在失事后遗失，无法给出其船员因斑疹伤寒死亡的确切数字，尽管这个数字肯定也相当可观。这个结论也没有包括寻踪号单桅帆船和工业号、安娜号两艘货船上的死亡人数。因此我给出的数字很保守，但即便如此，也已经比广泛报道的数字高得多。

071 "不仅对那些刚……"：沃尔特，《环球航行》，42。

071 "看上去像血"：巴尔克利和卡明斯，《南海航行记》，4。

072 "中午，我们……"：同上，3。

072 "从巴西其他地方……"：托马斯，《真实、公正的南海航行日志》，12。

073 "非常奇特的鸟……"：引自 Keppel，*The Life of Augustus, Viscount Keppel, Admiral of the White, and First Lord of the*

Admiralty in 1782-3, vol. 1, 26。

073 "你都可能觉得……":同上。

073 病魔并没有……:他们遭受的痛苦不再只是来自斑疹伤寒。有些人可能也染上了黄热病和疟疾。尽管他们诉苦说蚊子毒性很大,但他们并不知道,正是这些昆虫在传播也许会置人于死地的疾病。实际上,很多军官都把发烧归咎于大气环境——船上的教师托马斯说"气候炎热,空气太差了"。"疟疾"(malaria)这个名称本身就体现了这种误解:该词源自意大利语的 mala 和 aria,意思是"糟糕的空气"。

073 "绝对有必要……":托马斯,《真实、公正的南海航行日志》,10。

074 "割伤、擦伤……":米勒钱普, *A Narrative of Commodore Anson's Voyage into the Great South Sea and Round the World*, NMM-JOD/36。

074 "我们失去了她……":巴尔克利和卡明斯,《南海航行记》,3。

074 "我们发现他们……":上尉 Salt 致海军部的报告, July 8, 1741, TNA-ADM 1/2099。

075 "我很遗憾……":Somerville, *Commodore Anson's Voyage into the South Seas and Around the World*, 28。

075 "勇敢的家伙":Anon., *A Voyage to the South-Seas, and to Many Other Parts of the World, Performed from the Month of September in the Year 1740, to June 1744, by Commodore*

Anson...by an Officer of the Squadron，19。

075 "在这个世界上……"：丹迪·基德的遗嘱，TNA-PROB 11。

076 靠鞭子维持统治的暴君：残暴的船长并没有多年来广为描述的那样常见。一个船长如果非常残暴并名声在外，他很快就会发现没什么人愿意跟他出海。英国海军部也会努力把这样的人从队伍里清出去，就算不是出于人道原因，也是有实际考量：船上要是愁云惨淡，也发挥不出效用。有个艏楼船员发现，待遇良好的船员总是比那些"遭到惨无人道的肆意鞭打而感到羞辱，精神有些崩溃"的船员表现更好。

076 "如果你没有……"：Kempis，《基督徒的典范》，41。

076 "这次远征将以……"：巴尔克利和卡明斯，《南海航行记》，4。

第四章

079 "控制脾气……"：Scott，*Recollections of a Naval Life*，41。

080 "每个人都会……"：约瑟夫·康拉德，*Complete Short Stories*，688。

080 军法：关于军中律令的更多信息，可参阅罗杰的 *Articles of War: The Statutes Which Governed Our Fighting Navies, 1661, 1749, and 1886*。

080 绕过合恩角：在描述合恩角附近情形时，我参考了很多海员的一手日记和航海日志,尤其是安森这次远征中的海员写下的那些。我同样也参考了多种已出版的记录,包括：Adrian Flanagan, *The Cape Horners' Club: Tales of Triumph and Disaster at the World's Most Feared Cape*；Richard Hough, *The Blind Horn's Hate*；Robin Knox-Johnston, *Cape Horn: A Maritime History*；Dallas Murphy, *Rounding the Horn: Being a Story of Williwaws and Windjammers, Drake, Darwin, Murdered Missionaries and Naked Natives—a Deck's Eye View of Cape Horn*；以及 William F. Stark and Peter Stark, *The Last Time Around Cape Horn: The Historic 1949 Voyage of the Windjammer Pamir*。

081 一支英国探险队：弗朗西斯·德雷克在探险中经过的是麦哲伦海峡,但在巴塔哥尼亚西海岸,他的船只在暴风雨中受困,被吹到合恩角附近。他虽然没有绕过合恩角,但发现了这条路线,因此后来这条通道还是以他的名字命名为德雷克海峡。

081 "最疯狂的海域"：引自 David Laing Purves, *The English Circumnavigators: The Most Remarkable Voyages Round the World*, 59。

082 "在地球的那些尽头……"：梅尔维尔,《白夹克》,151—153。

082 "盲目合恩之恨意"：鲁德亚德·吉卜林, *The Writings in*

Prose and Verse of Rudyard Kipling，168。

082 为了确定自己……：关于导航和经度的更多信息，可参阅达娃·索贝尔的综述性著作《经度》(*Longitude: The True Story of a Lone Genius Who Solved the Greatest Scientific Problem of His Time*)。还有两部精彩著作亦可参阅：Lloyd A. Brown，*The Story of Maps*；William J. H. Andrewes，*The Quest for Longitude*。

083 麦哲伦环球航行：麦哲伦本人并没有完成那次环球航行。1521年，他在一个地方（今菲律宾）试图让当地居民皈依基督教，当地居民奋起反抗，在战斗中杀死了麦哲伦。

083 "不讨论经度"：引自索贝尔《经度》，前言，xiii。

083 "由于船只的运动……"：同上，52。

084 "伤狗的吠叫"：同上，7。

084 "非常聪明……"：引自 Lloyd A. Brown，*The Story of Maps*，232。

085 "这种航位推算法……"：索贝尔，《经度》，14。

086 "在这里，……"：托马斯，《真实、公正的南海航行日志》，18。

086 "我们在这里……"：米勒钱普，*A Narrative of Commodore Anson's Voyage into the Great South Sea and Round the World*，NMM-JOD/36。

087 "狡猾的律师"：引自 Samuel Bawlf，*The Secret Voyage of*

Sir Francis Drake, 1577–1580, 104。

087 "看！这就是……"：同上，106。

087 "地狱中的幽灵……"：索马里兹日记，收录于威廉姆斯编《安森环球航行相关文件》，165。

088 "半鱼半禽"：米勒钱普，*A Narrative of Commodore Anson's Voyage into the Great South Sea and Round the World, NMM-JOD/36*。

088 "这里的鲸鱼多得……"：Gallagher, ed., *Byron's Journal of His Circumnavigation, 1764–1766*，62。

088 "一种相当危险的动物"：同上，59。

088 "一种令人怡悦……"：米勒钱普，*A Narrative of Commodore Anson's Voyage into the Great South Sea and Round the World, NMM-JOD/36*。

088 "陆地有时候……"：同上。

089 "在这一片惨淡……"：托马斯，《真实、公正的南海航行日志》，19。

089 "太高了……"：Antonio Pigafetta and R. A. Skelton, *Magellan's Voyage: A Narrative of the First Circumnavigation*，46。

090 "你们就会面对……"：安森下达给爱德华·莱格（Edward Legge）船长的命令，*Jan. 18, 1741, TNA-ADM 1/2040*。

090 搜寻"冰岛"：索马里兹日记，收录于威廉姆斯编《安森环球航行相关文件》，165。

091 "尽管火地岛……": 沃尔特,《环球航行》, 79。

091 "阴然耸立……": 梅尔维尔,《白夹克》, 183。

091 "一个真正孕育……": 米勒钱普, *A Narrative of Commodore Anson's Voyage into the Great South Sea and Round the World*, NMM-JOD/36。

092 他们解去……: 塞缪尔·泰勒·柯勒律治, The Rime of the Ancient Mariner, 18。

092 "我记得有一只……": 米勒钱普, *A Narrative of Commodore Anson's Voyage into the Great South Sea and Round the World*, NMM-JOD/36。

092 "这一天的上午……": 沃尔特,《环球航行》, 80—81。

092 "一段异常完美的航程": 格洛斯特号船长马修·米切尔 (Matthew Mitchell) 的航海日志: March 8, 1741, TNA-ADM 51/402。

092 "我们忍不住……": 沃尔特,《环球航行》, 80。

093 "风力之大……": William F. Stark and Peter Stark, *The Last Time Around Cape Horn: The Historic 1949 Voyage of the Windjammer Pamir*, 176–177。

094 "让凡俗之人……": John Kenlon, *Fourteen Years a Sailor*, 216。

094 "差一点点就……": 拜伦,《约翰·拜伦阁下的记述》, 4。

094 "杰出海员": 巴尔克利和卡明斯,《南海航行记》, 73。

363

第五章

096 "纬度四十度以南……": *Los Angeles Times*, Jan. 5, 2007。

096 "极为猛烈……": Gallagher, ed., *Byron's Journal of His Circumnavigation, 1764—1766*, 32。

096 "一块肥美的真菌体": 沃尔特,《环球航行》, 109。

096 "膝盖、脚踝和脚趾……": 托马斯,《真实、公正的南海航行日志》, 142。

096 "想象得到的……": Gallagher, ed., *Byron's Journal of His Circumnavigation, 1764—1766*, 116。

097 "更令人惊讶的是": 沃尔特,《环球航行》, 109。

097 "情绪异常低落": 同上, 108。

097 "整个灵魂的堕落": 引自 Lamb, *Scurvy*, 56。

097 有些人发疯了: 疫情暴发期间, 索马里兹上尉观察到, 有些病人表现出"痴呆、发疯、惊厥"。

097 "侵入他们的……": Anon., *A Voyage to the South-Seas, and to Many Other Parts of the World, Performed from the Month of September in the Year 1740, to June 1744, by Commodore Anson...by an Officer of the Squadron*, 233。

097 让他们遭受……: 关于坏血病的更多信息, 可参阅一些相当可靠的资料来源, 包括: Kenneth J. Carpenter, *The History of Scurvy and Vitamin C*; David Harvie, *Limeys:*

The Conquest of Scurvy；Stephen R. Bown，*Scurvy: How a Surgeon, a Mariner, and a Gentleman Solved the Greatest Medical Mystery of the Age of Sail*；Jonathan Lamb，*Scurvy: The Disease of Discovery*，这部著作对这种疾病对海员的精神状态的影响提出了特别有力的见解；James Watt，"The Medical Bequest of Disaster at Sea：Commodore Anson's Circumnavigation，1740－44"；以及 Eleanora C. Gordon，"Scurvy and Anson's Voyage Round the World，1740－1744：An Analysis of the Royal Navy's Worst Outbreak"。为了了解大航海时代人们如何看待这种疾病，以及对这种疾病有何误解，我还参考了那个时期的一些医学文献，包括：James Lind，*An Essay on the Most Effectual Means of Preserving the Health of Seamen in the Royal Navy*；Richard Mead，*The Medical Works of Richard Mead*；以及 Thomas Trotter，*Medical and Chemical Essays*。如欲了解这种疾病是如何在安森的分遣舰队中肆虐的，可参阅船员的日记、信件和航海日志。

097 "海上瘟疫"：引自 Kenneth J. Carpenter，*The History of Scurvy and Vitamin C*，17。

098 "我没法假装……"：安森致 James Naish，December，1742，收录于威廉姆斯编《安森环球航行相关文件》，152。

098 "人员中大部分……"：拜伦，《约翰·拜伦阁下的记述》，

8—9。

098 "骨头，在肉被……"：Anon., *A Voyage to the South-Seas, and to Many Other Parts of the World, Performed from the Month of September in the Year 1740, to June 1744, by Commodore Anson…by an Officer of the Squadron*, 233。

098 "黑色和黄色的液体"：Richard Mead, *The Medical Works of Richard Mead*, 441。

098 病因：也有其他人猜测坏血病是储存食品开始变质的结果。还有一个部分军官持有的更残酷的说法是，生病的海员自己就是病因——他们没精打采的样子就是导致这种疾病的原因，而不是这种疾病的症状。于是这些可怜的人一边病得奄奄一息，一边还要遭受拳打脚踢，被骂成游手好闲、好吃懒做、鬼鬼祟祟的狗。

098 "完全未知"：托马斯，《真实、公正的南海航行日志》，143。

099 "这件事非常不幸"：巴尔克利和卡明斯，《南海航行记》，6。

099 "二十个人的脑袋……"：A. Beckford Bevan and H. B. Wolryche-Whitmore, eds., *The Journals of Captain Frederick Hoffman, R.N., 1793−1814*, 80。

099 奇异景象：还有一种毫无根据的坏血病治疗方法恐怕更让人如坐针毡。写给海上医生的一篇文章建议，把患者用"动物血液，无论是牛、马、驴、山羊还是绵羊的血液"泡起来。

099 "神奇地突然痊愈": Marjorie H. Nicolson, "Ward's 'Pill and Drop' and Men of Letters", *Journal of the History of Ideas* 29, no. 2 (1968), 178。

099 "上吐下泻": 托马斯,《真实、公正的南海航行日志》, 143。

100 "我可以清楚地……": 索马里兹日记, 收录于威廉姆斯编《安森环球航行相关文件》, 166。

101 "还没走到甲板……": 沃尔特,《环球航行》, 110。

101 "每条船每天……": 米勒钱普, *A Narrative of Commodore Anson's Voyage into the Great South Sea and Round the World*, NMM-JOD/36。

101 "那场景非常凄惨……": 格洛斯特号船长马修·米切尔的航海日志, TNA-ADM 51/402。

101 "太虚弱、太消瘦……": 爱德华·莱格船长致海军部大臣助理, July 4, 1741, TNA-ADM 1/2040。

102 "在甲板之间看到……": John Philips, *An Authentic Journal of the Late Expedition Under the Command of Commodore Anson*, 46。

102 "在我们遭遇的……": 莱格船长致海军部大臣助理, July 4, 1741, TNA-ADM 1/2040。

102 "我刚刚得知……": Keppel, *The Life of Augustus, Viscount Keppel, Admiral of the White, and First Lord of the Admiralty in 1782-3*, vol. 1, 31。

102 "亨利·奇普……"：百夫长号点名册，TNA-ADM 36/0556。

103 "我祖父的《航海记述》"：George Gordon Byron, *The Complete Works of Lord Byron*, 720。

103 "没有坟墓……"：同上，162。

103 "彻底毁灭"：沃尔特，《环球航行》，107。

103 "抵达那里……"：同上，113。

104 "衣服穿烂了……"：伍兹·罗杰斯，《一次环球航行》，128。

104 "因此他说……"：同上，126。

104 "岛上至高无上……"：同上，131。

104 一传十、十传百：塞尔扣克和鲁滨孙的故事一直到现在都仍然很有影响力，例如2015年的生存电影《火星救援》(*The Martian*)。

104 "期盼已久的岛屿"：米勒钱普，*A Narrative of Commodore Anson's Voyage into the Great South Sea and Round the World*, NMM-JOD/36。

105 "就像两座极高……"：格洛斯特号船长米切尔的航海日志，TNA-ADM 51/402。

105 "……我们的海员……"：米勒钱普，*A Narrative of Commodore Anson's Voyage into the Great South Sea and Round the World*, NMM-JOD/36。

第六章

106 "完美飓风":拜伦,《约翰·拜伦阁下的记述》,9。沃尔特牧师的叙述在写到这场风暴时同样称为"完美飓风"。

106 "我们碰到了……":巴尔克利和卡明斯,《南海航行记》,5。

106 "比我以前见过的……":莱格船长致海军部大臣助理,July 4,1741,TNA-ADM 1/2040。

106 描摹大海的能力:分遣舰队里有一名军官这样说到当时的情形:"从天而降的风暴从来没有比这更猛烈的。"

107 "波涛汹涌的大海……":托马斯,《真实、公正的南海航行日志》,24。

107 "我的头和右边……":同上,25。

107 他的吊床上:教师托马斯从摔伤中恢复过来以后,也仍然受着伤痛折磨。他在日记里写道:"从那时起,我的肩膀就剧烈疼痛,还经常没法自己穿上衣服,没法把手拧到背后,甚至都没法举起一磅重的东西。"

107 "把我带到了舵上面":巴尔克利和卡明斯,《南海航行记》,6。

107 "什么都不要做":同上。

108 有个水手没抓稳:此人并非远征队中唯一一个掉到海里淹死的。还有很多人也遭遇了同样的事情。百夫长号见习官凯佩尔就在他的航海日志里写道:"马丁·因纳夫(Martin Enough),一个身手敏捷的水手,在登上主桅横帆时掉进海里不见了——我们非常需要他,也非常痛悔。"

109 "他可能还会……":沃尔特,《环球航行》,85。

109 一个倒霉鬼:Eva Hope, ed., *The Poetical Works of William Cowper*, 254。

110 "虫蛀得厉害":托马斯,《真实、公正的南海航行日志》,145。

110 "让上帝高兴":默里船长给海军部的报告,July 10, 1741, TNA-ADM 1/2099。

110 "一道诡秘的火焰……": Keppel, *The Life of Augustus, Viscount Keppel, Admiral of the White, and First Lord of the Admiralty in 1782−3*, vol. 1, 32。

111 "疯船":沃尔特,《环球航行》,114。

112 "我的索具……":巴尔克利和卡明斯,《南海航行记》,6。

113 "在这个不幸的……":奇普写给理查德·林赛的报告,Feb. 26, 1744, JS。

113 "只有在英国海员……":默里船长写给海军部的报告,July 10, 1741, TNA-ADM 1/2099。

113 "看不见塞弗恩号……":巴尔克利和卡明斯,《南海航行记》,5。

113 "有意掉队":托马斯,《真实、公正的南海航行日志》,24。

114 "在某个荒无人烟……":沃尔特,《环球航行》,106。

114 "这是我最后一次……":巴尔克利和卡明斯,《南海航行记》,7。

第七章

115 "风湿病"和"哮喘"：奇普写给林赛的报告，Feb. 26, 1744, JS。

116 "逃之夭夭"（cut and run）：这是又一个航海术语，源于船长为了在仓促之间逃离敌人，命令手下割断（cut）锚缆，迅速向下风方向逃跑（run）。

116 "我对船长忠诚……"：坎贝尔，《巴尔克利和卡明斯南海航行记续篇》，20。

117 "个别人的命运……"：奇普写给林赛的报告，Feb. 26, 1744, JS。

117 "执迷不悟地……"：拜伦，《约翰·拜伦阁下的记述》，7。

117 "我们不可能……"：巴尔克利和卡明斯，《南海航行记》，9。

117 "眼下的情况……"：同上，39。

118 "我想你还是……"：此场景中的这句话及随后的引述均同上，9—10。

118 "真是太不幸了"：同上，8。

119 "不可能"看到陆地：同上，10。

119 "我非常清楚地……"：同上，11。

119 "摆动前桅下帆横桁……"：同上。

120 转帆：当时的海员在说到转帆时会用"张挂"（wear）一词。

121 "居然能摔得……"：奇普写给林赛的报告，Feb. 26, 1744, JS。

121 "可怕得无法形容"：拜伦，《约翰·拜伦阁下的记述》，18。

122 "在这么可怕……"：同上，10。

122 "货舱里的水……"：约翰·卡明斯在军事法庭上的证词，April 15, 1746, TNA-ADM 1/5288。

122 "水已经满到了舱口"：奇普写给林赛的报告, Feb. 26, 1744, JS。

122 "失去了所有直觉……"：拜伦，《约翰·拜伦阁下的记述》，12。

123 "朋友们，大家……"：同上，13。

123 "这惊危的场面……": George Gordon Byron, *The Complete Works of Lord Byron*, 695。

124 "机缘凑巧……"：拜伦，《约翰·拜伦阁下的记述》，14。

第八章

127 "故意、疏忽或……"：罗杰，*Articles of War*，17。

127 "跟我知道的相反……"：奇普写给林赛的报告, Feb. 26, 1744, JS。

127 "我们感觉这艘船……"：巴尔克利和卡明斯，《南海航行记》，13。

128 "文明的迹象"：拜伦，《约翰·拜伦阁下的记述》，17。

128 "现在我们只想活命"：同上，14。

128 那四条运输艇：对这些运输艇的尺寸的估计见莱曼《韦杰号灾难》。这些小船在制作、设计方面的更多细节，可参阅：

莱弗里《1600—1815年间英国战舰的武器和设备》。

128 "去把所有病人……"：坎贝尔，《巴尔克利和卡明斯南海航行记续篇》，13。

128 "别管我"：同上。

128 "只要能把别人……"：约翰·琼斯在军事法庭上的证词，April 15，1746，TNA-ADM 1/5288。

128 "当时他下达……"：拜伦，《约翰·拜伦阁下的记述》，15。

129 专用艇举过船舷上缘：巴尔克利写的是最先解下来的是将官专用艇，但其他记录表明是小划艇。

130 "我们船上有几个……"：巴尔克利和卡明斯，《南海航行记》，13。

130 "我们完全有理由……"：同上，14。

131 "我只能再次……"：拜伦，《约翰·拜伦阁下的记述》，16。

131 "我们帮着他……"：坎贝尔，《巴尔克利和卡明斯南海航行记续篇》，14。

131 沙滩上挤成一团：巴尔克利和木匠卡明斯稍后也跟他们挤在了一块儿，在此之前他一直在船上搜集物资。

132 "我们会自然而然……"：拜伦，《约翰·拜伦阁下的记述》，17—18。

133 "虚弱无力……"：同上，18。

133 杂乱、泥泞的草丛：我对这座岛屿的描述不仅基于这些劫后余生的人的记录，也基于我亲身前往这座岛屿并全面考察

373

所得。

133 "他们实力如何 ……": 拜伦,《约翰·拜伦阁下的记述》, 18。

133 "要是没有这样 ……": 坎贝尔,《巴尔克利和卡明斯南海航行记续篇》, 14。

134 "有人在唱圣歌 ……": 同上。

134 "去死吧你!": 同上, 15。

135 "就像一群押解 ……": 巴尔克利和卡明斯,《南海航行记》, 14。

第九章

136 "我们大多数人 ……": 拜伦,《约翰·拜伦阁下的记述》, 19。

136 "海里看起来 ……": 同上, vi-vii。

137 "肚子痛得无以复加": 同上, 20。

137 "人的灵魂 ……": P. Parker King, *Narrative of the Surveying Voyages of His Majesty's Ships Adventure and Beagle*, vol. 1, 179。金 (King) 在引用中借用了诗人詹姆斯·汤姆森 (James Thomson) 的一句话。

137 "我们强烈认为 ……": 拜伦,《约翰·拜伦阁下的记述》, 21。

137 "可怕的景象": 同上, 26。

138 "雨下得太大了 ……": 巴尔克利和卡明斯,《南海航行记》, 14。

138 "我们不可能维持": 拜伦,《约翰·拜伦阁下的记述》, 25。

138 "造出一个房子……": 巴尔克利和卡明斯,《南海航行记》, 15。

139 "抱怨声和不满情绪": 同上, 18。

139 "事情换了一副新面目": 同上, xxviii。

139 "自己做主……": 同上。

139 "我们很可能……": 同上, 21。

139 "总是不折不扣……": 同上, xxiv。

140 在危难中具备: 同上, 212。

141 "这里的树……": 拜伦,《约翰·拜伦阁下的记述》, 53。

141 "红胸脯的大号知更鸟": 同上, 51。

141 "只有这些带羽毛……": 同上。

141 "仿佛是为了……": Anne Chapman, *European Encounters with the Yamana People of Cape Horn, Before and After Darwin*, 104–105。

141 "林子里太暗了……": 拜伦,《约翰·拜伦阁下的记述》, 52。

141 "非常大的野兽": 同上, 53。

142 "至于说食物……": 巴尔克利和卡明斯,《南海航行记》, 15。

142 "在全球任何地方……": 拜伦,《约翰·拜伦阁下的记述》, vi。

142 "这样的景象……": 同上, 32。

第十章

143 "明尼苏达饥饿实验": 关于此次实验的更多信息, 可参阅: Ancel Keys, Josef Brozek, Austin Henschel, and Henry

Longstreet Taylor, *The Biology of Human Starvation*; David Baker and Natacha Keramidas, "The Psychology of Hunger", *American Psychological Association* 44, no. 9 (October 2013), 66; Nathaniel Philbrick, *In the Heart of the Sea: The Tragedy of the Whaleship Essex*; Todd Tucker, *The Great Starvation Experiment: Ancel Keys and the Men Who Starved for Science*。

144 "我因为冷漠……": 引自 Todd Tucker, *The Great Starvation Experiment: Ancel Keys and the Men Who Starved for Science*, 139。

144 "我要自杀！": 同上, 102。

144 "他们的道德……": 引自 Philbrick, *In the Heart of the Sea*, 171。

144 他们的环境: 查尔斯·达尔文后来去巴塔哥尼亚时, 惊叹道: "无生命的自然产物在这里拥有绝对的主权——岩石、冰、雪、风和水——全都在彼此交战, 然而也全都在联合起来对付人类。"

144 "人人相互为敌": 托马斯·霍布斯, 《利维坦》(*Leviathan, or, The Matter, Forme, & Power of a Common-wealth Ecclesiasticall and Civil*), 91。

144 "叛变性质的集会……": 罗杰, Articles of War, 16—17。

145 "我最关心的是……": 奇普写给林赛的报告, Feb. 26,

1744，JS。

146 "在前往沉船……"：拜伦，《约翰·拜伦阁下的记述》，27。

146 "发现了几桶……"：巴尔克利和卡明斯，《南海航行记》，19。

146 "拿了几桶……"：同上，17。

146 "按照船长的命令……"：坎贝尔，《巴尔克利和卡明斯南海航行记续篇》，21。

146 "对我们的情形……"：同上，29。

147 "像炸毁了一样"：巴尔克利和卡明斯，《南海航行记》，18。

147 "他们非常小心……"：同上，16。

148 "最节俭的经济制度"：拜伦，《约翰·拜伦阁下的记述》，27。

148 "我们的肚子……"：巴尔克利和卡明斯，《南海航行记》，58。

148 "最关心的是……"：坎贝尔，《巴尔克利和卡明斯南海航行记续篇》，19。

148 "要不是船长……"：同上，21。

149 "一种美味、健康的食物"：巴尔克利和卡明斯，《南海航行记》，55。

149 "我有幸与奇普……"：坎贝尔，《巴尔克利和卡明斯南海航行记续篇》，31。

149 "就连船长也……"：同上。

149 "方头平底船……"：巴尔克利和卡明斯，《南海航行记》，47。

149 "展开一段……"：拜伦，《约翰·拜伦阁下的记述》，48。

150 短翅船鸭：查尔斯·达尔文比较了这种鸟在海面上奔跑的方

式与"普通家鸭被狗追赶时逃跑"的方式。

150 "它在水面上……": 拜伦,《约翰·拜伦阁下的记述》, 51。

151 "这是一座豪华……": 巴尔克利和卡明斯,《南海航行记》, 30。

152 "天意让这本书……": 同上, 174。

152 "小心地写下……": 同上, 14。

152 "不规则住所": 拜伦,《约翰·拜伦阁下的记述》, 99。

153 "一个村子": 同上。

154 "为了找点吃的……": 引文来自拜伦和巴尔克利的日记。

154 "因为我们在获取……": 拜伦,《约翰·拜伦阁下的记述》, 35。

155 "有人闯进……": 巴尔克利和卡明斯,《南海航行记》, 27。

155 "最令人发指的罪行": 拜伦,《约翰·拜伦阁下的记述》, 67。

第十一章

156 "冻得非常厉害……": 巴尔克利和卡明斯,《南海航行记》, 17。

156 "他们身上只在……": 拜伦,《约翰·拜伦阁下的记述》, 33—34。

157 "看起来像杂种狗": 同上, 137。

157 "他们万分惊讶……": 同上, 33。

157 他们是南美印第安土著: 与卡维斯卡尔人及该地区其他土著居民有关的信息来自以下资料: Junius B. Bird, *Travels and Archaeology in South Chile*; Lucas E Bridges, *Uttermost Part of the Earth: Indians of Tierra del Fuego*; Arnoldo Canclini,

The Fuegian Indians: Their Life, Habits, and History；Chapman, *European Encounters with the Yamana People of Cape Horn, Before and After Darwin*；John M.Cooper, *Analytical and Critical Bibliography of the Tribes of Tierra del Fuego and Adjacent Territory*；Joseph Emperaire, *Los Nomades del Mar*；Martin Gusinde, *The Lost Tribes of Tierra del Fuego: Selk'nam, Yamana, Kawésqar*；Diego Carabias Amor 的文章"The Spanish Attempt Salvage"，收录于莱曼的《韦杰号灾难》；Samuel Kirkland Lothrop, *The Indians of Tierra del Fuego*；Colin McEwan, Luis Alberto Borrero, and Alfredo Prieto, *Patagonia: Natural History, Prehistory, and Ethnography at the Uttermost End of the Earth*；Omar Reyes, *The Settlement of the Chonos Archipelago, Western Patagonia, Chile*；以及 Julian H. Steward, *Handbook of South American Indians*。此外，马丁·古辛德人类学博物馆（Martin Gusinde Anthropological Museum）和智利前哥伦布艺术博物馆（Chilean Museum of Pre-Columbian Art）跟卡维斯卡尔人和雅加人有关的详细信息和展品也对我有很大帮助。

157 卡维斯卡尔人：多年来外国人对这些人的称呼五花八门，也有人称为阿拉卡卢夫人（Alacaluf）。但他们的后裔认为卡维斯卡尔才是他们真正的族称。

159 拿得出手的证据：雅加人甚至连秃鹫都不吃，因为秃鹫可能会啄食人类尸体。

160 "家可以是……"：Chapman, *European Encounters with the Yamana People of Cape Horn, Before and After Darwin*, 186。

160 "幸福的人"：给安森准将的命令，1740年，收录于威廉姆斯编《安森环球航行相关文件》，41。

161 "看到脚镣上……"：Pigafetta and Skelton, *Magellan's Voyage*, 48。

161 诱拐了几个卡维斯卡尔人：2008年，在苏黎世大学人类学研究所和博物馆的收藏中发现了其中五名被拐骗的卡维斯卡尔人的遗骨。这些遗骨最终被送回智利，并以卡维斯卡尔人的方式安葬——在骨头上涂上油，用海狮皮包起来放进芦苇篮里作为保护，再放进一个洞穴。更多信息可参阅 "Remains of Indigenous Abductees Back Home After 130 Years", *Spiegel*, Jan. 13, 2010。

161 "友好迹象"：拜伦，《约翰·拜伦阁下的记述》，33。

161 两边的人都想交流：关于卡维斯卡尔人的独一无二的语言，更多信息可参阅 Jack Hitt 的文章 "Say No More"，刊载于 *The New York Times Magazine*, February 29, 2004。他指出，卡维斯卡尔人在表示过去的时候有很多种方式，相互之间有微妙区别："你可以说'一只鸟飞过去了'，而通过运用不同的时态，你的意思可以是几秒钟之前，可以是几天前,也可以是很久以前。因此你不是原本看到这只鸟飞过去的人,但那个看到的人你是认识的。最后还有一种,属于神话过去时,卡维斯卡尔人用这个时态表示这件事情太久远了,因此不再具有鲜活的叙事真实性,而是只能出现在故事里,而这个故事尽管在一遍又一遍复述,仍有其叙事力量"。

161 "他们说的话……":拜伦,《约翰·拜伦阁下的记述》,34。

162 "对于这个新奇……":同上,33。

162 "……非常有礼貌":坎贝尔,《巴尔克利和卡明斯南海航行记续篇》,20。

162 "……相当彬彬有礼":同上,19。

163 "我见过、吃过的……":巴尔克利和卡明斯,《南海航行记》,16。

163 "为很多受过……":坎贝尔,《巴尔克利和卡明斯南海航行记续篇》,20。

163 "感到有我们做伴……":拜伦,《约翰·拜伦阁下的记述》,45。

163 "他们压弯这些……":同上,125—126。

163 这些树皮:卡维斯卡尔人还经常用海豹皮覆盖他们住处的屋顶和墙壁。

164 "这些印第安人……":巴尔克利和卡明斯,《南海航行记》,27。

164 "潜到水底":拜伦,《约翰·拜伦阁下的记述》,133。

164 "浑身都是刺……"：同上，134。

165 "她们潜起水来……"：巴尔克利和卡明斯，《南海航行记》，28。

165 "看起来就好像……"：拜伦，《约翰·拜伦阁下的记述》，133。

165 "非常聪明……"：同上，100。

165 "我相信，这种……"：巴尔克利和卡明斯，《南海航行记》，58。

165 "现在几乎完全……"：拜伦，《约翰·拜伦阁下的记述》，45。

166 "如果我们能以……"：同上。

第十二章

167 "这个生灵……"：拜伦，《约翰·拜伦阁下的记述》，36。

167 "减少面粉用量……"：巴尔克利和卡明斯，《南海航行记》，29。

168 "我们的生活……"：同上，54。

168 "打在人脸上生疼……"：同上，56。

168 "遇到过我们……"：同上，30。

168 "这么恶劣，到底……"：同上，46。

169 "我们觉得英国……"：同上，55。

169 "饥饿的急切呼唤……"：拜伦，《约翰·拜伦阁下的记述》，47。

169　怎么办呢？腹中……：George Gordon, Lord Byron, *The Complete Works of Lord Byron*，715。

169　"随心所欲地乱逛"：坎贝尔，《巴尔克利和卡明斯南海航行记续篇》，20。

170　"多处被刺，伤痕累累"：拜伦，《约翰·拜伦阁下的记述》，40。

170　"至少两条人命"：同上，38。

170　"死者的灵魂……"：同上，102—103。

170　"不断大声疾呼……"：坎贝尔，《巴尔克利和卡明斯南海航行记续篇》，20。

171　"无政府状态"：同上，17。

171　"完全无法确定……"：同上，20。

171　"随便哪个派系……"：拜伦，《约翰·拜伦阁下的记述》，36。

171　"真的会让人……"：巴尔克利和卡明斯，《南海航行记》，57。

172　"……魔鬼从不睡觉……"：Thomas à Kempis，《基督徒的典范》，20。

172　"同样的看法"：巴尔克利和卡明斯，《南海航行记》，44。

172　"邪恶行径"：同上，47。

173　"请教"一下：同上。

173　"下了死命令"：同上，20。

173 "为了寻找食物……": 拜伦,《约翰·拜伦阁下的记述》, 28。

173 "被什么动物……": 同上, 53。

173 "很深、很平……": 同上, 56。

174 "九十多个人……": 巴尔克利和卡明斯,《南海航行记》, 44。

174 "我当真以为……": 同上。

174 "这不只是船长……": 同上。

174 "受海军法规管辖……": 同上, 60。

175 公开审判: 关于军事法庭审判如何进行的更多信息, 可参阅: John D. Byrn, *Crime and Punishment in the Royal Navy*; Markus Eder, *Crime and Punishment in the Royal Navy of the Seven Years' War, 1755-1763*; David Hannay, *Naval Courts Martial*; John M'Arthur, *Principles and Practice of Naval and Military Courts Martial*; 罗杰, *Articles of War*; 以及罗杰,《木制天地》。

175 几名军官: 奇普和其他海军军官负责对海员的军事法庭审判, 而彭伯顿及他麾下军官负责对海军陆战队员的所有审判。

175 "该罪行未危及生命": 巴尔克利和卡明斯,《南海航行记》, 44。

175 "我肯定没办法……": 引自 Henry Baynham, *From the*

Lower Deck,63。

175 "一种仅次于……":巴尔克利和卡明斯,《南海航行记》,44。

176 "伤痕累累的背部……":Leech,*Thirty Years from Home*,116。

176 "一个可怜的家伙……":引自 H. G. Thursfield, ed., *Five Naval Journals, 1789—1817*, 256。

177 "我用尽所有办法……":奇普写给林赛的报告,Feb. 26, 1744, JS。

177 "我们出于同情……":拜伦,《约翰·拜伦阁下的记述》,67。

177 "死了,都已经僵硬了":同上,68。

第十三章

178 "继续执行他们……":拜伦,《约翰·拜伦阁下的记述》,36—37。

178 "所有荣誉感……":奇普写给林赛的报告,Feb. 26, 1744, JS。

179 "人民":巴尔克利和卡明斯,《南海航行记》,20。

179 "我反复遇到的……":奇普写给林赛的报告,Feb. 26, 1744, JS。

179 "严防死守……":拜伦,《约翰·拜伦阁下的记述》,41。

385

180 "除了水什么都……"：巴尔克利和卡明斯，《南海航行记》，19。

180 "今天见习官……"：同上，18。

180 "谢尔沃克虽然……"：同上，19。

181 "走向了极端"：奇普写给林赛的报告，Feb.26，1744，JS。

第十四章

182 "倒在血泊中"：拜伦，《约翰·拜伦阁下的记述》，40。

182 "拉起我的手……"：同上。

182 "对船长的不敬……"：巴尔克利和卡明斯，《南海航行记》，22。

182 "这不幸的受害者……"：拜伦，《约翰·拜伦阁下的记述》，42。

183 "但考虑了一番……"：巴尔克利和卡明斯，《南海航行记》，21。

183 "我看到你们……"：同上，22。

183 "公开煽动和叛乱"：拜伦，《约翰·拜伦阁下的记述》，41。

183 "暂时压了下来"：同上，42。

184 "都是复合伤……"：John Woodall, *The Surgions Mate*, 140。

184 "人们把这件事……"：巴尔克利和卡明斯，《南海航行记》，23。

184 "上帝的视角……": Woodall, *The Surgions Mate*, 2。

185 "他要是活下来……": 巴尔克利和卡明斯,《南海航行记》, 24。

185 "因为上帝慈悲为怀": Woodall, *The Surgions Mate*, 139。

185 "见习官亨利……": 巴尔克利和卡明斯,《南海航行记》, 25。

185 "深受爱戴": 拜伦,《约翰·拜伦阁下的记述》, 42。

185 "被这场灾难深深打动": 同上, 41。

186 "自从我们这条船……": 巴尔克利和卡明斯,《南海航行记》, 25。

186 "我们在时间……": 同上。

第十五章

187 "人民的爱戴": 巴尔克利和卡明斯,《南海航行记》, xxviii。

187 "任何沉着镇定的心态": 同上, 52。

188 "这件事情我……": 同上, 20。

189 "要推动我们……": 拜伦,《约翰·拜伦阁下的记述》, 43—44。

189 完善着设计方案: 对于这艘船的建造过程, 杰出的海军历史学家、造船术权威专家布赖恩·莱弗里广博的专业知识对我助益良多, 他耐心地跟我讲解了造船的整个过程。

190 "他们非常痛苦……": 巴尔克利和卡明斯,《南海航行记》, 46。

191 "我们不必害怕……":同上,66。

191 "无论什么时候……":Narborough, Tasman, Wood, and Martens, *An Account of Several Late Voyages and Discoveries to the South and North*, 116。

192 "艰难而疯狂的历险":巴尔克利和卡明斯,《南海航行记》, xxviii。

192 "你可能会弄错……":Narborough, Tasman, Wood, and Martens, *An Account of Several Late Voyages and Discoveries to the South and North*, 118。

192 "重病还需猛药医":巴尔克利和卡明斯,《南海航行记》, xxviii。

193 "这里还有鸭子……":Narborough, Tasman, Wood, and Martens, *An Account of Several Late Voyages and Discoveries to the South and North*, 119。

193 "穿过麦哲伦海峡……":巴尔克利和卡明斯,《南海航行记》, 31。

195 "船没有了……":同上,73。

195 我们,列名如下:同上,33。

196 "这张纸让我……":此场景中此条及随后引述均同上, 36—40。

199 "贿赂":同上,48。

199 "全都有了拒绝……":坎贝尔,《巴尔克利和卡明斯南海航行记续篇》，17。

200 "我们认为这个……"：巴尔克利和卡明斯，《南海航行记》，45。

第十六章

201 "地球的剧烈……"：巴尔克利和卡明斯，《南海航行记》，48。

201 "海军的法规……"：同上，60。

202 "叛变就像……"：引自 Elihu Rose, "The Anatomy of Mutiny", *Armed Forces & Society*, 561。

203 "叛国行为"：David Farr, *Major-General Thomas Harrison: Millenarianism, Fifth Monarchism and the English Revolution, 1616–1660*, 258。

203 "我们设想过……"：巴尔克利和卡明斯，《南海航行记》，61。

204 "在英国为自己证明……"：同上，49。

204 "长此以往必将……"：同上。

204 "以最轻蔑的方式……"：同上，67。

204 "为了英国！"：此场景中此处及随后引用均同上，51—52。

205 "是的，长官……"：同上，56。

205 "我那些叛变者"：奇普写给林赛的报告，Feb. 26, 1744, JS。

206 "为了自己的安全……"：巴尔克利和卡明斯，《南海航行记》，52。

206 "此刻船长表现出……"：同上。

206 "他倒下的时候……"：拜伦，《约翰·拜伦阁下的记述》，111。

207 "最后的绝境"：同上，30。

207 找到了一个办法：据造船术权威专家布赖恩·莱弗里称，这是他们当时采用的方法。

209 "有些粗鲁"：坎贝尔，《巴尔克利和卡明斯南海航行记续篇》，23。

209 "继续让船长……"：巴尔克利和卡明斯，《南海航行记》，62。

209 "先生们，你们……"：此场景中此条及随后引文均同上，63—64。

211 "我们现在把他……"：坎贝尔，《巴尔克利和卡明斯南海航行记续篇》，26。

211 "我们的面粉……"：拜伦，《约翰·拜伦阁下的记述》，60-61。

212 "集体利益"：巴尔克利和卡明斯，《南海航行记》，67。

212 "宁愿被枪毙……"：同上，66。

212 "那就让他留下……"：同上，67。

212 "在这么小的……"：同上，74。

213 "已经成了碎片"：奇普写给林赛的报告，Feb. 26, 1744,

JS。

213 "非常少……":同上。

213 七个脱离者:巴尔克利记载的是还有八个脱离者,但其他所有记录,包括奇普、拜伦和坎贝尔的记录中,都表明只有七个。

214 "空间太小了……":巴尔克利和卡明斯,《南海航行记》,76—77。

214 "极其无礼……":奇普写给林赛的报告,Feb. 26, 1744, JS。

214 "这是我最后一次……":巴尔克利和卡明斯,《南海航行记》,72。

第十七章

219 "对这件事情……":拜伦,《约翰·拜伦阁下的记述》,59。

223 "尊贵的拜伦先生":巴尔克利和卡明斯,《南海航行记》,76。

223 "该死!":坎贝尔,《巴尔克利和卡明斯南海航行记续篇》,28。

223 "约翰!我感谢你。":巴尔克利和卡明斯,《南海航行记》,77。

第十八章

225 "让我们呼吸……":巴尔克利和卡明斯,《南海航行记》,81。

225 "船上绝大部分……":同上,84。

226 "继续留在海上……":同上。

227 "上苍扔在我们路上……":同上,107。

228 "现在我们到了……":同上,84。

229 "新生命":同上,85。

229 "人们非常焦虑……":同上,97。

229 "任何把我们……":同上,88。

229 "保全他们自己和我们":同上,87。

230 "这片土地……": Narborough, Tasman, Wood, and Martens, *An Account of Several Late Voyages and Discoveries to the South and North*, 78。

230 "我这辈子还……":巴尔克利和卡明斯,《南海航行记》,89。

230 "无法忍受的风暴":弗朗西斯·德雷克和 Francis Fletcher, *The World Encompassed by Sir Francis Drake, Being His Next Voyage to That to Nombre de Dois*, 82。

231 "我们真诚地祈祷……":巴尔克利和卡明斯,《南海航行记》,90。

231 "我们管这个地方……":同上。

232 "如果我们在……":同上,87。

232 "已经准备好叛变……":同上,86。

232 "人民承诺……":同上。

232 "一拿到手就……":同上,95。

232 "这个可怜的孩子……":同上,93。

233 "没有经历过……":同上,94—95。

233 "如果世界上……":同上,96。

第十九章

234 "无法无天的船员……":拜伦,《约翰·拜伦阁下的记述》,65。

234 "他现在变得……":坎贝尔,《巴尔克利和卡明斯南海航行记续篇》,31。

234 "接下来我便……":奇普写给林赛的报告,Feb. 26, 1744, JS。

235 "一天晚上……":拜伦,《约翰·拜伦阁下的记述》,102—103。

236 "我整个的心":坎贝尔,《巴尔克利和卡明斯南海航行记续篇》,35。

237 "在这里,我们……":同上,37。

238 "我……被这条船……":拜伦,《约翰·拜伦阁下的记述》,82。

239 "第二天我们……":同上,83。

239 "那几个海军……":坎贝尔,《巴尔克利和卡明斯南海航行记续篇》,46。

239 "…… 这么做非常……": 同上, 45—46。

240 "现在他们觉得……": 拜伦,《约翰·拜伦阁下的记述》, 88。

240 "现在我们已经……": 同上, 90。

240 "…… 放弃了继续……": 同上, 89。

240 "我们想着,如果……": 坎贝尔,《巴尔克利和卡明斯南海航行记续篇》, 48。

241 "我们把这个海湾……": 拜伦,《约翰·拜伦阁下的记述》, 89。

241 "现在我们全都……": 坎贝尔,《巴尔克利和卡明斯南海航行记续篇》, 47。

241 "决定让一个人……": 拜伦,《约翰·拜伦阁下的记述》, 103。

241 阉做好了: George Gordon Byron, *The Complete Works of Lord Byron*, 623。

第二十章

243 "看到这条船……": 巴尔克利和卡明斯,《南海航行记》, 98。

243 "八点看到两个……": 同上, 105。

244 "旱鸭子连着……": 达尔文和 Amigoni, *The Voyage of the Beagle*, 230。

244 "在屋里像狗……"：引自 Richard Hough, The Blind Horn's Hate, 149。

245 "跟英国的鹿一样……"：巴尔克利和卡明斯，《南海航行记》，101。

246 "尖耸的岩石……"：同上，106。

247 "这些人的吃相……"：同上。

247 "从现在开始……"：同上，109。

248 "我们仍然能……"：同上。

248 "南美洲海岸线……"：同上，112—113。

249 "如果问心无愧……"：Thomas à Kempis,《基督徒的典范》，33。

249 "我们当中身体……"：巴尔克利和卡明斯，《南海航行记》，108。

249 "我们那些可怜的……"：贝恩斯上尉写给兄长的信件，October 6, 1742, ERALS-DDGR/39/52。

250 "我相信，没有……"：巴尔克利和卡明斯，《南海航行记》，120。

250 "他们非常惊讶……"：同上。

251 "都活该好好感受……"：同上，103。

251 "我们得救的日子……"：同上，120。

251 "我们感觉自己……"：同上，121。

251 "这个奇迹……"：同上，120。

395

252 "应他自己的要求……": 同上, 124。

第二十一章

255 "在这里,我们……": 巴尔克利和卡明斯,《南海航行记》, 137。

256 "晚上这个时候……": 同上, 137—138。

256 "要么强迫我们……": 同上, 138。

256 "一起经历过……": 同上, 136。

257 "对自己的行为……": 同上, 127。

257 "我们有些朋友……": 同上, xxix。

257 "他们发现……": 同上。

257 "我们对自己……": 同上。

258 "我们一心只想……": 同上, 151。

258 并非"完美叙述": 同上, 72。

258 "如果事情没有……": 同上, 152。

259 "以叙述的方式……": 同上, 153。

259 "我们严格遵循……": 同上, 158。

259 "我们的家人……": 同上, 151—152。

259 "船没了,我们……": 同上, xxiii—xxiv。

260 "以免大人们……": 同上, 161。

260 "我们不是博物学家……": 同上, xxix。

261 "有人暗示我们……": 同上, xxx。

261 "对于身陷我们……"：同上，xxix。

261 "我们把船长……"：同上，xxviii。

261 "完全尊重事实……"：同上，xxxi。

262 "朴素的海事风格"：同上，xxiii。

262 "对于我们这种……"：同上，159。

263 "谁给你的胆子……"：同上，172。

263 "我们也早就……"：*The Universal Spectator*，August 25 and Sept. 1，1744。

263 "每一页都带着……"：《南海航行记》引言。Arthur D. Howden Smith，巴尔克利和卡明斯，《南海航行记》，vi。

第二十二章

265 "丢尽了脸面"：默里船长写给海军部的报告，July 10，1741，TNA-ADM 1/2099。

265 从来没有谴责：塞弗恩号船长的一名兄长对安森能站在自己弟弟一边保护他非常感激，因为"那些养尊处优的小孩坐在家里，不用冒任何风险，却百般挑剔每个他们不理解也无法理解的人的行为"。

266 "自从我加入海军……"：Leo Heaps，*Log of the Centurion: Based on the Original Papers of Captain Philip Saumarez on Board HMS Centurion, Lord Anson's Flagship During His Circumnavigation, 1740-44*，175。

266 "这艘船烧了……":米勒钱普,*A Narrative of Commodore Anson's Voyage into the Great South Sea and Round the World*,*NMM-JOD/36*。

267 "像腐烂的绵羊":*The Gentleman's Magazine*,June,1743。

267 "在为祖国服务……":安森致哈德威克勋爵(Lord Hardwicke),June 14, 1744,BL-ADD MSS。

267 "我们有了一个……":*The Universal Spectator*,Aug. 25 and Sept. 1, 1744。

267 "我们感受到的……":米勒钱普,*A Narrative of Commodore Anson's Voyage into the Great South Sea and Round the World*,*NMM-JOD/36*。

268 "除非我们想死……":Somerville,*Commodore Anson's Voyage into the South Seas and Around the World*,183−84。

268 "全体船员中出身最……":*The Universal Spectator*,Aug. 25 and Sept. 1, 1744。

268 "拼了命地……":米勒钱普,*A Narrative of Commodore Anson's Voyage into the Great South Sea and Round the World*,*NMM-JOD/36*。

268 现在他们是在中国……:关于百夫长号追击西班牙大帆船及随后发生的战斗情形,我的描述主要来自亲历者写下的无数一手记录和报告。更多信息可参阅安森的信件及报告;Heaps,*Log of the Centurion*;Keppel,*The Life of Augustus*,

Viscount Keppel, *Admiral of the White, and First Lord of the Admiralty in 1782–3*, vol. 1；米勒钱普的 *A Narrative of Commodore Anson's Voyage into the Great South Sea and Round the World*；托马斯的《真实、公正的南海航行日志》；沃尔特的《环球航行》；以及威廉姆斯编纂的《安森环球航行相关文件》。一些杰出的历史著作同样令我获益匪浅，包括：Somerville, *Commodore Anson's Voyage into the South Seas and Around the World* 和威廉姆斯的《所有海洋的奖赏》。

268 "英国人厌倦……"：递交给马尼拉总督的情报，收录于威廉姆斯编《安森环球航行相关文件》，207。

269 "先生们，所有人……"：Somerville, *Commodore Anson's Voyage into the South Seas and Around the World*, 217。

269 "你们身上的精神……"：同上。

269 "一个职业生涯……"：威廉姆斯，《所有海洋的奖赏》，161。

270 "在我们海员的住处……"：沃尔特，《环球航行》，400。

270 "各自坚守岗位……"：同上，401。

270 "所有人看起来……"：索马里兹日记，收录于威廉姆斯编《安森环球航行相关文件》，197。

271 "我们的船马上……"：米勒钱普，*A Narrative of Commodore Anson's Voyage into the Great South Sea and*

Round the World, NMM-JOD/36。

274 "笑对死亡": Keppel, *The Life of Augustus, Viscount Keppel, Admiral of the White, and First Lord of the Admiralty in 1782–3*, vol. 1, 115。

275 "只看得到火光……": 米勒钱普, *A Narrative of Commodore Anson's Voyage into the Great South Sea and Round the World*, NMM-JOD/36。

276 "精心谋划的……": 托马斯,《真实、公正的南海航行日志》, 289。

276 "就在我为其中……": 引自布赖恩·莱弗里, *Anson's Navy: Building a Fleet for Empire, 1744—1763*, 102。

278 "每时每刻都能看到……": 托马斯,《真实、公正的南海航行日志》, 282—283。

278 "太迟了。": Juan de la Concepción, *Historia General de Philipinas*, 摘自威廉姆斯编《安森环球航行相关文件》, 218。

278 "遍地污秽……": Heaps, *Log of the Centurion*, 224。

278 "人道主义倾向": *The Universal Spectator*, Aug. 25 and Sept. 1, 1744。

279 基本上都是一败涂地: 1739年11月, 战争刚刚爆发, 海军上将爱德华·弗农麾下即占领了西班牙殖民地波托韦洛（今巴拿马）, 但这场胜利之后, 一系列灾难性的失败接踵而至。

279 《大不列颠大获全胜》：*Daily Advertiser*，July 5，1744。

280 奖赏中的一部分：对于授予海员和包括安森在内的众军官的奖金份额的估算，可参阅威廉姆斯的《所有海洋的奖赏》。

280 "是西班牙大帆船……"：罗杰，*The Command of the Ocean: A Naval History of Britain*，*1649–1815*，239。

280 海上民谣：这首关于安森的谣谚，歌颂的不只是他俘获西班牙大帆船的事情，还有四年后他另一次战利品丰厚的胜利。

280 "满载金钱的马车……"：Firth，*Naval Songs and Ballads*，196。

第二十三章

282 "促使这些恶棍……"：奇普写给林赛的报告，Feb. 26，1744，JS。

282 "五个可怜虫"：坎贝尔，《巴尔克利和卡明斯南海航行记续篇》，55。

282 "撒手人寰"：同上，63。

283 "在沙滩上……"：拜伦，《约翰·拜伦阁下的记述》，150—151。

283 "对他们的行为……"：坎贝尔，《巴尔克利和卡明斯南海航行记续篇》，58。

283 "就这样，他们……"：拜伦，《约翰·拜伦阁下的记述》，167。

284 "陷入了沉郁的忧思":同上,158。

284 "那里有一片 ……":同上,172。

285 "几乎都不成人形了":同上,169。

285 "他的身体,我只能 ……":同上,169—170。

285 "他们在篝火旁 ……":同上,176。

285 "为祖国做出巨大贡献":坎贝尔,《巴尔克利和卡明斯南海航行记续篇》,77。

286 "我们都在尽情欢乐":同上,70。

286 "…… 感觉自己又回到了人间":同上,78。

286 "我现在沦落到 ……":奇普写给林赛的报告,Feb. 26, 1744,JS。

286 "英国国王手下 ……":Carlyle, *Anecdotes and Characters of the Times*, 100。

286 "死牢":拜伦,《约翰·拜伦阁下的记述》,214。

286 "除了光秃秃 ……":同上。

287 "那些士兵 ……":同上。

287 "对我来说,这里 ……":奇普写给林赛的报告,Feb. 26, 1744, JS。

288 "我的忠实伙伴 ……":引自莱曼《韦杰号灾难》,218。

288 "不得不行骗 ……":拜伦,《约翰·拜伦阁下的记述》,262。

288 "巨大而丑陋":Defoe, *A Tour Through the Whole Island of*

Great Britain, 135。

289 "离开了那么多年……": 拜伦,《约翰·拜伦阁下的记述》, 263。

289 "我姐姐以那么……": 同上, 264。

290 "他们以最……": 引自莱曼《韦杰号灾难》, 217。

290 "我敢大言不惭……": 同上, 216。

290 "在审判日之前……": 巴尔克利和卡明斯,《南海航行记》, 170。

290 出版物: 关于这一时期出版业的更多信息, 可参阅: Bob Clarke, *From Grub Street to Fleet Street: An Illustrated History of English Newspapers to 1899*; Robert Darnton, *The Literary Underground of the Old Regime*; Pat Rogers, *The Poet and the Publisher: The Case of Alexander Pope, Esq., of Twickenham versus Edmund Curll, Bookseller in Grub Street*; 以及 Howard William Troyer, *Ned Ward of Grub Street: A Study of Sub-Literary London in the Eighteenth Century*。

291 "把他们手脚……": *Caledonian Mercury*, February 6, 1744。

291 "往往很神秘……": Carlyle, *Anecdotes and Characters of the Times*, 100。

291 "只能看成是叛变……": 拜伦,《约翰·拜伦阁下的记述》, x。

291 所谓的"自我主义":同上,ix。

293 "法律是守护者……":珍妮特·马尔科姆,*The Crime of Sheila McGough*,3。

第二十四章

294 "绞死他们。":此场景中此条及其他引文均来自巴尔克利和卡明斯,《南海航行记》,169—170。

295 英国的海军法律:关于海军法律和军事法庭的更多信息,可参阅 Byrn,*Crime and Punishment in the Royal Navy*;Markus Eder,*Crime and Punishment in the Royal Navy of the Seven Years' War, 1755-1763*;David Hannay,*Naval Courts Martial*;John M'Arthur,*Principles and Practice of Naval and Military Courts Martial*;罗杰,*Articles of War*;以及罗杰,《木制天地》。

296 "他们想要事实……":约瑟夫·康拉德,*Lord Jim*,18。

296 "以任何借口……":此条及其他法规引用,见罗杰,*Articles of War*,13—19。

297 "旨在传达国家……":Byrn,*Crime and Punishment in the Royal Navy*,55。

297 英国皇家海军邦蒂号:关于此次叛变的图书可谓汗牛充栋,其中我特别仰仗的是 Caroline Alexander 的精彩叙述 *The Bounty: The True Story of the Mutiny on the Bounty*。更

多信息亦可参阅：Edward Christian and William Bligh, *The Bounty Mutiny*。

298 其中一个人：被判死刑的人在行刑前说的话有多种不同说法。

298 "海员兄弟们……"：引自 Christian and Bligh, *The Bounty Mutiny*, 128。

299 "白费心机"：巴尔克利和卡明斯，《南海航行记》，170。

299 会被绞死：被判处死刑的船长或其他军官通常可以选择是被绞死还是被枪决。

299 "死于暴虐的权力"：巴尔克利和卡明斯，《南海航行记》，171。

第二十五章

300 "让人——包括船长……"：弗雷德里克·马里亚特，*Frank Mildmay, or, The Naval Officer*, 93。

301 "拼死一战"：*The Trial of the Honourable Admiral John Byng, at a Court Martial, As Taken by Mr. Charles Fearne, Judge-Advocate of His Majesty's Fleet*, 298。

301 "这个国家每隔……"：伏尔泰，及 David Wootton, *Candide and Related Texts*, 59。

302 "在全体人类看来……"：奇普致安森，Dec. 12, 1745，收录于莱曼《韦杰号灾难》，217—218。

302 "我一直以为……":巴尔克利和卡明斯,《南海航行记》,171。

302 "除了贝恩斯上尉……":此条及其他军事法庭证词均来自 TNA-ADM 1/5288。

303 "他们所有人对此":"对此"(that)标为斜体以示强调。

305 "被光荣地无罪释放":巴尔克利和卡明斯,《南海航行记》,172—173。

305 "免责条款":威廉姆斯,《所有海洋的奖赏》,101。

306 "一丝让人不安……":来自我对英国海军少将莱曼的采访。

306 "死伤惨重……":引自 Gaudi, *The War of Jenkins' Ear*, 277。

307 受骗的英国人!:*London Daily Post*, July 6, 1744。

307 战争本身的由头:关于战争起源的更多信息,可参阅 Chapman, *Disaster on the Spanish Main*;Gaudi, *The War of Jenkins' Ear*,以及 David Olusoga, *Black and British: A Forgotten History*。

308 "……无稽之谈":引自 Justin McCarthy, *A History of the Four Georges and of William IV*, 185。

308 "从英国历史……":奥卢索加,*Black and British*, 25。

309 "深海帝国":引自 P. J. Marshall, *The Oxford History of the British Empire: The Eighteenth Century*, 5。

309 "士气萎靡不振……":引自 Rose, "The Anatomy of

Mutiny", Armed Forces & Society, 565。

309 "从未发生过的叛变":威廉姆斯,《所有海洋的奖赏》,101。

第二十六章

310 最后一批:莫里斯和另外两名劫后余生的人极为惊讶地在船上遇到了一个他们完全意想不到的人,就是见习官亚历山大·坎贝尔。奇普一行抛下他先行回国,现在他也正返回英国。

310 "最残忍的行为":莫里斯, A Narrative of the Dangers and Distresses Which Befel Isaac Morris, and Seven More of the Crew, Belonging to the Wager Store-Ship, Which Attended Commodore Anson, in His Voyage to the South Sea, 10。

311 "这个世界的……":同上。

311 "我只能想到……":同上,27—28。

312 "傲慢无礼……":同上,42。

312 "以最残忍的方式……":同上。

312 "叛变了!":坎贝尔,《巴尔克利和卡明斯南海航行记续篇》,103。

313 "这十一个印第安人……":莫里斯, A Narrative of the Dangers and Distresses Which Befel Isaac Morris, 45。

313 "一次、一次……":吉尔·莱波雷, These Truths: A History

of the United States，55。

313 "暴动就这样……"：莫里斯，*A Narrative of the Dangers and Distresses Which Befel Isaac Morris*，47。

315 "我相信，他会……"：同上，37。

315 "垄断这次远航"：托马斯，《乔治·安森准将指挥下英国皇家海军船只百夫长号上真实、公正的南海及环球航行日志》，10。

315 "无疑具有极大价值……"：Philips，*An Authentic Journal of the Late Expedition Under the Command of Commodore Anson*，ii。百夫长号上并没有名叫约翰·菲利普斯（John Philips）的人，但这份记录看起来是以某个真实存在的军官的航海日志为基础写成的。

316 "尽了最大努力"：沃尔特，《环球航行》，155。

316 "头目"：同上，158。

316 "人们相信……"：同上，156。

316 "就算谨慎……"：同上，444。

316 奇怪的地方：关于到底是谁写下了《环球航行》，更多信息可参阅巴罗的《乔治·安森勋爵生平》和威廉姆斯的《所有海洋的奖赏》。

317 代笔：安森的传记作家巴罗最后得出的结论是，沃尔特"画出了冷冰冰、赤裸裸的骨架"，罗宾斯"加上血肉，并通过想象……让血液在血管里流动起来"。

317 "讨厌动笔":引自莱弗里,Anson's Navy,14。

317 "我看到那条船……":安森致 Duke of Newcastle, June 14, 1744, TNA-SP 42/88。

317 "性质最为独特的事业":沃尔特,《环球航行》,2。

317 "一直在尽……":同上,218。

317 "一如既往……":同上,342。

317 "极为宽厚仁慈":同上,174。

317 "……妇孺皆知……":巴罗,《乔治·安森勋爵生平》,iii。

318 "船长、士兵……":引自 Mahon, *History of England*, vol. 3, 33。

318 "安森勋爵远航记事……":詹姆斯·库克, *Captain Cook's Journal During His First Voyage Round the World Made in H.M. Bark Endeavour, 1768—1771*, 48。

318 "关于冒险的经典之作":格林杜尔·威廉姆斯在由他编辑的《环球航行》中写下的序言,见该书第 ix 页。

318 "世界上所有图书……":Thomas Carlyle, *Complete Works of Thomas Carlyle*, vol. 3, 491。

318 "那个年代最受欢迎……":Bernard Smith, *Imagining the Pacific: In the Wake of the Cook Voyages*, 52。

尾 声

319 "荣幸"地报告：奇普致海军部信件，January 13, 1747, 收录于莱曼《韦杰号灾难》, 253—255。

319 "当场死亡"：Derby Mercury, July 24, 1752。

320 "坏天气杰克"：有一首唱到约翰·拜伦的民谣是这样的：

他也许是很勇敢，任谁也不能否认，

然而海军上将约翰是个不幸的人。

见习官们的母亲高喊道："哎，走吧！

我的小伙子和坏天气杰克一起出海了！"

320 "大家公认的……"：John Charnock, *Biographia Navalis, or, Impartial Memoirs of the Lives and Characters of Officers of the Navy of Great Britain, from the Year 1660 to the Present Time*, 439。

321 "鲁莽、草率"：拜伦,《约翰·拜伦阁下的记述》, 41。

321 "极不公正"：Carlyle, *Anecdotes and Characters of the Times*, 100。

321 "简单、有趣……"：引自 Emily Brand, *The Fall of the House of Byron*, 112。

321 "也许只有我祖父……"：Byron, *The Complete Works of Lord Byron*, 720。

321 我的遭逢正好……：Byron, *The Collected Poems of Lord Byron*, 89。

322 行者啊，请你……：巴罗，《乔治·安森勋爵生平》，419。

323 成了碎片：除了安森的后裔保存下来的一部分切下来的腿部，这尊狮头没有任何部分留存下来。

323 "最非同凡响……"：梅尔维尔，《白夹克》，155—156。

324 韦杰岛仍然……：对韦杰岛的描述以我前往该岛的见闻为基础。

325 已经腐烂的木板：船体的这些残余物（我在亲身前往该岛时也看到了一些），于2006年由科学探索协会在智利海军协助下组织的一次探险活动中首次发现。关于他们的发现，更多信息可参阅该协会发表的文章"The Quest for HMS Wager Chile Expedition 2006"，以及探险队成员 Major Chris Holt 的文章"The Findings of the Wager, 2006"，收录于莱曼《韦杰号灾难》。

参考文献

Adkins, Roy, and Lesley Adkins. *Jack Tar: Life in Nelson's Navy*. London: Abacus, 2009.

Akerman, John Yonge, ed. *Letters from Roundhead Officers Written from Scotland and Chiefly Addressed to Captain Adam Baynes, July MDCL–June MDCLX*. Edinburgh: W. H. Lizars, 1856.

Alexander, Caroline. *The Bounty: The True Story of the Mutiny on the Bounty*. New York: Penguin Books, 2004.

Andrewes, William J. H., ed. *The Quest for Longitude*. Cambridge, MA: Collection of Historical Scientific Instruments, Harvard University, 1996.

Anon. *An Affecting Narrative of the Unfortunate Voyage and Catastrophe of His Majesty's Ship Wager, One of Commodore Anson's Squadron in the South Sea Expedition . . . The Whole Compiled from Authentic Journals*. London: John Norwood, 1751.

Anon. *An Authentic Account of Commodore Anson's Expedition: Containing*

All That Was Remarkable, Curious and Entertaining, During That Long and Dangerous Voyage . . . Taken from a Private Journal. London: M. Cooper, 1744.

Anon. *The History of Commodore Anson's Voyage Round the World . . . by a Midshipman on Board the Centurion.* London: M. Cooper, 1767.

Anon. *A Journal of a Voyage Round the World, in His Majesty's Ship the Dolphin, Commanded by the Honourable Commodore Byron . . . by a Midshipman on Board the Said Ship.* London: M. Cooper, 1767.

Anon. *Loss of the Wager Man of War, One of Commodore Anson's Squadron.* London: Thomas Tegg, 1809.

Anon. *A Voyage Round the World, in His Majesty's Ship the Dolphin, Commanded by the Honourable Commodore Byron . . . by an Officer on Board the Said Ship.* London: Newbery and Carnan, 1768.

Anon. *A Voyage to the South-Seas, and to Many Other Parts of the World, Performed from the Month of September in the Year 1740, to June 1744, by Commodore Anson . . . by an Officer of the Squadron.* London: Yeovil Mercury, 1744.

Anson, Walter Vernon. *The Life of Admiral Lord Anson: The Father of the British Navy, 1697–1762.* London: John Murray, 1912.

An Appendix to the Minutes Taken at a Court-Martial, Appointed to Enquire into the Conduct of Captain Richard Norris. London: Printed for W. Webb, 1745.

Atkins, John. *The Navy-Surgeon, or, A Practical System of Surgery.* London:

Printed for Caesar Ward and Richard Chandler, 1734.

Barrow, John. *The Life of Lord George Anson*. London: John Murray, 1839.

Baugh, Daniel A. *British Naval Administration in the Age of Walpole*. Princeton: Princeton University Press, 1965.

———, ed. *Naval Administration, 1715–1750*. Great Britain: Navy Records Society, 1977.

Bawlf, Samuel. *The Secret Voyage of Sir Francis Drake, 1577–1580*. New York: Walker, 2003.

Baynham, Henry. *From the Lower Deck: The Royal Navy, 1780–1840*. Barre, MA: Barre Publishers, 1970.

Berkenhout, John. "A Volume of Letters from Dr. Berkenhout to His Son, at the University of Cambridge." *The European Magazine and London Review* 19 (February 1791).

Bevan, A. Beckford, and H. B. Wolryche-Whitmore, eds. *The Journals of Captain Frederick Hoffman, R.N., 1793–1814*. London: John Murray, 1901.

Bird, Junius B. *Travels and Archaeology in South Chile*. Iowa City: University of Iowa Press, 1988.

Blackmore, Richard. *A Treatise of Consumptions and Other Distempers Belonging to the Breast and Lungs*. London: Printed for John Pemberton, 1724.

Bolster, W. Jeffrey. *Black Jacks: African American Seamen in the Age of Sail*. Cambridge, MA: Harvard University Press, 1997.

Boswell, James. *The Life of Samuel Johnson*. Vol. 1. London: John Murray, 1831.

Bown, Stephen R. *Scurvy: How a Surgeon, a Mariner, and a Gentleman Solved the Greatest Medical Mystery of the Age of Sail*. New York: Thomas Dunne Books, 2004.

Brand, Emily. *The Fall of the House of Byron: Scandal and Seduction in Georgian England*. London: John Murray, 2020.

Bridges, E. Lucas. *Uttermost Part of the Earth: Indians of Tierra del Fuego*. New York: Dover Publications, 1988.

Brockliss, Laurence, John Cardwell, and Michael Moss. *Nelson's Surgeon: William Beatty, Naval Medicine, and the Battle of Trafalgar*. Oxford and New York: Oxford University Press, 2005.

Broussain, Juan Pedro, ed. *Cuatro relatos para un naufragio: La fragata Wager en el golfo de Penas en 1741*. Santiago, Chile: Septiembre Ediciones, 2012.

Brown, Kevin. *Poxed and Scurvied: The Story of Sickness and Health at Sea*. Barnsley: Seaforth, 2011.

Brown, Lloyd A. *The Story of Maps*. New York: Dover Publications, 1979.

Brunsman, Denver. *The Evil Necessity: British Naval Impressment in the Eighteenth-Century Atlantic World*. Charlottesville: University of Virginia Press, 2013.

Bulkeley, John, and John Cummins. *A Voyage to the South Seas*. 3rd ed. With introduction by Arthur D. Howden Smith. New York: Robert M.

McBride & Company, 1927.

Bulloch, John. *Scottish Notes and Queries*. Vol.1.3 vols. Aberdeen: A. Brown & Co., 1900.

Burney, Fanny. *The Early Journals and Letters of Fanny Burney*. Edited by Betty Rizzo. Vol. 4. Oxford: Clarendon Press, 2003.

Byrn, John D. *Crime and Punishment in the Royal Navy: Discipline on the Leeward Islands Station, 1784–1812*. Aldershot: Scolar Press, 1989.

Byron, John. *The Narrative of the Honourable John Byron: Containing an Account of the Great Distresses Suffered by Himself and His Companions on the Coast of Patagonia, from the Year 1740, Till Their Arrival in England, 1746*. London: S. Baker and G. Leigh, 1769.

———. *Byron's Narrative of the Loss of the Wager: Containing an Account of the Great Distresses Suffered by Himself and His Companions on the Coast of Patagonia, from the Year 1740, Till Their Arrival in England, 1746*. London: Henry Leggatt & Co., 1832.

Byron, George Gordon. *The Collected Poems of Lord Byron*. Hertfordshire: Wordsworth, 1995.

———. *The Complete Works of Lord Byron*. Paris: Baudry's European Library, 1837.

———. *The Poetical Works of Lord Byron*. London: John Murray, 1846.

Camões, Luís Vaz de, and Landeg White. *The Lusiads*. Oxford World's Classics. Oxford and New York: Oxford University Press, 2008.

Campbell, Alexander. *The Sequel to Bulkeley and Cummins's "Voyage to the

South-Seas." London: W. Owen, 1747.

Campbell, John. *Lives of the British Admirals: Containing an Accurate Naval History from the Earliest Periods.* Vol. 4. London: C. J. Barrington, Strand, and J. Harris, 1817.

Canclini, Arnoldo. *The Fuegian Indians: Their Life, Habits, and History.* Buenos Aires: Editorial Dunken, 2007.

Canny, Nicholas P., ed. *The Oxford History of the British Empire: The Origins of Empire: British Overseas Enterprise to the Close of the Seventeenth Century.* Vol. 1. Oxford: Oxford University Press, 2001.

Carlyle, Alexander. *Anecdotes and Characters of the Times.* London: Oxford University Press, 1973.

Carlyle, Thomas. *Complete Works of Thomas Carlyle.* Vol. 3. New York: P. F. Collier & Son, 1901.

Carpenter, Kenneth J. *The History of Scurvy and Vitamin C.* Cambridge and New York: Cambridge University Press, 1986.

Chamier, Frederick. *The Life of a Sailor.* Edited by Vincent McInerney. London: Richard Bentley, 1850.

Chapman, Anne. *European Encounters with the Yamana People of Cape Horn, Before and After Darwin.* Cambridge: Cambridge University Press, 2013.

Chapman, Craig S. *Disaster on the Spanish Main: The Tragic British-American Expedition to the West Indies During the War of Jenkins' Ear.* Lincoln: Potomac Books, University of Nebraska Press, 2021.

Charnock, John. *Biographia Navalis, or, Impartial Memoirs of the Lives and Characters of Officers of the Navy of Great Britain, from the Year 1660 to the Present Time*. Vol. 5. Cambridge: Cambridge University Press, 2011.

Chiles, Webb. *Storm Passage: Alone Around Cape Horn*. New York: Times Books, 1977.

Christian, Edward, and William Bligh. *The Bounty Mutiny*. New York: Penguin Books, 2001.

Clark, William Mark. *Clark's Battles of England and Tales of the Wars*. Vol. 2. London: William Mark Clark, 1847.

Clarke, Bob. *From Grub Street to Fleet Street: An Illustrated History of English Newspapers to 1899*. Brighton: Revel Barker, 2010.

Clayton, Tim. *Tars: The Men Who Made Britain Rule the Waves*. London: Hodder Paperbacks, 2008.

Clinton, George. *Memoirs of the Life and Writings of Lord Byron*. London: James Robins and Co., 1828.

Cockburn, John. *The Unfortunate Englishmen*. Dundee: Chalmers, Ray, & Co., 1804.

Cockburn, William. *Sea Diseases, or, A Treatise of Their Nature, Causes, and Cure*. 3rd ed. London: Printed for G. Strahan, 1736.

Codrington, Edward. *Memoir of the Life of Admiral Sir Edward Codrington*. London: Longmans, Green, and Co., 1875.

Cole, Gareth. "Royal Navy Gunners in the French Revolutionary and

Napoleonic Wars." *The Mariner's Mirror* 95, no. 3 (August 2009).

Coleridge, Samuel Taylor. *The Rime of the Ancient Mariner*. New York: D. Appleton & Co., 1857.

Conboy, Martin, and John Steel, eds. *The Routledge Companion to British Media History*. London and New York: Routledge, 2015.

Conrad, Joseph. *Lord Jim*. Ware, Hertfordshire: Wordsworth Editions, 1993.

———. *Complete Short Stories*. New York: Barnes & Noble, 2007.

Cook, James. *Captain Cook's Journal During His First Voyage Round the World Made in H.M. Bark Endeavour, 1768–1771*. London: Elliot Stock, 1893.

Cooper, John M. *Analytical and Critical Bibliography of the Tribes of Tierra del Fuego and Adjacent Territory*. Washington, DC: Government Printing Office, 1917.

Cuyvers, Luc. *Sea Power: A Global Journey*. Annopolis: Naval Institute Press, 1993.

Dana, R. H. *The Seaman's Friend: A Treatise on Practical Seamanship*. Boston: Thomas Groom & Co., 1879.

———. *Two Years Before the Mast, and Twenty-Four Years After*. London: Sampson Low, Son, & Marston, 1869.

Darnton, Robert. *The Literary Underground of the Old Regime*. Cambridge, MA, and London: Harvard University Press, 1982.

Darwin, Charles. *A Naturalist's Voyage*. London: John Murray, 1889.

———. *The Descent of Man*. Vol. 1. New York: D. Appleton and Company,

1871.

———, and David Amigoni. *The Voyage of the Beagle: Journal of Researches into the Natural History and Geology of the Countries Visited during the Voyage of HMS Beagle Round the World, Under the Command of Captain Fitz Roy, RN*. Wordsworth Classics of World Literature. Ware: Wordsworth Editions, 1997.

Davies, Surekha. *Renaissance Ethnography and the Invention of the Human: New Worlds, Maps and Monsters*. Cambridge: Cambridge University Press, 2016.

Defoe, Daniel. *The Earlier Life and Works of Daniel Defoe*. Edited by Henry Morley. Edinburgh and London: Ballantine Press, 1889.

———. *The Novels and Miscellaneous Works of Daniel Defoe*. London: George Bell & Sons, 1890.

———. *Robinson Crusoe*. Penguin Classics. London: Penguin, 2001.

———. *A Tour Through the Whole Island of Great Britain*. New Haven: Yale University Press, 1991.

Dennis, John. *An Essay on the Navy, or, England's Advantage and Safety, Prov'd Dependant on a Formidable and Well-Disciplined Navy, and the Encrease and Encouragement of Seamen*. London: Printed for the author, 1702.

Dickinson, H. W. *Educating the Royal Navy: Eighteenth-and Nineteenth-Century Education for Officers*. Naval Policy and History. London and New York: Routledge, 2007.

Dobson, Mary J. *Contours of Death and Disease in Early Modern England.* Cambridge: Cambridge University Press, 2002.

———. *The Story of Medicine: From Bloodletting to Biotechnology.* New York: Quercus, 2013.

Drake, Francis, and Francis Fletcher. *The World Encompassed by Sir Francis Drake, Being His Next Voyage to That to Nombre de Dois. Collated with an Unpublished Manuscript of Francis Fletcher, Chaplain to the Expedition.* London: The Hakluyt Society, 1854.

Druett, Joan. *Rough Medicine: Surgeons at Sea in the Age of Sail.* New York: Routledge, 2000.

Eder, Markus. *Crime and Punishment in the Royal Navy of the Seven Years' War, 1755–1763.* Hampshire, England, and Burlington, VT: Ashgate, 2004.

Edwards, Philip. *The Story of the Voyage: Sea-Narratives in Eighteenth-Century England.* Cambridge: Cambridge University Press, 1994.

Emperaire, Joseph, and Luis Oyarzún. *Los nomades del mar.* Biblioteca del bicentenario 17. Santiago de Chile: LOM Ediciones, 2002.

Ennis, Daniel James. *Enter the Press-Gang: Naval Impressment in Eighteenth-Century British Literature.* Newark: University of Delaware Press, 2002.

Equiano, Olaudah, and Vincent Carretta. *The Interesting Narrative and Other Writings.* New York: Penguin Books, 2003.

Ettrick, Henry. "The Description and Draught of a Machine for Reducing

Fractures of the Thigh." *Philosophical Transactions* 459, XLI (1741).

Farr, David. *Major-General Thomas Harrison: Millenarianism, Fifth Monarchism and the English Revolution, 1616–1660*. London and New York: Routledge, 2016.

Firth, Charles Harding, ed. *Naval Songs and Ballads*. London: Printed for Navy Records Society, 1908.

Fish, Shirley. *HMS Centurion, 1733–1769: An Historic Biographical-Travelogue of One of Britain's Most Famous Warships and the Capture of the Nuestra Señora de Covadonga Treasure Galleon*. UK: AuthorHouse, 2015.

———. *The Manila-Acapulco Galleons: The Treasure Ships of the Pacific: With an Annotated List of the Transpacific Galleons, 1565–1815*. UK: AuthorHouse, 2011.

Flanagan, Adrian. *The Cape Horners' Club: Tales of Triumph and Disaster at the World's Most Feared Cape*. London: Bloomsbury Publishing, 2017.

Frézier, Amédée François. *A Voyage to the South-Sea and Along the Coasts of Chile and Peru, in the Years 1712, 1713, and 1714*. Cambridge: Cambridge University Press, 2014.

Friedenberg, Zachary. *Medicine Under Sail*. Annapolis: Naval Institute Press, 2002.

Frykman, Niklas Erik. "The Wooden World Turned Upside Down: Naval Mutinies in the Age of Atlantic Revolution." PhD diss., University of Pittsburgh, 2010.

Gallagher, Robert E., ed. *Byron's Journal of His Circumnavigation, 1764–1766*. London: Hakluyt Society, 1964.

Garbett, H. *Naval Gunnery: A Description and History of the Fighting Equipment of a Man-of-War*. London: George Bell and Sons, 1897.

Gardner, James Anthony. *Above and Under Hatches: The Recollections of James Anthony Gardner*. Edited by R. Vesey Hamilton and John Knox Laughton. London: Chatham, 2000.

Gaudi, Robert. *The War of Jenkins' Ear: The Forgotten War for North and South America*. New York: Pegasus Books, 2021.

Gilje, Paul A. *To Swear Like a Sailor: Maritime Culture in America, 1750–1850*. New York: Cambridge University Press, 2016.

Goodall, Daniel. *Salt Water Sketches; Being Incidents in the Life of Daniel Goodall, Seaman and Marine*. Inverness: Advertiser Office, 1860.

Gordon, Eleanora C. "Scurvy and Anson's Voyage Round the World, 1740–1744: An Analysis of the Royal Navy's Worst Outbreak." *The American Neptune* XLIV, no.3 (Summer 1984).

Green, Mary Anne Everett, ed. *Calendar of State Papers, Domestic Series, 1655–6*. London: Longmans & Co, 1882.

Griffiths, Anselm John. *Observations on Some Points of Seamanship*. Cheltenham: J. J. Hadley, 1824.

Gusinde, Martin. *The Lost Tribes of Tierra del Fuego: Selk'nam, Yamana, Kawésqar*. New York: Thames & Hudson, 2015.

Hall, Basil. *The Midshipman*. London: Bell and Daldy, 1862.

Hannay, David. *Naval Courts Martial*. Cambridge: Cambridge University Press, 1914.

Harvie, David. *Limeys: The Conquest of Scurvy*. Stroud: Sutton, 2005.

Hay, Robert. *Landsman Hay: The Memoirs of Robert Hay*. Edited by Vincent McInerney. Barnsley, UK: Seaforth, 2010.

———. *Landsman Hay: The Memoirs of Robert Hay, 1789–1847*. Edited by M. D. Hay. London: Rupert Hart-Davis, 1953.

Haycock, David Boyd, and Sally Archer, eds. *Health and Medicine at Sea, 1700–1900*. Woodbridge, UK, and Rochester, NY: Boydell Press, 2009.

Hazlewood, Nick. *Savage: The Life and Times of Jemmy Button*. New York: St. Martin's Press, 2001.

Heaps, Leo. *Log of the Centurion: Based on the Original Papers of Captain Philip Saumarez on Board HMS Centurion, Lord Anson's Flagship During His Circumnavigation, 1740–44*. New York: Macmillan Publishing Co., 1971.

Hickox, Rex. *18th Century Royal Navy: Medical Terms, Expressions, and Trivia*. Bentonville, AR: Rex Publishing, 2005.

Hill, J. R., and Bryan Ranft, eds. *The Oxford Illustrated History of the Royal Navy*. Oxford: Oxford University Press, 1995.

Hirst, Derek. "The Fracturing of the Cromwellian Alliance: Leeds and Adam Baynes." *The English Historical Review* 108 (1993).

Hoad, Margaret J. "Portsmouth—As Others Have Seen It." *The Portsmouth Papers*, no. 15 (March 1972).

Hobbes, Thomas. *Leviathan, or, The Matter, Forme, & Power of a Commonwealth Ecclesiasticall and Civil.* New York: Barnes & Noble Books, 2004.

Hope, Eva, ed. *The Poetical Works of William Cowper.* London: Walter Scott, 1885.

Hough, Richard. *The Blind Horn's Hate.* New York: W. W. Norton & Company, 1971.

Houston, R. A. "New Light on Anson's Voyage, 1740–4: A Mad Sailor on Land and Sea." *The Mariner's Mirror* 88, no. 3 (August 2002).

Hudson, Geoffrey L., ed. *British Military and Naval Medicine, 1600–1830.* Amsterdam: Rodopi, 2007.

Hutchings, Thomas Gibbons. *The Medical Pilot, or, New System.* New York: Smithson's Steam Printing Officers, 1855.

Hutchinson, J. *The Private Character of Admiral Anson, by a Lady.* London: Printed for J. Oldcastle, 1746.

Irving, Washington. *Tales of a Traveller.* New York: John B. Alden, 1886.

Jarrett, Dudley. *British Naval Dress.* London: J. M. Dent & Sons, 1960.

Jones, George. "Sketches of Naval Life." *The American Quarterly Review*, Vol. VI (December 1829).

Journal of the House of Lords. Vol. 27 (June 1746). London: His Majesty's Stationery Office.

Keevil, J. J. *Medicine and the Navy, 1200–1900.* Vol. 2. Edinburgh and London: E. & S. Livingstone, Ltd., 1958.

Kemp, Peter. *The British Sailor: A Social History of the Lower Deck.* London: Dent, 1970.

Kempis, Thomas à. *The Christian's Pattern, or, A Treatise of the Imitation of Jesus Christ.* Halifax: William Milner, 1844.

Kenlon, John. *Fourteen Years a Sailor.* New York: George H. Doran Company, 1923.

Kent, Rockwell. *Voyaging Southward from the Strait of Magellan.* New York: Halcyon House, 1924.

Keppel, Thomas. *The Life of Augustus, Viscount Keppel, Admiral of the White, and First Lord of the Admiralty in 1782–3.* 2 vols. London: Henry Colburn, 1842.

Keys, Ancel, Josef Brozek, Austin Henschel, and Henry Longstreet Taylor. *The Biology of Human Starvation.* Vol.1. Minneapolis: University of Minnesota Press, 1950.

King, Dean. *Every Man Will Do His Duty: An Anthology of Firsthand Accounts from the Age of Nelson, 1793–1815.* New York: Open Road Media, 2012.

King, P. Parker. *Narrative of the Surveying Voyages of His Majesty's Ships Adventure and Beagle.* Vol. 1. London: Henry Colburn, 1839.

Kinkel, Sarah. *Disciplining the Empire: Politics, Governance, and the Rise of the British Navy.* Harvard Historical Studies, vol. 189. Cambridge, MA, and London: Harvard University Press, 2018.

Kipling, Rudyard. *The Writings in Prose and Verse of Rudyard Kipling.* New

York: Charles Scribner's Sons, 1899.

Knox-Johnston, Robin. *Cape Horn: A Maritime History*. London: Hodder & Stoughton, 1995.

Lambert, Andrew D. *Admirals: The Naval Commanders Who Made Britain Great*. London: Faber and Faber, 2009.

Lanman, Jonathan T. *Glimpses of History from Old Maps: A Collector's View*. Tring, England: Map Collector Publications, 1989.

Lavery, Brian. *Anson's Navy: Building a Fleet for Empire, 1744–1763*. Barnsley: Seaforth Publishing, 2021.

———. *The Arming and Fitting of English Ships of War, 1600–1815*. Annapolis: Naval Institute Press, 1987.

———. *Building the Wooden Walls: The Design and Construction of the 74-Gun Ship Valiant*. London: Conway, 1991.

———. *Royal Tars: The Lower Deck of the Royal Navy, 857–1850*. Annapolis: Naval Institute Press, 2011.

———, ed. *Shipboard Life and Organisation, 1731–1815*. Publications of the Navy Records Society, vol. 138. Aldershot, England: 1998.

———. *Wooden Warship Construction: A History in Ship Models*. Barnsley: Seaforth Publishing, 2017.

Layman, C. H. *The Wager Disaster: Mayhem, Mutiny and Murder in the South Seas*. London: Uniform Press, 2015.

Leech, Samuel. *Thirty Years from Home, or, A Voice from the Main Deck*. Boston: Tappan, Whittemore & Mason, 1843.

Lepore, Jill. *These Truths: A History of the United States*. New York and London: W. W. Norton & Company, 2018.

Leslie, Doris. *Royal William: The Story of a Democrat*. London: Hutchinson & Co., 1940.

Lind, James. *An Essay on the Most Effectual Means of Preserving the Health of Seamen in the Royal Navy*. London: D. Wilson, 1762.

———. *A Treatise on the Scurvy*. London: Printed for S. Crowder, 1772.

Linebaugh, Peter, and Marcus Rediker. *The Many-Headed Hydra: Sailors, Slaves, Commoners, and the Hidden History of the Revolutionary Atlantic*. Boston: Beacon Press, 2013.

Lipking, Lawrence. *Samuel Johnson: The Life of an Author*. Cambridge, MA: Harvard University Press, 1998.

Lloyd, Christopher, and Jack L. S. Coulter. *Medicine and the Navy, 1200–1900*. Vol. 4. Edinburgh and London: E. & S. Livingstone, 1961.

Long, W. H., ed. *Naval Yarns of Sea Fights and Wrecks, Pirates and Privateers from 1616–1831 as Told by Men of Wars' Men*. New York: Francis P. Harper, 1899.

Lothrop, Samuel Kirkland. *The Indians of Tierra del Fuego*. New York: Museum of the American Indian Heye Foundation, 1928.

MacCarthy, Fiona. *Byron: Life and Legend*. New York: Farrar, Straus and Giroux, 2002.

M'Arthur, John. *Principles and Practice of Naval and Military Courts Martial*. 2 vols. London: A. Strahan, 1813.

McCarthy, Justin. *A History of the Four Georges and of William IV*. Vol. 2. Leipzig: Bernhard Tauchnitz, 1890.

Magill, Frank N., ed. *Dictionary of World Biography*. Vol 4. Pasadena: Salem Press, 1998.

Mahon, Philip Stanhope. *History of England: From the Peace of Utrecht to the Peace of Versailles*. Vols. 2 and 3. London: John Murray, 1853.

Malcolm, Janet. *The Crime of Sheila McGough*. New York: Alfred A. Knopf, 1999.

Marcus, G. J. *Heart of Oak*. London: Oxford University Press, 1975.

Marryat, Frederick. *Frank Mildmay, or, The Naval Officer*. Classics of Nautical Fiction Series. Ithaca, NY: McBooks Press, 1998.

Marshall, P. J., ed. *The Oxford History of the British Empire: The Eighteenth Century*. Vol. 2. Oxford and New York: Oxford University Press, 1998.

Matcham, Mary Eyre, ed. *A Forgotten John Russell: Being Letters to a Man of Business, 1724–1751*. London: Edward Arnold, 1905.

McEwan, Colin, Luis Alberto Borrero, and Alfredo Prieto, eds. *Patagonia: Natural History, Prehistory, and Ethnography at the Uttermost End of the Earth*. Princeton Paperbacks. Princeton: Princeton University Press, 1997.

Mead, Richard. *The Medical Works of Richard Mead*. Dublin: Printed for Thomas Ewing, 1767.

Melby, Patrick. "Insatiable Shipyards: The Impact of the Royal Navy on the World's Forests, 1200–1850." Monmouth: Western Oregon University,

2012.

Melville, Herman. *Redburn: His First Voyage: Being the Sailor-Boy Confession and Reminiscences of the Son-of-a-Gentleman, in the Merchant Service.* New York: Modern Library, 2002.

———. *White-Jacket: or, The World in a Man-of-War.* London: Richard Bentley, 1850.

Miller, Amy. *Dressed to Kill: British Naval Uniform, Masculinity and Contemporary Fashions, 1748–1857.* London: National Maritime Museum, 2007.

Miyaoka, Osahito, Osamu Sakiyama, and Michael E. Krauss, eds. *The Vanishing Languages of the Pacific Rim.* Oxford Linguistics. Oxford and New York: Oxford University Press, 2007.

Monson, William. *Sir William Monson's Naval Tracts: In Six Books.* London: Printed for A. and J. Churchill, 1703.

Morris, Isaac. *A Narrative of the Dangers and Distresses Which Befel Isaac Morris, and Seven More of the Crew, Belonging to the Wager Store-Ship, Which Attended Commodore Anson, in His Voyage to the South Sea.* Dublin: G. and A. Ewing, 1752.

Mountaine, William. *The Practical Sea-Gunner's Companion, or, An Introduction to the Art of Gunnery.* London: Printed for W. and J. Mount, 1747.

Moyle, John. *Chirurgus Marinus, or, The Sea-Chirurgion.* London: Printed for E. Tracy and S. Burrowes, 1702.

———. *Chyrurgic Memoirs: Being an Account of Many Extraordinary Cures*. London: Printed for D. Browne, 1708.

Murphy, Dallas. *Rounding the Horn: Being a Story of Williwaws and Windjammers, Drake, Darwin, Murdered Missionaries and Naked Natives—A Deck's Eye View of Cape Horn*. New York: Basic Books, 2005.

Narborough, John, Abel Tasman, John Wood, and Friedrich Martens. *An Account of Several Late Voyages and Discoveries to the South and North*. Cambridge: Cam-bridge University Press, 2014.

Nelson, Horatio. *The Dispatches and Letters of Vice Admiral Lord Viscount Nelson*. Edited by Nicholas Harris Nicolas. Vol. 3. London: Henry Colburn, 1845.

Newby, Eric. *The Last Grain Race*. London: William Collins, 2014.

Nichols, John. *Literary Anecdotes of the Eighteenth Century*. Vol. 9. London: Nichols, Son, and Bentley, 1815.

Nicol, John. *The Life and Adventures of John Nicol, Mariner*. Edited by Tim F. Flan-nery. New York: Grove Press, 2000.

Nicolson, Marjorie H. "Ward's 'Pill and Drop' and Men of Letters." *Journal of the History of Ideas* 29, no. 2 (1968).

O'Brian, Patrick. *The Golden Ocean*. New York: W. W. Norton & Company, 1996.

———. *Men- of War: Life in Nelson's Navy*. New York: W. W. Norton & Company, 1995.

———. *The Unknown Shore*. New York: W. W. Norton & Company, 1996.

Oliphant, Margaret. "Historical Sketches of the Reign of George II." *Blackwood's Edinburgh Magazine* 104, no. 8 (December 1868).

Olusoga, David. *Black and British: A Forgotten History*. London: Macmillan, 2017. Osler, William, ed. *Modern Medicine: Its Theory and Practice*. Vol. 2. Philadelphia and New York: Lea Brothers & Co., 1907.

Pack, S. W. C. *Admiral Lord Anson: The Story of Anson's Voyage and Naval Events of His Day*. London: Cassell & Company, 1960.

———. *The Wager Mutiny*. London: Alvin Redman, 1964.

Padfield, Peter. *Guns at Sea*. New York: St. Martin's Press, 1974.

The Parliamentary History of En gland from the Earliest Period to the Year 1803. Vol. 10. London: T. C. Hansard, 1812.

Peach, Howard. *Curious Tales of Old East Yorkshire*. Wilmslow, En gland: Sigma Leisure, 2001.

Peñaloza, Fernanda, Claudio Canaparo, and Jason Wilson, eds. *Patagonia: Myths and Realities*. Oxford and New York: Peter Lang, 2010.

Penn, Geoffrey. *Snotty: The Story of the Midshipman*. London: Hollis & Carter, 1957.

Pepys, Samuel. *The Diary of Samuel Pepys: A New and Complete Transcription*. Vol. 2: 1661. Edited by Robert Latham and William Matthews. London: HarperCollins, 2000.

———. *The Diary of Samuel Pepys: A New and Complete Transcription. Vol. 10: Com-panion*. Edited by Robert Latham and William Matthews.

Berkeley and Los Angeles: University of California Press, 1983.

———. *Everybody's Pepys: The Diary of Samuel Pepys*. Edited by O. F. Morshead. New York: Harcourt, Brace & Company, 1926.

———. *Pepys' Memoires of the Royal Navy, 1679 –1688*. Edited by J. R. Tanner. Oxford: Clarendon Press, 1906.

Philbrick, Nathaniel. *In the Heart of the Sea: The Tragedy of the Whaleship Essex*. New York: Penguin, 2001.

Philips, John. *An Authentic Journal of the Late Expedition Under the Command of Commodore Anson*. London: J. Robinson, 1744.

Pigafetta, Antonio, and R. A. Skelton. *Magellan's Voyage: A Narrative of the First Circumnavigation*. New York: Dover Publications, 1994.

Pope, Alexander. *The Works of Alexander Pope*. Vol. 4. London: Printed for J. Johnson, J. Nichols and Son, and others, 1806.

Pope, Dudley. *Life in Nelson's Navy*. London: Unwin Hyman, 1987.

Porter, Roy. *Disease, Medicine, and Society in England, 1550–1860*. Cambridge: Cambridge University Press, 1995.

Purves, David Laing. *The English Circumnavigators: The Most Remarkable Voyages Round the World*. London: William P. Nimmo, 1874.

Rediker, Marcus. *Between the Devil and the Deep Blue Sea: Merchant Seamen, Pirates and the Anglo-American Maritime World, 1700–1750*. Cambridge: Cambridge University Press, 2010.

Reece, Henry. *The Army in Cromwellian England, 1649–1660*. London: Oxford University Press, 2013.

Regulations and Instructions Relating to His Majesty's Service at Sea. 2nd ed. London, 1734.

Reséndez, Andrés. *The Other Slavery: The Uncovered Story of Indian Enslavement in America.* Boston and New York: Mariner Books, Houghton Mifflin Harcourt, 2017.

Reyes, Omar. *The Settlement of the Chonos Archipelago, Western Patagonia, Chile.* Cham, Switzerland: Springer Nature Switzerland AG, 2020.

Richmond, H. W. *The Navy in the War of 1739–48.* 3 vols. Cambridge: Cambridge University Press, 1920.

Robinson, William. *Jack Nastyface: Memoirs of an English Seaman.* Annapolis: Naval Institute Press, 2002.

Rodger, N. A. M. *Articles of War: The Statutes Which Governed Our Fighting Navies, 1661, 1749, and 1886.* Homewell, Havant, Hampshire: Kenneth Mason, 1982.

———. *The Command of the Ocean: A Naval History of Britain, 1649–1815.* New York: W. W. Norton, 2005.

———. "George, Lord Anson." In *Precursors of Nelson: British Admirals of the Eighteenth Century,* edited by Peter Le Fevre and Richard Harding. Mechanicsburg, PA: Stackpole Books, 2000.

———. *The Safeguard of the Sea: 660–16S49.* New York: W. W. Norton, 1999.

———. *The Wooden World: An Anatomy of the Georgian Navy.* New York: W. W. Norton, 1996.

Rogers, Nicholas. *The Press Gang: Naval Impressment and Its Opponents in Georgian Britain*. London: Continuum, 2007.

Rogers, Pat. *The Poet and the Publisher: The Case of Alexander Pope, Esq., of Twickenham versus Edmund Curll, Bookseller in Grub Street*. London: Reaktion Books, 2021.

Rogers, Woodes. *A Cruising Voyage Round the World*. London: Printed for A. Bell, 1712.

Roper, Michael. *The Records of the War Office and Related Departments, 1660–1964*. Public Record Office Handbooks, no. 29. Kew, UK: Public Record Office, 1998.

Rose, Elihu. "The Anatomy of Mutiny," *Armed Forces & Society* 8 (1982).

Roth, Hal. *Two Against Cape Horn*. New York: Norton, 1978.

Rowse, A. L. *The Byrons and Trevanions*. Exeter: A. Wheaton & Co., 1979.

Scott, James. *Recollections of a Naval Life*. Vol. 1. London: Richard Bentley, 1834.

Shankland, Peter. *Byron of the Wager*. New York: Coward, McCann & Geoghegan, 1975.

Slight, Julian. *A Narrative of the Loss of the Royal George at Spithead, August, 1782*. Portsea: S. Horsey, 1843.

Smith, Bernard. *Imagining the Pacific: In the Wake of the Cook Voyages*. New Haven: Yale University Press, 1992.

Smollett, Tobias. *The History of England, from the Revolution to the Death of George the Second*. Vol. 2. London: W. Clowes and Sons, 1864.

———. *The Miscellaneous Works of Tobias Smollett*. Vol. 4. Edinburgh: Mundell, Doig, & Stevenson, 1806.

———. *The Works of Tobias Smollett: The Adventures of Roderick Random*. Vol. 2. New York: George D. Sproul, 1902.

Sobel, Dava. *Longitude the Story of a Lone Genius Who Solved the Greatest Scientific Problem of His Time*. New York: Walker, 2007.

Somerville, Boyle. *Commodore Anson's Voyage into the South Seas and Around the World*. London and Toronto: William Heinemann, 1934.

Stark, William F., and Peter Stark. *The Last Time Around Cape Horn: The Historic 1949 Voyage of the Windjammer Pamir*. New York: Carroll & Graf, 2003.

Steward, Julian H., ed. *Handbook of South American Indians*. Vol. 1. Washington, DC: U.S. Government Printing Office, 1946.

Stitt, F.B. "Admiral Anson at the Admiralty, 1744–62." *Staffordshire Studies*, no. 4 (February 1991).

Styles, John. *The Dress of the People: Everyday Fashion in Eighteenth-Century England*. New Haven: Yale University Press, 2007.

Sullivan, F.B. "The Naval Schoolmaster During the Eighteenth Century and the Early Nineteenth Century." *The Mariner's Mirror* 62, no. 3 (August 1976).

Thomas, Pascoe. *A True and Impartial Journal of a Voyage to the South-Seas, and Round the Globe, in His Majesty's Ship the Centurion, Under the Command of Commodore George Anson*. London: S. Birt, 1745.

Thompson, Edgar K. "George Anson in the Province of South Carolina." *The Mariner's Mirror,* no. 53 (August 1967).

Thompson, Edward. *Sailor's Letters: Written to His Select Friends in England, During His Voyages and Travels in Europe, Asia, Africa, and America.* Dublin: J. Potts, 1767.

Thursfield, H. G., ed. *Five Naval Journals, 1789–1817.* Vol. 91. London: Publications of Navy Records Society, 1951.

The Trial of the Honourable Admiral John Byng, at a Court Martial, as Taken by Mr. Charles Fearne, Judge-Advocate of His Majesty's Fleet. Dublin: Printed for J. Hoey, P. Wilson, et al., 1757.

Trotter, Thomas. *Medical and Chemical Essays.* London: Printed for J. S. Jordan, 1795.

Troyer, Howard William. *Ned Ward of Grub Street: A Study of Sub-Literary London in the Eighteenth Century.* New York: Barnes & Noble, 1967.

Tucker, Todd. *The Great Starvation Experiment: Ancel Keys and the Men Who Starved for Science.* Minneapolis: University of Minnesota Press, 2007.

Velho, Alvaro, and E. G. Ravenstein. *A Journal of the First Voyage of Vasco Da Gama, 1497–1499.* Cambridge: Cambridge University Press, 2010.

Vieira, Bianca Carvalho, André Augusto Rodrigues Salgado, and Leonardo José Cordeiro Santos, eds. *Landscapes and Landforms of Brazil.* New York, Berlin and Heidelberg: Springer, 2015.

Voltaire, and David Wootton. *Candide and Related Texts.* Indianapolis:

Hackett, 2000.

Walker, N. W. Gregory. *With Commodore Anson*. London: A. & C. Black, 1934.

Walker, Violet W., and Margaret J. Howell. *The House of Byron: A History of the Family from the Norman Conquest, 1066–1988*. London: Quiller Press, 1988.

Walpole, Horace. *The Letters of Horace Walpole*. Vol. 3. Philadelphia: Lea and Blanchard, 1842.

Walter, Richard. *A Voyage Round the World*. London: F. C. & J. Rivington, 1821.

———, George Anson, and Benjamin Robins. *A Voyage Round the World, in the Years MDCCXL, I, II, III, IV*. Edited by Glyndwr Williams. London and New York: Oxford University Press, 1974.

Ward, Ned. *The Wooden World*. 5th ed. Edinburgh: James Reid Bookseller, 1751.

Watt, James. "The Medical Bequest of Disaster at Sea: Commodore Anson's Circumnavigation, 1740–44." *Journal of the Royal College of Physicians of London* 32, no. 6 (December 1998).

Williams, Glyndwr, ed. *Documents Relating to Anson's Voyage Round the World*. London: Navy Records Society, 1967.

———. *The Prize of All the Oceans: Commodore Anson's Daring Voyage and Triumphant Capture of the Spanish Treasure Galleon*. New York: Penguin Books, 2001.

Willis, Sam. *Fighting at Sea in the Eighteenth Century: The Art of Sailing Warfare*. Woodbridge, Suffolk, UK: Boydell Press, 2008.

Wines, E.C. *Two Years and a Half in the American Navy: Comprising a Journal of a Cruise to England, in the Mediterranean, and in the Levant, on Board of the U.S. Frigate Constellation, in the Years 1829, 1830, and 1831*. Vol. 2. London: Richard Bentley, 1833.

Woodall, John. *De Peste, or the Plague*. London: Printed by J.L. for Nicholas Bourn, 1653.

———. *The Surgions Mate*. London: Kingsmead Press, 1978.

Yorke, Philip C. *The Life and Correspondence of Philip Yorke, Earl of Hardwicke, Lord High Chancellor of Great Britain*. Vol.3. Cambridge: Cambridge University Press, 1913.

Zerbe, Britt. *The Birth of the Royal Marines, 1664–1802*. Woodbridge, Suffolk, and Rochester, NY: Boydell Press, 2013.